Menschenwürde im Strafvollzug in der Rechtsprechung der Kammern des Bundesverfassungsgerichts

Europäische Hochschulschriften Recht

European University Studies in Law

Publications Universitaires Européennes de Droit

Band/Volume **6103**

Nora Thies

Menschenwürde im Strafvollzug in der Rechtsprechung der Kammern des Bundesverfassungsgerichts

PETER LANG

Bibliografische Information der Deutschen Nationalbibliothek
Die Deutsche Nationalbibliothek verzeichnet diese Publikation in der Deutschen Nationalbibliografie; detaillierte bibliografische Daten sind im Internet über http://dnb.d-nb.de abrufbar.

Zugl.: Berlin, Humboldt-Univ., Diss., 2018.

11
ISSN 0531-7312
ISBN (978-3-631-79712-9)
E-ISBN (978-3-631-79723-5)
E-ISBN (978-3-631-79724-2)
E-ISBN (978-3-631-79725-9)
DOI 10.3726/b15939

Diese Publikation wurde begutachtet.

www.peterlang.com

Meinen Eltern

Vorwort

Diese Arbeit wurde im Herbst 2018 von der Juristischen Fakultät der Humboldt-Universität zu Berlin als Dissertation angenommen. Für die Veröffentlichung konnten Rechtsprechung und Literatur bis April 2019 berücksichtigt werden.

Herrn Prof. Dr. Bernhard Schlink danke ich herzlich für Anregung und Betreuung der Arbeit. Herrn Prof. Dr. Philipp Dann, LL.M., danke ich für die Erstellung des Zweitgutachtens.

Darüber hinaus möchte ich allen danken, die während der Promotionszeit an meiner Seite gestanden und dadurch ihren Anteil daran haben, dass es diese Arbeit gibt. Allen voran danke ich meinen Eltern – ihnen ist die Arbeit gewidmet.

Berlin, April 2019

Inhaltsverzeichnis

Einführung

Eine Verfassungsbeschwerde bedarf der Annahme zur Entscheidung (§ 93a Abs. 1 BVerfGG) durch das Bundesverfassungsgericht (BVerfG). Sie ist zur Entscheidung anzunehmen, soweit ihr grundsätzliche verfassungsrechtliche Bedeutung zukommt (§ 93a Abs. 2 lit. a BVerfGG). Sie ist auch dann zur Entscheidung anzunehmen, wenn es zur Durchsetzung der Grundrechte oder der Rechte aus Art. 20 Abs. 4, 33, 38, 101, 103 und 104 GG angezeigt ist, unter anderem, wenn dem Beschwerdeführer durch die Versagung einer Entscheidung zur Sache ein besonders schwerer Nachteil entstehen würde (§ 93a Abs. 2 lit. b iVm § 90 Abs. 1 BVerfGG).

Das BVerfG besteht aus zwei Senaten (§ 2 Abs. 1 BVerfGG) mit je acht Richtern (§ 2 Abs. 2 BVerfGG). Die Senate berufen für die Dauer eines Geschäftsjahres mehrere Kammern (§ 15a Abs. 1 Satz 1 BVerfGG) mit je drei Richtern (§ 15a Abs. 1 Satz 2 BVerfGG).

Die Kammer kann die Annahme einer Verfassungsbeschwerde ablehnen (§ 93b Satz 1 Var. 1 BVerfGG). Ist die Annahme einer Verfassungsbeschwerde zur Durchsetzung der Grundrechte oder der Rechte aus Art. 20 Abs. 4, 33, 38, 101, 103 und 104 GG angezeigt und ist die für die Beurteilung der Verfassungsbeschwerde maßgebliche verfassungsrechtliche Frage durch das BVerfG bereits entschieden, kann die Kammer die Verfassungsbeschwerde zur Entscheidung annehmen und ihr stattgeben, wenn sie offensichtlich begründet ist (§ 93b Satz 1 Var. 2 iVm § 93c Abs. 1 Satz 1 BVerfGG). Im Übrigen entscheidet der Senat über die Annahme (§ 93b Satz 2 BVerfGG).

Im Jahr 2018 erledigten die Senate des BVerfG insgesamt 27 Verfassungsbeschwerden, davon 12 durch Stattgabe und 15 durch Zurückweisung. Die Kammern des BVerfG erledigten im Jahr 2018 insgesamt 5.826 Verfassungsbeschwerden, davon 86 durch Stattgabe und 5.740 durch Nichtannahme.[1]

Diese Statistik macht deutlich, wie groß der Anteil der Rechtsprechung der Kammern des BVerfG an der Rechtsprechung des BVerfG insgesamt ist. Vor dem Hintergrund der Regelung der Annahme bzw. Nichtannahme von Verfassungsbeschwerden durch die Kammern des BVerfG werfen ihre Zahlen die Frage auf, wie die Rechtsprechung der Kammern des BVerfG sich zur Rechtsprechung der Senate des BVerfG verhält. Diese Frage soll im Folgenden anhand von

---

1 S. die Jahresstatistik 2018 des BVerfG unter https://www.bundesverfassungsgericht.de/DE/Verfahren/Jahresstatistiken/2018/statistik_2018_node.html.

Kammerrechtsprechung untersucht werden, die sich mit der Menschenwürde (Art. 1 Abs. 1 GG) im Strafvollzug auseinandersetzt.

Gegenstand der Kammerrechtsprechung in Bezug auf die Menschenwürde (Art. 1 Abs. 1 GG) im Strafvollzug sind die **Haftdauer (Erstes Kapitel)**, die **Vollzugsgestaltung (Zweites Kapitel)**, der **Haftraum (Drittes Kapitel)**, die **Briefüberwachung im Strafvollzug (Viertes Kapitel)** und **Krankheit im Strafvollzug (Fünftes Kapitel)**.

Jedes Kapitel beginnt mit einem **Überblick über die gesetzliche Regelung** der in Rede stehenden Situation oder Frage des Strafvollzugs. Soweit die Kammerrechtsprechung auf spezielle Senatsrechtsprechung oder Senatsentscheidungen, die ähnliche Rechtsfragen betreffen, zurückgreifen kann, ist dem Abschnitt **Kammerrechtsprechung** ein Abschnitt **Senatsrechtsprechung** vorangestellt.

Die in dieser Untersuchung behandelten Senatsentscheidungen werden nur auszugsweise, nämlich nur in dem Umfang dargestellt, der erforderlich ist, damit das Verhältnis der Kammerrechtsprechung zur Senatsrechtsprechung nachvollzogen werden kann. Eine kritische Auseinandersetzung mit den behandelten Senatsentscheidungen findet sich im Zusammenhang der Behandlung der entsprechenden Kammerentscheidungen.

Die in dieser Untersuchung behandelten Kammerentscheidungen werden unter Voranstellung des zu Grunde liegenden Sachverhalts, eines Überblicks über die vorangegangenen Gerichtsverfahren und des Vorbringens des Beschwerdeführers im Umfang ihrer tragenden Gründe dargestellt.

Kammerentscheidungen, deren Begründung zu kurz ist, als dass sie im Einzelnen nachvollzogen werden könnte, werden in dieser Untersuchung nicht behandelt.

Soweit die tragenden Gründe einer Kammerentscheidung sich mit denen einer früheren Kammerentscheidung decken, werden sie entsprechend komprimiert dargestellt. Auf Kammerentscheidungen, deren tragende Gründe sich mit denen einer früheren Kammerentscheidung voll und ganz decken, wird ausschließlich verwiesen.

Erstes Kapitel: Haftdauer

Eine lebenslange Freiheitsstrafe wird nicht zwangsläufig ein Leben lang vollstreckt. Nach § 57a StGB kann vielmehr die weitere Vollstreckung einer lebenslangen Freiheitsstrafe zur Bewährung ausgesetzt werden (I). Der am 1. Mai 1982[2] in Kraft getretene § 57a StGB geht zurück auf das Urteil des Ersten Senats über die Verfassungsmäßigkeit der lebenslangen Freiheitsstrafe[3] aus dem Jahr 1977.[4] Dieses Urteil und weitere, zum Teil in einem ganz anderen Zusammenhang ergangene Senatsentscheidungen (II) sind die Basis der Kammerrechtsprechung in Bezug auf Haftdauer und Menschenwürde (III), die im Jahr 1991 beginnt.

I. Überblick über die gesetzliche Regelung

Das Gericht setzt die Vollstreckung des Rests einer lebenslangen Freiheitsstrafe zur Bewährung aus, wenn fünfzehn Jahre verbüßt sind (§ 57a Abs. 1 Satz 1 Nr. 1 StGB)[5], nicht die besondere Schwere der Schuld des Verurteilten die weitere Vollstreckung gebietet (§ 57a Abs. 1 Satz 1 Nr. 2 StGB), die Strafaussetzung unter Berücksichtigung des Sicherheitsinteresses der Allgemeinheit verantwortet werden kann (§ 57a Abs. 1 Satz 1 Nr. 3 iVm § 57 Abs. 1 Satz 1 Nr. 2 StGB)[6] und der Verurteilte einwilligt (§ 57a Abs. 1 Satz 1 Nr. 3 iVm § 57 Abs. 1 Satz 1 Nr. 3 StGB).

Bei der Entscheidung über die Strafaussetzung sind insbesondere die Persönlichkeit des Verurteilten, sein Vorleben, die Umstände seiner Tat, das Gewicht des bei einem Rückfall bedrohten Rechtsguts, das Verhalten des Verurteilten im Vollzug, seine Lebensverhältnisse und die Wirkungen zu berücksichtigen, die von der Strafaussetzung für ihn zu erwarten sind (§ 57a Abs. 1 Satz 2 iVm § 57 Abs. 1 Satz 2 StGB).

---

2 juris, Gesamtausgaben-Liste StGB.

3 BVerfG 1. Senat, Urt. v. 21.06.1977 – 1 BvL 14/76 – E 45, 187.

4 S. statt vieler nur *Groß*, in: Münchener Kommentar zum StGB, § 57a Rn 5.

5 Als verbüßte Strafe im Sinne von § 57a Abs. 1 Satz 1 Nr. 1 StGB gilt jede Freiheitsentziehung, die der Verurteilte aus Anlass der Tat erlitten hat, § 57a Abs. 2 StGB.

6 Bis zum 30. Januar 1998 lautete § 57a Abs. 1 Satz 1 Nr. 3 iVm § 57 Abs. 1 Satz 1 Nr. 2 StGB: Das Gericht setzt die Vollstreckung des Rests einer lebenslangen Freiheitsstrafe zur Bewährung aus, wenn „verantwortet werden kann zu erproben, ob der Verurteilte außerhalb des Strafvollzugs keine Straftaten mehr begehen wird" (juris, Gesamtausgaben-Liste StGB).

Zuständig für die Entscheidung über die Strafaussetzung ist die Strafvollstreckungskammer des Landgerichts[7], in deren Bezirk die Justizvollzugsanstalt liegt, in die der Verurteilte aufgenommen ist (§ 462a Abs. 1 Satz 1 StPO). Die Strafvollstreckungskammer trifft die Entscheidung ohne mündliche Verhandlung durch Beschluss (§ 454 Abs. 1 Satz 1 StPO). Die Staatsanwaltschaft, der Verurteilte und die Justizvollzugsanstalt sind zu hören. Der Verurteilte ist mündlich zu hören (§ 454 Abs. 1 Sätze 2 und 3 StPO).

Die Strafvollstreckungskammer holt das Gutachten eines Sachverständigen über den Verurteilten ein, wenn sie erwägt, die Vollstreckung des Rests der lebenslangen Freiheitsstrafe auszusetzen (§ 454 Abs. 2 Satz 1 Nr. 1 StPO). Das Gutachten hat sich namentlich zu der Frage zu äußern, ob bei dem Verurteilten keine Gefahr mehr besteht, dass seine durch die Tat zu Tage getretene Gefährlichkeit fortbesteht (§ 454 Abs. 2 Satz 2 StPO).

Gegen die Entscheidung der Strafvollstreckungskammer ist sofortige Beschwerde des Verurteilten oder der Staatsanwaltschaft zulässig (§ 454 Abs. 3 Satz 1 StPO). Beschwerdegericht ist das Oberlandesgericht (§ 121 Abs. 1 Nr. 2 GVG).

II. Senatsrechtsprechung

Basis der Kammerrechtsprechung in Bezug auf Haftdauer und Menschenwürde sind im Wesentlichen sechs Senatsentscheidungen. Vier davon betreffen lebenslange Freiheitsstrafen. In den zwei übrigen Entscheidungen geht es um Unterbringungen in psychiatrischen Krankenhäusern.

1. Lebenslange Freiheitsstrafe

Im schon genannten Urteil aus dem Jahr 1977 formuliert der Erste Senat verfassungsrechtliche Maßstäbe für die Dauer des Vollzugs einer lebenslangen Freiheitsstrafe.

Im zu Grunde liegenden Verfahren – einem Vorlageverfahren nach Art. 100 Abs. 1 GG – hatte der Senat darüber zu entscheiden, ob § 211 StGB verfassungsgemäß sei, soweit er bestimmt, dass der Mörder mit lebenslanger Freiheitsstrafe bestraft wird.[8]

---

7 Bei den Landgerichten werden, soweit in ihrem Bezirk Anstalten für Erwachsene unterhalten werden, in denen Freiheitsstrafen vollzogen werden, Strafvollstreckungskammern gebildet, § 78a Abs. 1 Satz 1 GVG.

8 BVerfG 1. Senat, aaO (190).

Der Senat erklärte § 211 StGB für mit dem Grundgesetz nach Maßgabe der Urteilsgründe vereinbar.[9] *„Die Menschenwürde"* sei *„nicht verletzt"*, wenn der Vollzug einer lebenslangen Freiheitsstrafe *„wegen fortdauernder Gefährlichkeit des Gefangenen notwendig ist"*.[10] Bei der Prüfung der Verfassungsmäßigkeit der lebenslangen Freiheitsstrafe habe sich allerdings gezeigt, *„daß ein menschenwürdiger Vollzug der lebenslangen Freiheitsstrafe nur dann sichergestellt ist, wenn der Verurteilte eine konkrete und grundsätzlich auch realisierbare Chance hat, zu einem späteren Zeitpunkt die Freiheit wiedergewinnen zu können"*. Denn *„der Kern der Menschenwürde"* werde *„getroffen, wenn der Verurteilte ungeachtet der Entwicklung seiner Persönlichkeit jegliche Hoffnung, seine Freiheit wiederzuerlangen, aufgeben muß"*.[11]

„Auf dem Gebiet der Strafrechtspflege, auf dem höchste Anforderungen an die Gerechtigkeit gestellt werden", bestimme *„Art. 1 Abs. 1 GG die Auffassung vom Wesen der Strafe und das Verhältnis von Schuld und Sühne"*. Nach dem *„Grundsatz ‚nulla poena sine culpa'"* müsse jede Strafe *„in einem gerechten Verhältnis zur Schwere der Straftat und zum Verschulden des Täters stehen"*. Die Verpflichtung des Staats zur Achtung der Menschenwürde bedeute *„insbesondere, daß grausame, unmenschliche und erniedrigende Strafen verboten sind"*. Der Täter dürfe *„nicht zum bloßen Objekt der Verbrechensbekämpfung unter Verletzung seines verfassungsrechtlich geschützten sozialen Wert- und Achtungsanspruchs gemacht werden"*. Die *„grundlegenden Voraussetzungen individueller und sozialer Existenz des Menschen"* müssten *„erhalten bleiben"*. Aus Art. 1 Abs. 1 GG iVm dem Sozialstaatsprinzip sei deshalb *„insbesondere für den Strafvollzug"* die Verpflichtung des Staats abzuleiten, *„jenes Existenzminimum zu gewähren, das ein menschenwürdiges Dasein überhaupt erst ausmacht. Mit einer so verstandenen Menschenwürde wäre es unvereinbar, wenn der Staat für sich in Anspruch nehmen würde, den Menschen zwangsweise seiner Freiheit zu entkleiden, ohne daß zumindest die Chance für ihn besteht, je wieder der Freiheit teilhaftig werden zu können"*.[12]

Um die *„Aussicht"*, die Freiheit wiederzuerlangen, in verfassungskonformer Weise abzusichern, reiche das Institut der Begnadigung nicht aus.[13] Deshalb sei der Gesetzgeber von Verfassungs wegen dazu verpflichtet, eine den verfassungsrechtlichen Anforderungen genügende gesetzliche Regelung einzuführen.[14]

---

9 BVerfG 1. Senat, aaO (222).
10 BVerfG 1. Senat, aaO (242).
11 BVerfG 1. Senat, aaO (245).
12 BVerfG 1. Senat, aaO (228 f).
13 BVerfG 1. Senat, aaO (245).
14 BVerfG 1. Senat, aaO (252).

Insoweit sei *„beispielsweise daran zu denken, bei der Festlegung des Entlassungszeitpunkts auch den Unrechts- und Schuldgehalt der zugrunde liegenden Mordtat zu berücksichtigen“.*[15]

2. Hafturlaub

In einem Beschluss des Zweiten Senats aus dem Jahr 1983 werden die verfassungsrechtlichen Maßstäbe für die Dauer des Vollzugs einer lebenslangen Freiheitsstrafe weiterentwickelt.

Grundlage dieses Beschlusses waren die Verfassungsbeschwerden zweier zu lebenslanger Freiheitsstrafe Verurteilter gegen die Versagung von Hafturlaub[16].[17] Der eine Beschwerdeführer war auf Grund seiner Beteiligung an der Tötung von mehr als 2.100 Häftlingen im Konzentrationslager Auschwitz-Birkenau wegen Mordes in mindestens 475 Fällen und Beihilfe zum Mord in mindestens sechs Fällen verurteilt worden. Er war 78 Jahre alt, schwer herzkrank und seit dem Jahr 1960 ohne Unterbrechung in Haft.[18] Der andere Beschwerdeführer war auf Grund seiner Beteiligung an der Tötung von Juden in den von der Wehrmacht besetzten Ostgebieten wegen gemeinschaftlichen Mordes in 13.449 Fällen und eines gemeinschaftlichen Mordversuchs verurteilt worden. Er war 79 Jahre alt und seit dem Jahr 1967 ununterbrochen inhaftiert.[19]

Der Zweite Senat hielt die Verfassungsbeschwerden für begründet. Die angegriffenen Gerichtsentscheidungen verletzten die Beschwerdeführer in ihren Rechten aus Art. 2 Abs. 1 iVm Art. 1 Abs. 1 GG.[20] *„Das Prinzip der Schuldangemessenheit der Strafe“* beherrsche *„nicht nur die* Zumessung *der Strafe (§ 46 Abs. 1 Satz 1 StGB) sondern auch die Regelung der* Aussetzung eines Strafrestes *bei lebenslanger Freiheitsstrafe“* (§ 57a StGB). Danach komme eine Strafaussetzung nicht in Betracht, solange die besondere Schwere der Schuld des Verurteilten die weitere Vollstreckung der Strafe gebietet.[21]

Das sei verfassungsrechtlich unbedenklich. Zwar sei *„die schwerste Strafe ohnehin nur bei besonders schwerer Schuld im Sinne des in § 46 Abs. 1 Satz 1*

---

15 BVerfG 1. Senat, aaO (251).

16 Ein Strafgefangener kann bis zu einundzwanzig Tagen im Jahr aus der Haft beurlaubt werden, § 13 Abs. 1 Satz 1 StVollzG.

17 BVerfG 2. Senat, Beschl. v. 28.06.1983 – 2 BvR 539, 612/80 – E 64, 261 (264 ff, 268 f).

18 BVerfG 2. Senat, aaO (264).

19 BVerfG 2. Senat, aaO (267).

20 BVerfG 2. Senat, aaO (270).

21 BVerfG 2. Senat, aaO (271) – Hervorhebungen im Original.

StGB verwendeten Schuldbegriffs verwirkt". Das schließe *„jedoch nicht aus, in diesem Bereich weiter zu differenzieren"*. Anders als die Verhängung einer zeitigen Freiheitsstrafe oder einer Geldstrafe sage die Verhängung der lebenslangen Freiheitsstrafe nur aus, *„daß jedenfalls ein Mindestmaß so schwerer Schuld erreicht ist, das diese Höchststrafe als schuldangemessen erscheinen läßt"*. Dieses Mindestmaß könne die Schwere der Schuld *„im Einzelfall jedoch erheblich überschreiten, ohne daß dies im Strafausspruch deutlich werden könnte"*. Genau dieser Umstand solle nach dem Willen des Gesetzgebers bei der Entscheidung über die Strafaussetzung Berücksichtigung finden. Überschreite die Schwere der Schuld *„im Einzelfall das für die lebenslange Freiheitsstrafe vorausgesetzte ‚Mindestmaß' an Schuld deutlich"*, so sei *„die weitere Vollstreckung der lebenslangen Freiheitsstrafe über 15 Jahre hinaus geboten"*. Das könne *„im Einzelfall – verfassungsrechtlich unbedenklich – zur Folge haben, daß die Strafe im Wortsinn ein Leben lang vollstreckt wird"*.[22]

Ein *„menschenwürdiger Vollzug"* der lebenslangen Freiheitsstrafe wäre allerdings nicht mehr sichergestellt, wenn dem Verurteilten ungeachtet der Entwicklung seiner Persönlichkeit von vornherein jede Hoffnung genommen würde, die Freiheit wiederzuerlangen. Auch *„der mit besonders schwerer Tatschuld beladene Gefangene"* müsse die Chance haben, seine Freiheit wiederzugewinnen. *„Fallgestaltungen, die es strikt verwehrten, dem innerlich gewandelten, für die Allgemeinheit ungefährlich gewordenen Gefangenen auch nach sehr langer Strafverbüßung, selbst im hohen Lebensalter, die Wiedergewinnung der Freiheit zu gewähren, und ihn damit auch von vornherein zum Versterben in der Haft verurteilten"*, seien *„dem Strafvollzug unter der Herrschaft des Grundgesetzes grundsätzlich fremd"*.[23]

Dass das Oberlandesgericht bei beiden Beschwerdeführern von besonders schwerer Schuld ausgegangen war, begegnete keinen verfassungsrechtlichen Bedenken des Senats. Die Beschwerdeführer hätten *„schwerste Schuld auf sich geladen"*. Dass ihre Taten durch ein staatliches Unrechtssystem veranlasst und gefördert worden seien, ändere daran nichts. Auch die Auffassung des Gerichts, dass die Justizvollzugsanstalt der besonderen Schwere der Schuld der Beschwerdeführer *„zu Recht […] ein erhebliches, der Gewährung von Urlaub widerstreitendes Gewicht zugemessen"* habe, beurteilte der Senat als verfassungsrechtlich unbedenklich.[24]

---

22 BVerfG 2. Senat, aaO (271 f).

23 BVerfG 2. Senat, aaO (272).

24 BVerfG 2. Senat, aaO (280 f).

Allerdings habe das Oberlandesgericht *„dem Alter und dem Gesundheitszustand der Beschwerdeführer für die nach § 13 StVollzG zu treffende Ermessensentscheidung grundsätzlich jede Bedeutung abgesprochen. Dies“* sei *„mit dem aus Art. 2 Abs. 1 GG in Verbindung mit Art. 1 Abs. 1 GG herzuleitenden Gebot einer Abwägung aller wesentlichen Umstände des Einzelfalles nicht in Einklang“* zu bringen. Der Gedanke gerechten Schuldausgleichs lasse mit zunehmender Haftdauer *„der in der Menschenwürde gegründeten Hoffnung des Gefangenen, sei es auch nur kurz vor dem Tode, wieder in die Freiheit zu gelangen, mehr und mehr Raum“*. Das Gericht nehme sich aber die Möglichkeit, *„das hohe Alter eines zudem kranken Gefangenen, dem nur noch eine geringe Lebenserwartung zugemessen ist, mit der Dauer seiner bereits verbüßten Strafhaft in Beziehung zu setzen“*, wenn es die Berücksichtigung dieser persönlichen Umstände für grundsätzlich nicht möglich halte. Das sei *„eine unzulässige Vereinfachung der gebotenen Abwägung“*.[25]

3. Aussetzung einer lebenslangen Freiheitsstrafe I

Ausgehend von den Entscheidungen *Lebenslange Freiheitsstrafe* (1) und *Hafturlaub* (2) formuliert der Zweite Senat in einem Urteil aus dem Jahr 1986 verfassungsrechtliche Maßstäbe für das Verfahren über die Aussetzung einer lebenslangen Freiheitsstrafe.

Grundlage dieses Urteils war die Verfassungsbeschwerde eines zu lebenslanger Freiheitsstrafe Verurteilten gegen die Ablehnung der Aussetzung des Strafrests zur Bewährung.[26] Der Beschwerdeführer war auf Grund seiner Beteiligung an der Tötung von 64 Häftlingen in den Konzentrationslagern Auschwitz-Birkenau und Theresienstadt wegen Mordes in 54 Fällen verurteilt worden.[27] Im Zeitpunkt der angegriffenen Gerichtsentscheidung war er fast 88 Jahre alt und seit mehr als 22 Jahren in Haft.[28]

Der Zweite Senat hielt die Verfassungsbeschwerde für unbegründet. Die angegriffene Gerichtsentscheidung sei mit den Rechten des Beschwerdeführers aus Art. 2 iVm Art. 1 Abs. 1 GG *„noch vereinbar“*.[29] Mit der Einführung von § 57a StGB habe der Gesetzgeber der verfassungsrechtlichen Forderung entsprochen, dass der zu lebenslanger Freiheitsstrafe Verurteilte eine konkrete und grundsätzlich auch realisierbare Chance haben müsse, die Freiheit wiederzuerlangen.

---

25 BVerfG 2. Senat, aaO (281 f).

26 BVerfG 2. Senat, Urt. v. 24.04.1986 – 2 BvR 1146/85 – E 72, 105 (105).

27 BVerfG 2. Senat, aaO (107 f, 110).

28 BVerfG 2. Senat, aaO (105).

29 BVerfG 2. Senat, aaO (113).

Die Regelung konkretisiere *„in der Strafvollstreckung den Schutz der Menschenwürde“*.[30]

Ob nach § 57a StGB die weitere Vollstreckung einer lebenslangen Freiheitsstrafe zur Bewährung auszusetzen ist, sei in erster Linie *„eine Frage der Auslegung und Anwendung des sogenannten einfachen Rechts“*. Die dem Strafvollstreckungsgericht übertragene Entscheidung verlange *„eine prognostische Bewertung“* (§ 57a Abs. 1 Satz 1 Nr. 3 iVm § 57 Abs. 1 Satz 1 Nr. 2 StGB) und *„eine vollstreckungsrechtliche Gesamtwürdigung“* (§ 57a Abs. 1 Satz 1 Nr. 2 StGB), *„die ureigene richterliche Aufgabe“* seien. Das BVerfG prüfe die Entscheidung des Strafvollstreckungsgerichts *„nicht in jeder Hinsicht nach“*. Es habe *„allerdings dann einzugreifen“*, wenn das Gericht *„bei der nach § 57a Abs. 1 Nr. 2 StGB erforderlichen Prüfung, ob die besondere Schuldschwere die weitere Vollstreckung der Strafe gebietet, die verfassungsrechtliche Bedeutung und Tragweite der Menschenwürde, der freien menschlichen Persönlichkeit und ihres grundsätzlichen Freiheitsanspruchs verkannt hat (Art. 2 in Verbindung mit Art. 1 Abs. 1 GG)“*. Die dem Strafvollstreckungsgericht insoweit übertragene *„Abwägung“* setze *„eine eingehende Prüfung“* voraus.[31]

In Fällen wie dem des Beschwerdeführers sei *„besonders zu berücksichtigen, daß das fortschreitende Lebensalter eines hochbetagten, zu lebenslanger Freiheitsstrafe Verurteilten im Falle einer Vollstreckung der Strafe, die infolge besonders schwerer Schuld […] die Mindestverbüßungsdauer von 15 Jahren […] weit übersteigt, für die Entscheidung über die Aussetzung des Strafrestes zur Bewährung ständig an Gewicht“* gewinne. Grund hierfür sei *„nicht nur […], daß sich der Übelscharakter der Strafe nach bereits außergewöhnlich langer Haftdauer im hohen Alter mehr und mehr verstärkt“*. Der *„hochbetagte Gefangene“* sehe auch nur noch eine *„sehr begrenzte Zukunft vor sich“*. Zwar sei von Verfassungs wegen nicht ausgeschlossen, dass eine lebenslange Freiheitsstrafe tatsächlich ein Leben lang vollstreckt wird. *„Ihren grundrechtlichen Bezugspunkt“* aber würde eine Auslegung und Anwendung von § 57a Abs. 1 Satz 1 Nr. 2 StGB *„verfehlen, die davon ausginge oder doch darauf hinausliefe, eine Entlassung in die Freiheit könne bei besonderer Schuldschwere trotz günstiger Prognose und weit über 15 Jahre hinausreichender Strafverbüßung erst dann in Betracht gezogen werden, wenn körperliche oder geistige Gebrechlichkeit eingetreten oder der Tod nahe sei. Es wäre mit der Würde des Menschen unvereinbar, die vom Bundesverfassungsgericht geforderte konkrete und grundsätzlich auch realisierbare Chance, der Freiheit wieder*

---

30 BVerfG 2. Senat, aaO.

31 BVerfG 2. Senat, aaO (114 f).

teilhaftig zu werden […], auf einen von Siechtum und Todesnähe gekennzeichneten Lebensrest zu reduzieren“.[32]

Die Feststellung des Oberlandesgerichts, dass die besondere Schwere der Schuld des Beschwerdeführers die weitere Vollstreckung der Strafe gebiete, begegnete keinen durchgreifenden verfassungsrechtlichen Bedenken des Senats. Das Oberlandesgericht habe *„die von ihm für bedeutsam erachteten Gesichtspunkte aufgegriffen, in seine Bewertung eingestellt und ersichtlich im Blick auf die Grundrechte des Beschwerdeführers gewürdigt“*. Die angegriffene Entscheidung lasse deutlich erkennen, dass das Gericht *„die die Mindestverbüßungsdauer […] erheblich übersteigende Haftzeit von damals 22 Jahren und acht Monaten zum Lebensalter des Beschwerdeführers in Beziehung gesetzt und auch das zunehmende Gewicht des hohen Alters erkannt“* habe. Das Gericht habe *„auch nicht übersehen, daß sich die Wirkungen des Freiheitsentzuges im Altersbereich des Beschwerdeführers verstärken und daß seiner Erwartung, noch zu Lebzeiten aus der Strafhaft entlassen zu werden, größere Bedeutung“* zukomme. Im Zeitpunkt der gerichtlichen Entscheidung habe sich der Beschwerdeführer *„in einem für sein Alter relativ guten körperlichen und geistigen Zustand befunden“*.[33]

Der Senat sah sich allerdings dazu veranlasst, darauf hinzuweisen, dass im Falle eines erneuten Strafaussetzungsverfahrens *„dem Alter des nunmehr auf die Vollendung des 89. Lebensjahres zugehenden Beschwerdeführers eine solch überragende Bedeutung bei der geforderten vollstreckungsrechtlichen Gesamtwürdigung beizumessen sein dürfte, daß sich eine weitere Strafvollstreckung unter Wahrung der verfassungsrechtlichen, vornehmlich durch die Menschenwürde gezogenen Grenzen kaum“* vertreten lassen werde.[34]

4. Aussetzung einer lebenslangen Freiheitsstrafe II

In einem Beschluss des Zweiten Senats aus dem Jahr 1992 werden die verfassungsrechtlichen Maßstäbe für das Verfahren über die Aussetzung einer lebenslangen Freiheitsstrafe weiterentwickelt.

Grundlage dieses Beschlusses waren die Verfassungsbeschwerden zweier zu lebenslanger Freiheitsstrafe Verurteilter gegen die Ablehnung der Aussetzung des Strafrests zur Bewährung.[35] Der eine Beschwerdeführer war wegen Mordes in Tateinheit mit schwerem Raub verurteilt worden, weil er den Fahrer eines

---

32 BVerfG 2. Senat, aaO (116 f).
33 BVerfG 2. Senat, aaO (117 f).
34 BVerfG 2. Senat, aaO (118 f).
35 BVerfG 2. Senat, Beschl. v. 03.06.1992 – 2 BvR 1041/88, 78/89 – E 86, 288 (293 f, 295 f).

Geldtransporters erschossen und 1,8 Millionen DM gestohlen hatte. Er war seit fast 20 Jahren in Haft.[36] Der andere Beschwerdeführer war wegen gemeinschaftlichen zweifachen Mordes in Tateinheit mit besonders schwerem Raub verurteilt worden, weil er zusammen mit einem Komplizen eine Bank überfallen und im Zuge dessen zwei Bankangestellte erschossen hatte. Er war seit fast 24 Jahren inhaftiert.[37]

Der Zweite Senat hielt die Verfassungsbeschwerden für überwiegend begründet. Die angegriffenen Gerichtsentscheidungen verletzten die Beschwerdeführer in ihren Rechten aus Art. 2 Abs. 1 iVm Art. 20 Abs. 3, Art. 2 Abs. 2 und Art. 104 Abs. 2 Satz 1 GG.[38]

In Bezug auf den Begriff „besondere Schwere der Schuld“ in § 57a Abs. 1 Satz 1 Nr. 2 StGB führt der Beschluss aus: Im Urteil vom 21. Juni 1977 – im Urteil *Lebenslange Freiheitsstrafe* (1) – habe das BVerfG festgestellt, dass die lebenslange Freiheitsstrafe nicht gegen den Grundsatz der Schuldangemessenheit der Strafe verstoße, aus Art. 1 Abs. 1 GG iVm dem Sozialstaatsprinzip aber die Verpflichtung des Staats abzuleiten sei, dem Verurteilten die Chance zu geben, die Freiheit wiederzuerlangen.[39] Der Grundsatz der Schuldangemessenheit der Strafe folge *„aus Art. 1 Abs. 1 und Art. 2 Abs. 1 GG (Würde und Eigenverantwortlichkeit des Menschen) sowie aus dem Rechtsstaatsprinzip“*. § 46 Abs. 1 Satz 1 StGB[40] sei Ausdruck dieses Grundsatzes. § 46 Abs. 2 StGB[41] lege Gesichtspunkte fest, die das Gericht bei der Strafzumessung in den Blick zu nehmen hat.[42]

Beanspruche der Grundsatz der Schuldangemessenheit der Strafe wegen § 57a Abs. 1 Satz 1 Nr. 2 StGB auch Geltung für die Voraussetzungen einer Entlassung

36 BVerfG 2. Senat, aaO (292 f).

37 BVerfG 2. Senat, aaO (294 f).

38 BVerfG 2. Senat, aaO (310).

39 BVerfG 2. Senat, aaO (311 f).

40 Die Schuld des Täters ist Grundlage für die Zumessung der Strafe, § 46 Abs. 1 Satz 1 StGB.

41 Bei der Zumessung wägt das Gericht die Umstände, die für und gegen den Täter sprechen, gegeneinander ab. Dabei kommen namentlich in Betracht: die Beweggründe und die Ziele des Täters, besonders auch rassistische, fremdenfeindliche oder sonstige menschenverachtende, die Gesinnung, die aus der Tat spricht, und der bei der Tat aufgewendete Wille, das Maß der Pflichtwidrigkeit, die Art der Ausführung und die verschuldeten Auswirkungen der Tat, das Vorleben des Täters, seine persönlichen und wirtschaftlichen Verhältnisse sowie sein Verhalten nach der Tat, besonders sein Bemühen, den Schaden wiedergutzumachen, sowie das Bemühen des Täters, einen Ausgleich mit dem Verletzten zu erreichen, § 46 Abs. 2 StGB.

42 BVerfG 2. Senat, aaO (313).

aus lebenslanger Freiheitsstrafe, so sei „*auch die individuelle Schuldschwere der einer Verurteilung zu lebenslanger Freiheitsstrafe […] zugrundeliegenden Taten grundsätzlich nach den Kriterien zu bemessen, die § 46 StGB dem Richter für die Strafzumessung zu beachten aufgibt*". Die individuelle Schuldschwere sei „*mithin entsprechend § 46 StGB im Rahmen einer Gesamtwürdigung derjenigen erschwerend und mildernd zu Buche schlagenden objektiven und subjektiven Umstände der Tat zu bewerten, die der Verhängung der lebenslangen Freiheitsstrafe zugrunde liegt*".[43]

Hinsichtlich der Zuständigkeit für Feststellungen betreffend die Schwere der Schuld führt der Beschluss aus: Durch § 57a StGB seien die Aufgaben der Strafvollstreckungsgerichte „*um die Beurteilung der Schwere der Schuld und ihre Einbeziehung in die vollstreckungsrechtliche Gesamtwürdigung erweitert*" worden. Die Strafvollstreckungsgerichte aber seien „*weder besonders erfahren noch entscheidungsnah*", wenn es darum gehe, „*die objektiven und subjektiven Kriterien festzustellen, die die individuelle Tatschuld eines zu lebenslanger Freiheitsstrafe verurteilten Mörders prägen*". Die Entscheidungsgründe des Strafurteils könnten nicht hinreichend gewährleisten, dass die Strafvollstreckungsgerichte zu einer zuverlässigen Feststellung und Bewertung aller erschwerenden oder mildernden Umstände gelangen. Aus diesen Gründen dürfe die Entscheidung über die Schwere der Schuld von Verfassungs wegen nicht den Strafvollstreckungsgerichten übertragen sein.[44]

Bei verfassungskonformer Auslegung der „*Gesamtregelung des § 57a Abs. 1 Satz 1 Nr. 2 StGB i.V.m. §§ 454, 462a StPO und § 74 Abs. 1 Satz 1, Abs. 2 Satz 1 Nr. 4 GVG*"[45] habe „*das Schwurgericht […] bei einer Verurteilung zu lebenslanger Freiheitsstrafe wegen Mordes die Schuld des Täters nicht nur im Hinblick darauf festzustellen, ob sie zur Verhängung der lebenslangen Freiheitsstrafe führt*". Das Schwurgericht habe vielmehr „*darüber hinaus unter Abwägung der der jeweiligen Tat anhaftenden individuellen schulderschwerenden und schuldmindernden, objektiven und subjektiven Merkmale festzustellen, ob eine besondere Schwere der Schuld im Sinne des § 57a Abs. 1 Satz 1 Nr. 2 StGB vorliegt*".[46]

Für Strafaussetzungsverfahren in Altfällen bedürfe es einer „*Übergangsregelung*". In diesen Fällen müsse das Strafvollstreckungsgericht „*bei der zwangsläufig*

---

43 BVerfG 2. Senat, aaO.

44 BVerfG 2. Senat, aaO (319 f).

45 Die Strafkammern sind als erkennende Gerichte des ersten Rechtszugs zuständig für alle Verbrechen, die nicht zur Zuständigkeit des Amtsgerichts oder des Oberlandesgerichts gehören, § 74 Abs. 1 Satz 1 GVG. Für das Verbrechen des Mordes (§ 211 StGB) ist eine Strafkammer als Schwurgericht zuständig, § 74 Abs. 2 Satz 1 Nr. 3 GVG.

46 BVerfG 2. Senat, aaO (323).

nur im Nachhinein möglichen Bewertung der Schuld einer strikten Bindung hinsichtlich der im Urteil ausdrücklich festgestellten Tatsachen unterworfen" sein.[47]

Hinsichtlich der im Verfahren über die Aussetzung einer lebenslangen Freiheitsstrafe zu treffenden Entscheidungen führt der Beschluss aus: Zu den Voraussetzungen der Aussetzung einer lebenslangen Freiheitsstrafe gehöre, „*daß verantwortet werden kann zu erproben, ob der Verurteilte außerhalb des Strafvollzugs keine Straftat mehr begehen wird*". Um das bejahen zu können, bedürfe es „*einer langfristigen, in der Regel über mehrere Jahre währenden Vorbereitung der Entlassung*". Hänge aber „*eine positive Kriminalprognose auch von einer zeitgerechten Entlassungsvorbereitung ab*", so bedürfe es „*verfahrensrechtlicher Vorkehrungen, die unter diesem Gesichtspunkt eine planmäßige Entlassungsvorbereitung gewährleisten*". Den daraus sich ergebenden Anforderungen genügten „*die Strafvollstreckungsgerichte gegenwärtig nicht*".[48]

Nach dem Wortlaut von § 454 Abs. 1 Satz 1 StPO habe das Strafvollstreckungsgericht nur darüber zu entscheiden, „ob die Vollstreckung des Restes einer Freiheitsstrafe zur Bewährung ausgesetzt werden soll". Bei zeitigen Freiheitsstrafen sei das verfassungsrechtlich unbedenklich, weil hier die Vollstreckungsdauer, „*vor deren Ablauf eine bedingte Entlassung nicht in Betracht kommt, durch das Gesetz selbst in Abhängigkeit von der Höhe der schuldangemessenen zeitigen Freiheitsstrafe bestimmt wird*". Bei lebenslangen Freiheitsstrafen verwehre § 454 Abs. 1 Satz 1 StPO dem Wortlaut nach „*dem Vollstreckungsgericht, das den Zeitpunkt der Aussetzung wegen besonderer Schwere der Schuld noch nicht für gekommen hält, bei der Ablehnung der Aussetzung der Strafvollstreckung darüber zu entscheiden,* wie lange *dem Verurteilten eine besondere Schwere der Schuld als Aussetzungshindernis noch entgegengehalten werden kann*".[49] In Anbetracht dessen sei § 454 Abs. 1 Satz 1 StPO dahingehend verfassungskonform auszulegen, „*daß im Falle der Verurteilung zu lebenslanger Freiheitsstrafe das Vollstreckungsgericht nicht nur darüber entscheidet,* ob *deren weitere Vollstreckung zur Bewährung auszusetzen ist, sondern im Falle der Ablehnung auch,* bis wann *die Vollstreckung […] unter dem Gesichtspunkt der besonderen Schwere der Schuld fortzusetzen ist*".[50]

In den Augen des Senats wurden die angegriffenen Gerichtsentscheidungen den verfassungsrechtlichen Anforderungen nicht gerecht.[51] Mit ihren Feststellungen betreffend die Schwere der Schuld der Beschwerdeführer hätten die

47 BVerfG 2. Senat, aaO (324, 288).
48 BVerfG 2. Senat, aaO (327 f).
49 BVerfG 2. Senat, aaO (328 f) – Hervorhebungen im Original.
50 BVerfG 2. Senat, aaO (331) – Hervorhebungen im Original.
51 BVerfG 2. Senat, aaO (332).

Strafvollstreckungsgerichte sich nicht an ihre strikte Bindung hinsichtlich der Tatsachenfeststellungen des Strafurteils gehalten.[52] Auch hätten die Gerichte sich nicht zu der Frage geäußert, *„wann auf der Grundlage einer vollstreckungsrechtlichen Gesamtwürdigung […] mit einer Aussetzung zu rechnen war“*.[53]

Die Frage, ob es einer gesetzlichen Grenze für die auf Grund der besonderen Schwere der Schuld zu verbüßende Zeit bedürfe, stellte sich für den Senat nicht. Erst wenn die verfassungskonforme Auslegung der §§ 57a Abs. 1 Satz 1 Nr. 2 StGB, 454, 462a StPO und 74 GVG erprobt sei und sich abzeichne, *„wie die Rechtsprechung die Kriterien der besonderen Schwere der Schuld und des Gebietens in die Festsetzung einer konkreten Verbüßungszeit umsetzt“*, habe der Gesetzgeber das erforderliche Erfahrungsmaterial, um prüfen zu können, ob ein hinreichend objektiver Maßstab für die vollstreckungsrechtliche Gesamtwürdigung zur Verfügung steht.[54]

5. Vorläufige Unterbringung

In einem Beschluss aus dem Jahr 1981 formuliert der Zweite Senat in einem ganz anderen Zusammenhang, nämlich in Bezug auf eine vorläufige Unterbringung, verfassungsrechtliche Maßstäbe für die gerichtliche Sachverhaltsaufklärung.

Grundlage dieses Beschlusses war die Verfassungsbeschwerde eines – zwischenzeitlich entlassenen – Untergebrachten gegen seine vorläufige Unterbringung in einem psychiatrischen Krankenhaus nach dem in Baden-Württemberg damals geltenden Gesetz über die Unterbringung von Geisteskranken und Suchtkranken (UnterbringungsG)[55].[56] Nach dem UnterbringungsG konnte einstweilen die vorläufige Unterbringung einer Person angeordnet werden, wenn das zur

---

52 BVerfG 2. Senat, aaO (333 f, 335 ff).

53 BVerfG 2. Senat, aaO (334, 338).

54 BVerfG 2. Senat, aaO (334 f).

55 Nach dem in Baden-Württemberg inzwischen geltenden Gesetz über Hilfen und Schutzmaßnahmen bei psychischen Krankheiten (PsychKHG BW) können Personen, die auf Grund einer psychischen Störung krank oder behindert sind, gegen ihren Willen in einer anerkannten Einrichtung untergebracht werden, wenn sie unterbringungsbedürftig sind, § 13 Abs. 1 iVm § 1 Nr. 1 PsychKHG BW. Unterbringungsbedürftig ist, wer infolge einer psychischen Störung sein Leben oder seine Gesundheit erheblich gefährdet oder eine erhebliche gegenwärtige Gefahr für Rechtsgüter anderer darstellt, wenn die Gefährdung oder Gefahr nicht auf andere Weise abgewendet werden kann, § 13 Abs. 3 PsychKHG BW. Die untergebrachte Person ist zu entlassen, wenn der Grund für die Unterbringung weggefallen ist, § 28 Abs. 2 Satz 1 PsychKHG BW.

56 BVerfG 2. Senat, Beschl. v. 07.10.1981 – 2 BvR 1194/80 – E 58, 208 (210, 214).

Vorbereitung eines Gutachtens über ihren Gesundheitszustand oder aus anderen Gründen dringend erforderlich war. Im Verfahren über die einstweilige Anordnung musste der Betroffene mündlich angehört werden. Sofern eine Anhörung des Betroffenen auf Grund seines Gesundheitszustands oder wegen Gefahr im Verzug nicht möglich war, musste die Anhörung so bald wie möglich nachgeholt werden.[57] Das Amtsgericht hatte einstweilen die vorläufige Unterbringung des Beschwerdeführers angeordnet, ohne ihn vorher anzuhören, weil das zur Vorbereitung eines Gutachtens über seinen Geisteszustand und zur Abwendung von Nachteilen für seine Gesundheit dringend erforderlich sei.[58]

Der Zweite Senat hielt die Verfassungsbeschwerde für begründet. Die einstweilige Anordnung des Amtsgerichts verletze den Beschwerdeführer in seinen Rechten aus Art. 2 Abs. 2 Satz 2 iVm Art. 104 Abs. 1 Satz 1 GG.[59] Das Amtsgericht habe unterlassen, den Beschwerdeführer vor Erlass seiner Entscheidung anzuhören, obwohl ersichtlich keiner der gesetzlichen Ausnahmetatbestände erfüllt gewesen sei.[60] Die nachträgliche Anhörung des Beschwerdeführers habe die Verletzung seiner Rechte nicht zu beseitigen vermocht. Zwar gelte im Verfahrensrecht der Grundsatz, *„daß Fehler des Verfahrens dadurch geheilt werden, daß der fehlerhafte Verfahrensvorgang fehlerfrei wiederholt wird“*. Die Unterlassung der gesetzlich vorgeschriebenen Anhörung aber habe nicht nur zur Folge, dass dem Betroffenen ein prozessuales Recht vorübergehend vorenthalten wird. Sie führe auch dazu, dass *„die Entscheidung über den Entzug der persönlichen Freiheit ohne zwingenden Grund auf unzureichender richterlicher Sachaufklärung“* beruhe, *„die als unverzichtbare Voraussetzung einer Unterbringung anzusehen“* sei. Wie sich im Erfordernis der Mündlichkeit der Anhörung zeige, erschöpfe sich deren Zweck nicht in der Gewährung rechtlichen Gehörs. Zweck der Anhörung im Unterbringungsverfahren sei vielmehr in erster Linie, *„dem Richter einen persönlichen Eindruck von dem Betroffenen und der Art seiner Erkrankung zu verschaffen, damit er in den Stand gesetzt“* werde, *„ein klares und umfassendes Bild von der Persönlichkeit des Unterzubringenden zu gewinnen und seiner Pflicht zu genügen, den ärztlichen Gutachten richterliche Kontrolle entgegenzusetzen“*.[61]

---

57 BVerfG 2. Senat, aaO (210 f).
58 BVerfG 2. Senat, aaO (213).
59 BVerfG 2. Senat, aaO (220).
60 BVerfG 2. Senat, aaO (220 f).
61 BVerfG 2. Senat, aaO (222 f).

6. Aussetzung einer Unterbringung

In einem Urteil aus dem Jahr 1985 betreffend eine als Maßregel der Besserung und Sicherung angeordnete Unterbringung[62] entwickelt der Zweite Senat die verfassungsrechtlichen Maßstäbe für die gerichtliche Sachverhaltsaufklärung weiter. Darüber hinaus formuliert er Grundsätze für die Kriminalprognose im Verfahren über die Aussetzung einer Unterbringung.

Grundlage dieses Urteils waren zwei Verfassungsbeschwerden eines in einem psychiatrischen Krankenhaus Untergebrachten gegen die Ablehnung der Aussetzung der Unterbringung zur Bewährung[63]. Der Beschwerdeführer war wegen Diebstahls zu einer Freiheitsstrafe verurteilt worden. Zugleich war seine Unterbringung in einer Heil- oder Pflegeanstalt angeordnet worden, weil er die Tat auf Grund einer schizophrenen Psychose im Zustand erheblich verminderter Zurechnungsfähigkeit begangen habe. Seit dem Jahr 1976 war er in einem psychiatrischen Krankenhaus untergebracht.[64]

Der Zweite Senat hielt die Verfassungsbeschwerden für begründet. Die angegriffenen Gerichtsentscheidungen verletzten den Beschwerdeführer in seinen Rechten aus Art. 2 Abs. 2 Satz 2 GG.[65] Aus Art. 2 Abs. 2 Satz 2 GG ergäben sich *„Mindesterfordernisse für eine zuverlässige Wahrheitserforschung […], die nicht nur im strafprozessualen Hauptverfahren, sondern auch […] im Vollstreckungsverfahren […] zu beachten sind"*. Sie setzten *„Maßstäbe für die Aufklärung des Sachverhalts und damit für eine hinreichende tatsächliche Grundlage für richterliche Entscheidungen"*. Denn es sei *„unverzichtbare Voraussetzung rechtsstaatlichen Verfahrens, daß Entscheidungen, die den Entzug der persönlichen Freiheit betreffen, auf zureichender richterlicher Sachaufklärung beruhen […] und eine in tatsächlicher Hinsicht genügende Grundlage haben, die der Bedeutung der Freiheitsgarantie entspricht"*.[66]

Habe das Strafvollstreckungsgericht einen ärztlichen Sachverständigen hinzugezogen, müsse es sich dessen bewusst sein, dass es die Äußerungen des Sachverständigen *„selbständig zu beurteilen hat"*. Das Gericht habe *„die Prognoseentscheidung selbst zu treffen"* und dürfe *„sie nicht dem Sachverständigen überlassen"*.[67]

---

62 Diese Form der Unterbringung ist in den §§ 61 ff StGB geregelt.

63 BVerfG 2. Senat, Urt. v. 08.10.1985 – 2 BvR 1150/80, 1504/82 – E 70, 297 (298, 300 ff).

64 BVerfG 2. Senat, aaO (298 f).

65 BVerfG 2. Senat, aaO (307).

66 BVerfG 2. Senat, aaO (308).

67 BVerfG 2. Senat, aaO (310).

Das Gutachten des Sachverständigen müsse *„hinreichend substantiiert"* sein. Es müsse das Gericht *„in den Stand setzen, sich – zumindest im Verbund mit dem übrigen Akteninhalt – die tatsächlichen Voraussetzungen für seine Entscheidung zu erarbeiten und auch die Frage zu beantworten, ob und gegebenenfalls welche Art Straftaten von dem Untergebrachten infolge seines Zustandes zu erwarten sind"*. Es *„sollte [...] nicht aus länger zurückliegender Zeit stammen"*. Sei der Betroffene seit langer Zeit im selben psychiatrischen Krankenhaus untergebracht, müsse in der Regel von Zeit zu Zeit ein anstaltsfremder Sachverständiger hinzugezogen werden. *„Denn je länger die Unterbringung"* schon andauere, *„desto strengere Anforderungen"* seien *„aufgrund der Wirkkraft des Freiheitsgrundrechts des Untergebrachten auch an die Sachverhaltsaufklärung zu stellen, um der Gefahr von Routinebeurteilungen möglichst vorzubeugen"*.[68]

„Erst die so geschaffene hinreichende Tatsachengrundlage" setze das Strafvollstreckungsgericht in den Stand, über die Aussetzung der Unterbringung zur Bewährung zu entscheiden, insbesondere die erforderliche Kriminalprognose[69] zu treffen.[70] *„Allgemeingültige, scharfe Formeln"* für die vorzunehmende *„Gesamtwürdigung"* gebe es allerdings nicht. Die Voraussetzung der *„Verantwortbarkeit der Erprobung"*, ob der Untergebrachte außerhalb des Maßregelvollzugs keine rechtswidrigen Taten mehr begehen werde[71], sei *„ausfüllungsbedürftig"*. Sie schließe mit ein, *„daß mit der Aussetzung ein* vertretbares *Risiko eingegangen wird"*. Innerhalb der Grenzen der Verantwortbarkeit komme der Erprobung also *„der Charakter eines Experiments zu"*. Die Prognose habe sich *„darauf zu erstrecken, ob und welche Art rechtswidrige Taten von dem Untergebrachten drohen, wie ausgeprägt das Maß der Gefährdung ist (Häufigkeit, Rückfallfrequenz) und welches Gewicht den bedrohten Rechtsgütern zukommt"*. Die vom Untergebrachten ausgehende Gefahr sei *„hinreichend zu konkretisieren; der Grad der*

68 BVerfG 2. Senat, aaO (310 f).

69 Ist keine Höchstfrist vorgesehen oder ist die Frist noch nicht abgelaufen, so setzt das Gericht die weitere Vollstreckung der Unterbringung zur Bewährung aus, wenn zu erwarten ist, dass der Untergebrachte außerhalb des Maßregelvollzugs keine erheblichen rechtswidrigen Taten mehr begehen wird, § 67d Abs. 2 Satz 1 StGB.

70 BVerfG 2. Senat, aaO (311).

71 Bis zum 30. Januar 1998 lautete § 67d Abs. 2 Satz 1 StGB: „Ist keine Höchstfrist vorgesehen oder ist die Frist noch nicht abgelaufen, so setzt das Gericht die weitere Vollstreckung der Unterbringung zur Bewährung aus, sobald verantwortet werden kann zu erproben, ob der Untergebrachte außerhalb des Maßregelvollzugs keine rechtswidrigen Taten mehr begehen wird" (juris, Gesamtausgaben-Liste StGB).

Wahrscheinlichkeit zukünftiger rechtswidriger Taten" sei *„zu bestimmen; deren bloße Möglichkeit"* vermöge *„die weitere Maßregelvollstreckung nicht zu rechtfertigen"*.[72]

Das Freiheitsgrundrecht gewinne *„wegen des sich verschärfenden Eingriffs immer stärkeres Gewicht"* für die Entscheidung des Strafvollstreckungsgerichts. Der *„unter Umständen nachhaltige Einfluß des gewichtiger werdenden Freiheitsanspruchs"* werde *„jedoch dort an Grenzen stoßen, wo es im Blick auf die Art der von dem Untergebrachten drohenden Taten, deren Bedeutung und Wahrscheinlichkeit [...] unvertretbar"* erscheine, *„den Untergebrachten in die Freiheit zu entlassen"*.[73]

Für den Senat wurden die angegriffenen Gerichtsentscheidungen den verfassungsrechtlichen Anforderungen nicht gerecht. Die Entscheidungen im ersten Aussetzungsverfahren trügen den Anforderungen an die gerichtliche Sachaufklärung nicht hinreichend Rechnung.[74] Die Entscheidungen im zweiten Aussetzungsverfahren genügten nicht den Anforderungen, die angesichts der Bedeutung des Freiheitsgrundrechts *„an die Begründung solcher Entscheidungen und ihre Verhältnismäßigkeitsprüfung zu stellen"* seien.[75]

7. Wesentliche Grundsätze der Entscheidungen

Den dargestellten Senatsentscheidungen lassen sich – soweit sie hier[76] behandelt worden sind – im Wesentlichen folgende Grundsätze entnehmen:

Der Vollzug einer lebenslangen Freiheitsstrafe verletzt nicht die Menschenwürde (Art. 1 Abs. 1 GG), wenn er notwendig ist, weil der Verurteilte noch gefährlich ist. Wegen Art. 1 Abs. 1 GG muss der zu lebenslanger Freiheitsstrafe Verurteilte allerdings eine konkrete und grundsätzlich auch realisierbare Chance haben, die Freiheit wiederzuerlangen. Die Menschenwürde ist verletzt, wenn der zu lebenslanger Freiheitsstrafe Verurteilte die Hoffnung auf Freiheit unabhängig von der Entwicklung seiner Persönlichkeit aufgeben muss[77] (*Lebenslange Freiheitsstrafe* (1)).

---

72 BVerfG 2. Senat, aaO (313) – Hervorhebung im Original.

73 BVerfG 2. Senat, aaO (315).

74 BVerfG 2. Senat, aaO (317).

75 BVerfG 2. Senat, aaO (320).

76 S. noch unten Zweites Kapitel, **II**, S. 73 ff.

77 S.o. **1**, S. 19.

Der Grundsatz der Schuldangemessenheit der Strafe bestimmt nicht nur die Strafzumessung, sondern auch die Frage der Aussetzung einer lebenslangen Freiheitsstrafe.[78] Im Einzelfall kann das dazu führen, dass eine lebenslange Freiheitsstrafe – verfassungsrechtlich unbedenklich – tatsächlich ein Leben lang vollstreckt wird. Fälle, in denen von vornherein ausgeschlossen wäre, den Gefangenen irgendwann aus der Haft zu entlassen, aber kann es angesichts der dem zu lebenslanger Freiheitsstrafe Verurteilten garantierten Aussicht, die Freiheit wiederzuerlangen (Art. 1 Abs. 1 GG), nicht geben.[79] Bei der Entscheidung über die Gewährung von Hafturlaub sind das Alter und der Gesundheitszustand des Gefangenen zur Dauer der schon verbüßten Haft in Beziehung zu setzen[80] (*Hafturlaub* (2)).

§ 57a StGB konkretisiert Art. 1 Abs. 1 GG als Forderung, dass der zu lebenslanger Freiheitsstrafe Verurteilte eine konkrete und grundsätzlich auch realisierbare Chance haben muss, die Freiheit wiederzuerlangen.[81] Die im Verfahren über die Aussetzung einer lebenslangen Freiheitsstrafe vorzunehmende vollstreckungsrechtliche Gesamtwürdigung (§ 57a Abs. 1 Satz 1 Nr. 2 StGB) hat das BVerfG daraufhin zu überprüfen, ob das Strafvollstreckungsgericht Bedeutung und Tragweite der Menschenwürde, der freien menschlichen Persönlichkeit und ihres grundsätzlichen Freiheitsanspruchs (Art. 2 iVm Art. 1 Abs. 1 GG) verkannt hat.[82] Übersteigt die Haftdauer die Mindestverbüßungsdauer von 15 Jahren auf Grund besonderer Schwere der Schuld, so gewinnt ein hohes Alter des Verurteilten zunehmend an Gewicht für die Entscheidung über die Aussetzung der Strafe. Denn die Wirkung einer langen Haft verstärkt sich in hohem Alter mehr und mehr. Darüber hinaus darf die dem zu lebenslanger Freiheitsstrafe Verurteilten garantierte Aussicht, die Freiheit wiederzuerlangen (Art. 1 Abs. 1 GG), nicht auf einen durch Siechtum und Todesnähe gekennzeichneten Lebensrest reduziert werden[83] (*Aussetzung einer lebenslangen Freiheitsstrafe I* (3)).

Die Schwere der Schuld im Sinne von § 57a Abs. 1 Satz 1 Nr. 2 StGB ist nach den Kriterien für die Strafzumessung (§ 46 StGB) zu bemessen, weil der Grundsatz der Schuldangemessenheit der Strafe (Art. 1 Abs. 1 und Art. 2 Abs. 1 iVm Art. 20 Abs. 3 GG) auch Geltung für die Frage der Aussetzung einer lebenslangen Freiheitsstrafe beansprucht. Die Schwere der Schuld im Sinne von § 57a

78 S.o. **2**, S. 20.
79 S.o. **2**, S. 21.
80 S.o. **2**, S. 22.
81 S.o. **3**, S. 22 f.
82 S.o. **3**, S. 23.
83 S.o. **3**, S. 23 f.

Abs. 1 Satz 1 Nr. 2 StGB ist also entsprechend § 46 StGB im Wege einer Gesamtwürdigung der erschwerenden und mildernden objektiven und subjektiven Umstände der Tat zu bemessen, die der Verhängung der lebenslangen Freiheitsstrafe zu Grunde liegt.[84] Im Verfahren über die Aussetzung einer lebenslangen Freiheitsstrafe hat das Strafvollstreckungsgericht nicht nur über die Aussetzung der Strafe zu entscheiden. Sofern das Gericht die Aussetzung der Strafe ablehnt, hat es vielmehr auch darüber zu entscheiden, bis wann ihre Vollstreckung unter dem Gesichtspunkt der besonderen Schwere der Schuld fortzusetzen ist[85] (*Aussetzung einer lebenslangen Freiheitsstrafe II* (4)).

Hinreichende richterliche Sachverhaltsaufklärung ist unverzichtbare Voraussetzung einer Unterbringung. Zweck der mündlichen Anhörung im Unterbringungsverfahren ist in erster Linie, dem Gericht einen persönlichen Eindruck vom Betroffenen zu verschaffen, um es in die Lage zu versetzen, ärztlichen Gutachten richterliche Kontrolle entgegensetzen zu können[86] (*Vorläufige Unterbringung* (5)).

Im Verfahren über die Aussetzung einer Unterbringung muss das Strafvollstreckungsgericht die erforderliche Kriminalprognose selbst treffen und darf sie keinem Sachverständigen überlassen.[87] Die Kriminalprognose muss sich auf die Art der drohenden rechtswidrigen Taten und das Maß ihrer Wahrscheinlichkeit erstrecken. Eine vom Untergebrachten ausgehende Gefahr ist hinreichend zu konkretisieren. Die bloße Möglichkeit zukünftiger rechtswidriger Taten kann die weitere Vollstreckung einer Unterbringung nicht rechtfertigen. Denn die Voraussetzung der Verantwortbarkeit der Erprobung, ob der Untergebrachte außerhalb des Maßregelvollzugs keine rechtswidrigen Taten mehr begehen werde, schließt mit ein, dass ein vertretbares Risiko eingegangen wird[88] (*Aussetzung einer Unterbringung* (6)).

8. Vergleichende Betrachtung der verfassungsrechtlichen Maßstäbe der Entscheidungen

In den Entscheidungen *Lebenslange Freiheitsstrafe* (1), *Hafturlaub* (2), *Aussetzung einer lebenslangen Freiheitsstrafe I* (3) und *Aussetzung einer lebenslangen Freiheitsstrafe II* (4), die lebenslange Freiheitsstrafen betreffen, entnehmen Erster

84 S.o. **4**, S. 25 f.
85 S.o. **4**, S. 27.
86 S.o. **5**, S. 29.
87 S.o. **6**, S. 30.
88 S.o. **6**, S. 31 f.

und Zweiter Senat die einschlägigen verfassungsrechtlichen Maßstäbe in erster Linie oder jedenfalls auch Art. 1 Abs. 1 GG.[89] In den Entscheidungen *Vorläufige Unterbringung* (5) und *Aussetzung einer Unterbringung* (6), in denen es um Unterbringungen in psychiatrischen Krankenhäusern geht, wird die Menschenwürde nicht einmal angesprochen.[90]

Der Grund für diesen Unterschied ist im Urteil *Lebenslange Freiheitsstrafe* (1) angelegt. Danach ist die Menschenwürde (Art. 1 Abs. 1 GG) verletzt, wenn der zu lebenslanger Freiheitsstrafe Verurteilte die Hoffnung auf Freiheit *„ungeachtet der Entwicklung seiner Persönlichkeit"* aufgeben muss.[91] Die Menschenwürde ist also verletzt, wenn der zu lebenslanger Freiheitsstrafe Verurteilte unabhängig davon, ob und wie lange er noch gefährlich ist, keine Aussicht darauf hat, irgendwann aus der Haft entlassen zu werden.[92] Sie ist aber nicht schon deshalb verletzt, weil eine lebenslange Freiheitsstrafe weiter vollstreckt wird, obwohl der Verurteilte nicht mehr gefährlich ist.

Anders als die Vollstreckung einer lebenslangen Freiheitsstrafe muss eine Unterbringung ohne Weiteres enden, wenn der Untergebrachte nicht mehr gefährlich ist. Zweck einer als Maßregel der Besserung und Sicherung angeordneten Unterbringung[93] ist der Schutz der Allgemeinheit vor einem gefährlichen Straftäter;[94] Zweck einer Unterbringung wegen einer psychischen Erkrankung[95] ist der Schutz der Allgemeinheit vor dem Betroffenen bzw. des Betroffenen vor sich selbst.[96] Entsprechend ist die Dauer einer Unterbringung an die Dauer der Gefährlichkeit des Untergebrachten gebunden. Ist der Untergebrachte nicht mehr gefährlich, muss er aus der Unterbringung entlassen werden.[97] Der aus Art. 1 Abs. 1 GG abgeleitete Grundsatz, dass der zu lebenslanger Freiheitsstrafe Verurteilte die Aussicht darauf haben muss, irgendwann aus der Haft entlassen

---

89 S.o. **1**, S. 19, **2**, S. 20 f, **3**, S. 23 f, und **4**, S. 25 f.

90 S.o. **5**, S. 29, und **6**, S. 30 ff.

91 S.o. **1**, S. 19.

92 S. auch oben *Hafturlaub* (2), S. 21.

93 Um diese Form der Unterbringung geht es in der Entscheidung *Aussetzung einer Unterbringung* (6).

94 S. statt vieler nur *Kinzig*, in: *Schönke/Schröder*, StGB, § 67d Rn 1.

95 Um diese – landesrechtlich geregelte – Form der Unterbringung geht es in der Entscheidung *Vorläufige Unterbringung* (5).

96 S. etwa § 13 Abs. 3 PsychKHG BW (Fn 55).

97 S. § 67d Abs. 2 Satz 1 StGB (Fn 69) und *Kinzig*, in: *Schönke/Schröder*, StGB, § 67d Rn 1, für die Unterbringung als Maßregel der Besserung und Sicherung sowie – zB – § 28 Abs. 2 Satz 1 PsychKHG BW (Fn 55) für die Unterbringung wegen einer psychischen Erkrankung.

zu werden, sofern er nicht mehr gefährlich ist, lässt sich auf Unterbringungen also nicht sinnvoll übertragen.

III. Kammerrechtsprechung

Gegenstand der Kammerrechtsprechung in Bezug auf Haftdauer und Menschenwürde ist die Entscheidung des Strafvollstreckungsgerichts über die Aussetzung einer lebenslangen Freiheitsstrafe zur Bewährung. Im Einzelnen geht es zum einen darum, ob und wie lange die besondere Schwere der Schuld des Verurteilten die weitere Vollstreckung der Strafe gebietet – um die vollstreckungsrechtliche Gesamtwürdigung und die Festsetzung der gebotenen Vollstreckungsdauer; zum anderen geht es darum, ob die Strafaussetzung unter Berücksichtigung des Sicherheitsinteresses der Allgemeinheit verantwortet werden kann – um die Kriminalprognose.

1. Vollstreckungsrechtliche Gesamtwürdigung I

Die erste Kammerentscheidung in Bezug auf die vollstreckungsrechtliche Gesamtwürdigung ist ein Nichtannahmebeschluss aus dem Jahr 1994. Grundlage war die Verfassungsbeschwerde einer zu lebenslanger Freiheitsstrafe Verurteilten gegen die Ablehnung der Aussetzung des Strafrests zur Bewährung.

1.1 Gegenstand des Verfahrens

Die Beschwerdeführerin verbüßte eine lebenslange Freiheitsstrafe wegen gemeinschaftlichen Mordes in zwei Fällen.[98] Im Jahr 1943 hatte sie sich im Konzentrationslager Majdanek in ihrer Funktion als Aufseherin an einer „Selektion" beteiligt. Im Zuge dieser Maßnahme wurden aus etwa dreihundert Häftlingen mindestens fünfzig jüdische Frauen und Mädchen ausgesondert und in eine Gaskammer der „Badebaracke" getrieben, wo sie mit dem Giftgas Zyklon B getötet wurden. Die Beschwerdeführerin hatte daran mitgewirkt, die ausgesonderten Personen zu einer Gruppe zusammenzustellen und Flüchtende mit der Peitsche zurückzutreiben. Zusammen mit der Oberaufseherin hatte sie auch selbst Personen ausgesondert und zu der für die Vergasung bestimmten Gruppe gestellt.[99]

Die Beschwerdeführerin hatte sich außerdem an einer „Ausrottungsaktion" beteiligt. Im Zuge dieser Maßnahme wurden mindestens fünfzig jüdische Frauen und Kinder aus ihrer Baracke getrieben und auf einen Wagen verladen.

98 BVerfG 2. Senat 2. Kammer, Beschl. v. 02.03.1994 – 2 BvR 869/93 – juris, Ziff. 2.
99 BVerfG 2. Senat 2. Kammer, aaO Ziff. 3.

Fluchtversuche der Betroffenen und Rettungsversuche von Verwandten wurden durch Schläge, Tritte und Peitschenhiebe unterbunden. Die Frauen und Kinder wurden zur „Badebaracke" transportiert und in einer Gaskammer getötet.[100]

Die Beschwerdeführerin litt an einer schweren chronischen und fortschreitenden Gelenkerkrankung, wegen der sie überwiegend auf einen Rollstuhl angewiesen war, sowie an einer Erkrankung der Herzkranzgefäße. Seit Januar 1990 wurde ihre Strafe im Justizvollzugskrankenhaus vollzogen. Grund hierfür war, dass die behandelnden Ärzte und externe Sachverständige übereinstimmend zu dem Ergebnis gekommen waren, dass die Beschwerdeführerin nur noch im Justizvollzugskrankenhaus als haftfähig anzusehen sei.[101]

Eine Strafaussetzung lehnte die Strafvollstreckungskammer wegen der besonderen Schwere der Schuld der Beschwerdeführerin ab und setzte die gebotene Vollstreckungsdauer auf 20 Jahre fest. Die von der Beschwerdeführerin dagegen eingelegte sofortige Beschwerde wurde vom Oberlandesgericht verworfen.[102] Im Zeitpunkt der Entscheidung des Oberlandesgerichts war die Beschwerdeführerin fast 74 Jahre alt und seit etwa 17 Jahren in Haft.[103]

Mit ihrer Verfassungsbeschwerde rügte die Beschwerdeführerin eine Verletzung ihrer Rechte aus Art. 2 Abs. 1 iVm Art. 1 Abs. 1 GG. Die Entscheidung des Oberlandesgerichts missachte die Grundsätze der Entscheidungen *Hafturlaub* (II.2) und *Aussetzung einer lebenslangen Freiheitsstrafe I* (II.3) für die Strafvollstreckung gegen alte und kranke NS-Straftäter. Sie – die Beschwerdeführerin – sei haftunfähig. Das Oberlandesgericht habe sich auch nicht an die Grundsätze des Beschlusses *Aussetzung einer lebenslangen Freiheitsstrafe II* (II.4) für die Schuldgewichtung gehalten und sei zu Unrecht von einer besonderen Schwere der Schuld ausgegangen.[104]

1.2 Entscheidung der Kammer

Die 2. Kammer des Zweiten Senats nahm die Verfassungsbeschwerde nicht zur Entscheidung an. Es lasse sich nicht feststellen, dass das Oberlandesgericht in grundsätzlicher Verkennung von Bedeutung und Tragweite der Grundrechte aus Art. 2 iVm Art. 1 Abs. 1 GG angenommen hätte, dass eine weitere Strafvollstreckung geboten sei.[105]

---

100 BVerfG 2. Senat 2. Kammer, aaO Ziff. 4.
101 BVerfG 2. Senat 2. Kammer, aaO Ziff. 7.
102 BVerfG 2. Senat 2. Kammer, aaO Ziff. 8 ff.
103 BVerfG 2. Senat 2. Kammer, aaO Ziff. 1.
104 BVerfG 2. Senat 2. Kammer, aaO Ziff. 14 ff.
105 BVerfG 2. Senat 2. Kammer, aaO Ziff. 18 f.

Dass das Oberlandesgericht wegen der mit den Tötungsverbrechen verwirklichten zwei Mordmerkmale („grausam“ und „aus niedrigen Beweggründen“), der großen Zahl der Opfer, der Begehungsweise der Tötungshandlungen und der Auswirkungen des Tatgeschehens eine besondere Schwere der Schuld angenommen habe, sei verfassungsrechtlich nicht zu beanstanden. Zu dieser Feststellung sei das Gericht unter Abwägung der individuellen schulderschwerenden und schuldmindernden objektiven und subjektiven Merkmale der Taten gelangt. Die Beschwerdeführerin habe schwerste Schuld auf sich geladen. Dass ihre Taten durch ein Unrechtsregime veranlasst und gefördert worden seien, ändere daran nichts.[106]

Auch die Feststellung des Oberlandesgerichts, dass die besondere Schwere der Schuld die weitere Vollstreckung der Strafe gebiete, begegnete keinen durchgreifenden verfassungsrechtlichen Bedenken der Kammer. Ob die weitere Vollstreckung einer lebenslangen Freiheitsstrafe nach § 57a StGB zur Bewährung auszusetzen ist, sei in erster Linie eine Frage des einfachen Rechts. Das BVerfG prüfe die Entscheidung des Strafvollstreckungsgerichts nur daraufhin nach, ob dieses bei der nach § 57a Abs. 1 Satz 1 Nr. 2 StGB erforderlichen Prüfung Bedeutung und Tragweite der Menschenwürde, der freien menschlichen Persönlichkeit und ihres grundsätzlichen Freiheitsanspruchs verkannt habe (Art. 2 iVm Art. 1 Abs. 1 GG). Insoweit sei zu berücksichtigen, dass dann, wenn die Dauer der Vollstreckung der Strafe die Mindestverbüßungsdauer von 15 Jahren infolge besonders schwerer Schuld weit übersteige, das fortgeschrittene Lebensalter eines betagten Verurteilten für die Entscheidung über die Strafaussetzung ständig an Gewicht gewinne. Mit der Würde des Menschen wäre unvereinbar, die vom BVerfG geforderte konkrete und grundsätzlich auch realisierbare Chance, die Freiheit wiederzuerlangen, auf einen durch Siechtum und Todesnähe gekennzeichneten Lebensrest zu reduzieren.[107]

Die angegriffene Entscheidung lasse deutlich erkennen, dass das Oberlandesgericht die die Mindestverbüßungsdauer von 15 Jahren *„nicht unwesentlich“* übersteigende Haftdauer von damals 17 Jahren zum Lebensalter und zur Krankheit der Beschwerdeführerin in Beziehung gesetzt habe. Das Gericht habe nicht übersehen, dass das fortgeschrittene Lebensalter und die Krankheit der Beschwerdeführerin die Wirkungen des Freiheitsentzugs verstärken, sondern sei auf Grund dieser Umstände von einer erhöhten Strafempfindlichkeit ausgegangen. Diese habe es zusammen mit weiteren besonderen Umständen in der Person

---

106 BVerfG 2. Senat 2. Kammer, aaO Ziff. 20.
107 BVerfG 2. Senat 2. Kammer, aaO Ziff. 21 f.

der Beschwerdeführerin eingehend unter dem Gesichtspunkt der gebotenen Vollstreckungsdauer gewürdigt. Die mit fortschreitendem Lebensalter und eintretender körperlicher und geistiger Gebrechlichkeit wachsende Bedeutung der Erwartung, noch zu Lebzeiten aus der Haft entlassen zu werden, habe ersichtlich Berücksichtigung gefunden. Nach den im Wesentlichen übereinstimmenden Äußerungen der Sachverständigen habe das Oberlandesgericht davon ausgehen können, dass die Beschwerdeführerin *„zumindest im Justizvollzugskrankenhaus"*, wo sie *„wegen des angegriffenen Gesundheitszustandes"* untergebracht war, *„als haftfähig anzusehen"* sei. Von Verfassungs wegen sei deshalb nicht zu beanstanden, dass das Gericht *„der gesundheitlichen Beeinträchtigung kein derartiges Gewicht"* zugemessen habe, *„daß allein deshalb ein Absehen von der unter dem Gesichtspunkt der besonderen Schwere der Schuld für geboten erachteten weiteren Vollstreckung hätte naheliegen müssen"*.[108]

1.3 Wesentlicher Inhalt, Einordnung und Würdigung der Entscheidung

In dieser Entscheidung befasst sich die 2. Kammer des Zweiten Senats mit der vollstreckungsrechtlichen Gesamtwürdigung (§ 57a Abs. 1 Satz 1 Nr. 2 StGB) des Strafvollstreckungsgerichts im Verfahren über die Aussetzung einer lebenslangen Freiheitsstrafe. Die verfassungsrechtlichen Maßstäbe des Urteils *Aussetzung einer lebenslangen Freiheitsstrafe I* (II.3) übernehmend, stellt sie insoweit fest: Das BVerfG hat die vollstreckungsrechtliche Gesamtwürdigung des Strafvollstreckungsgerichts daraufhin zu überprüfen, ob das Gericht Bedeutung und Tragweite der Menschenwürde, der freien menschlichen Persönlichkeit und ihres grundsätzlichen Freiheitsanspruchs (Art. 2 iVm Art. 1 Abs. 1 GG) verkannt hat. Ein hohes Alter des Verurteilten gewinnt zunehmend an Gewicht für die Entscheidung über die Strafaussetzung, wenn die Haftdauer die Mindestverbüßungsdauer von 15 Jahren auf Grund der besonderen Schwere der Schuld übersteigt. Die Aussicht des Verurteilten auf Freiheit (Art. 1 Abs. 1 GG) darf nicht auf einen durch Siechtum und Todesnähe geprägten Lebensrest reduziert werden.[109]

Konkrete verfassungsrechtliche Anforderungen an die vollstreckungsrechtliche Gesamtwürdigung entnimmt die Kammer gleichfalls dem Urteil *Aussetzung einer lebenslangen Freiheitsstrafe I* (II.3) und verlangt, zusätzlich auf den Beschluss *Hafturlaub* (II.2) zurückgreifend: Eine die Mindestverbüßungsdauer von 15 Jahren übersteigende Haftdauer ist zum Alter und zum Gesundheitszustand[110] des

108 BVerfG 2. Senat 2. Kammer, aaO Ziff. 23.
109 S.o. **1.2**, S. 38. Vgl. oben **II.3**, S. 23 f.
110 Vgl. oben **II.2**, S. 22.

Verurteilten in Beziehung zu setzen. Das Strafvollstreckungsgericht darf nicht übersehen, dass Alter und Krankheit die Wirkungen des Freiheitsentzugs verstärken. Es muss berücksichtigen, dass die Hoffnung, noch zu Lebzeiten aus der Haft entlassen zu werden, mit zunehmendem Alter und beginnender körperlicher und geistiger Gebrechlichkeit mehr und mehr an Bedeutung gewinnt.[111]

Sofern das Strafvollstreckungsgericht diesen Anforderungen genügt, darf es – so das Ergebnis der Kammer – die Aussetzung einer lebenslangen Freiheitsstrafe wegen der besonderen Schwere der Schuld des Verurteilten ablehnen, auch wenn dieser fast 74 Jahre alt ist und auf Grund seines schlechten Gesundheitszustands nur noch im Justizvollzugskrankenhaus als haftfähig angesehen werden kann.[112]

Ob dieses Ergebnis mit den Grundsätzen, dass ein hohes Alter des Verurteilten zunehmend an Gewicht gewinnt und die Aussicht des Verurteilten auf Freiheit (Art. 1 Abs. 1 GG) nicht auf einen durch Siechtum und Todesnähe geprägten Lebensrest reduziert werden darf[113], wirklich in Einklang gebracht werden kann, erscheint fraglich:

Im Fall, der dem Urteil *Aussetzung einer lebenslangen Freiheitsstrafe I* (II.3) – in dem die Grundsätze entwickelt wurden – zu Grunde lag, war der Verurteilte fast 88 Jahre alt.[114] In diesem Fall hielt der Senat die Ablehnung der Aussetzung der Strafe für *„noch"* haltbar.[115] Er wies allerdings darauf hin, dass dem Alter des zwischenzeitlich fast 89jährigen im Falle eines erneuten Strafaussetzungsverfahrens *„eine solch überragende Bedeutung"* zuzumessen sein werde, dass eine weitere Strafvollstreckung sich kaum vertreten lassen werde.[116] Diese Sichtweise sollte sich zwar nicht uneingeschränkt verallgemeinern lassen. Denn es versteht sich nicht von selbst, dass ein Alter von 88 Jahren für sich genommen noch nicht verlangen soll, von einer weiteren Vollstreckung der Strafe abzusehen, ein Alter von 89 Jahren aber nahezu dazu zwingen soll, die Strafe auszusetzen. Den Äußerungen des Senats lässt sich aber entnehmen, dass das Alter des Verurteilten erst dann dazu zwingen kann, die Strafe auszusetzen, wenn es sich dem 90. Lebensjahr nähert. Angesichts des Alters der Beschwerdeführerin von etwa 74 Jahren begegnet das Ergebnis der Kammer unter dem Gesichtspunkt des zunehmenden Gewichts eines hohen Alters des Verurteilten deshalb keinen Bedenken.

---

111 S.o. **1.2**, S. 38 f. Vgl. oben **II.3**, S. 24.
112 S.o. **1.2**, S. 38 f, und **1.1**, S. 37.
113 S.o. **II.3**, S. 23 f.
114 S.o. **II.3**, S. 22.
115 S.o. **II.3**, S. 22.
116 S.o. **II.3**, S. 24.

Unter „*Siechtum*" versteht der Senat im Urteil *Aussetzung einer lebenslangen Freiheitsstrafe I* (II.3) „*körperliche oder geistige Gebrechlichkeit*".[117] Es liegt nahe, einen Gefangenen, der – wie die Beschwerdeführerin – höheren Alters ist und auf Grund seines schlechten Gesundheitszustands nur noch im Justizvollzugskrankenhaus als haftfähig angesehen werden kann, als körperlich gebrechlich und deshalb als siech zu betrachten. Jedenfalls angesichts der Schwere der Erkrankungen der Beschwerdeführerin[118] drängt sich die Frage auf, was noch hätte hinzukommen müssen, damit die Kammer von Siechtum ausgegangen wäre. Unter dem Gesichtspunkt, dass die Aussicht des zu lebenslanger Freiheitsstrafe Verurteilten auf Freiheit (Art. 1 Abs. 1 GG) nicht auf einen durch Siechtum und Todesnähe geprägten Lebensrest reduziert werden darf, vermag das Ergebnis der Kammer deshalb nicht zu überzeugen.

2. Vollstreckungsrechtliche Gesamtwürdigung II

Die nächste Kammerentscheidung in Bezug auf die vollstreckungsrechtliche Gesamtwürdigung ist ein weiterer Nichtannahmebeschluss aus dem Jahr 1994. Grundlage war die Verfassungsbeschwerde eines zu lebenslanger Freiheitsstrafe Verurteilten gegen die Ablehnung der Aussetzung des Strafrests zur Bewährung und die Festsetzung der gebotenen Vollstreckungsdauer auf 38 Jahre.

2.1 Gegenstand des Verfahrens

Der Beschwerdeführer verbüßte eine lebenslange Freiheitsstrafe wegen fünffachen Mordes und besonders schweren Raubes. Im Zuge zweier Banküberfälle, eines Überfalls auf ein Waffengeschäft und eines Handtaschendiebstahls hatte er insgesamt fünf Menschen erschossen.[119]

Eine Strafaussetzung lehnte die Strafvollstreckungskammer wegen der besonderen Schwere der Schuld des Beschwerdeführers ab und setzte die gebotene Vollstreckungsdauer auf 38 Jahre fest. Das Oberlandesgericht bestätigte diese Entscheidungen als rechtmäßig.[120] Im Zeitpunkt der Entscheidung des Oberlandesgerichts war der Beschwerdeführer 52 Jahre alt und seit mehr als 28 Jahren in Haft.[121]

---

117 S.o. **II.3**, S. 23 f.

118 S.o. **1.1**, S. 37.

119 BVerfG 2. Senat 2. Kammer, Beschl. v. 21.12.1994 – 2 BvR 1697/93 – juris, Ziff. 2 f.

120 BVerfG 2. Senat 2. Kammer, aaO Ziff. 5.

121 BVerfG 2. Senat 2. Kammer, aaO Ziff. 2, 5.

Mit seiner Verfassungsbeschwerde rügte der Beschwerdeführer eine Verletzung seiner Rechte aus Art. 1 Abs. 1 und Art. 2 Abs. 1 iVm Art. 20 Abs. 3 GG. Der Verfassungsgrundsatz „*keine Strafe ohne Schuld*“ verlange eine Korrelation zwischen der Strafe und der Schuld des Täters. Nach 28 Jahren Inhaftierung habe der Gesichtspunkt der Sühne zurückzutreten.[122]

2.2 Entscheidung der Kammer

Die 2. Kammer des Zweiten Senats nahm die Verfassungsbeschwerde nicht zur Entscheidung an.[123] Das BVerfG habe einzugreifen, wenn das Strafvollstreckungsgericht bei der Prüfung, ob die besondere Schwere der Schuld die weitere Vollstreckung der Strafe gebietet, Bedeutung und Tragweite der Menschenwürde, der freien menschlichen Persönlichkeit und ihres grundsätzlichen Freiheitsanspruchs verkannt habe (Art. 2 iVm Art. 1 Abs. 1 GG).[124] Das Prinzip der Schuldangemessenheit der Strafe beherrsche nicht nur die Zumessung der Strafe, sondern auch die Regelung der Aussetzung des Strafrests bei lebenslanger Freiheitsstrafe. Die besondere Schwere der Schuld könne eine Vollstreckung der Strafe über die 15jährige Mindestverbüßungsdauer hinaus gebieten. Im Einzelfall könne die Strafe – verfassungsrechtlich unbedenklich – im Wortsinn ein Leben lang vollstreckt werden.[125]

Die Kammer konnte nicht feststellen, dass das Oberlandesgericht in Verkennung der Grundrechte aus Art. 2 iVm Art. 1 Abs. 1 GG angenommen hätte, dass eine weitere Strafvollstreckung geboten sei.[126] Das Oberlandesgericht habe die von ihm für bedeutsam erachteten Gesichtspunkte – „*Vielzahl der Opfer, Mehrfachtäterschaft des Beschwerdeführers, Alter zur Tatzeit, Einschränkung der Zurechnungsfähigkeit aufgrund einer hirnorganisch bedingten Psychopathie, Entwicklung des Beschwerdeführers im Vollzug*“ – aufgegriffen, in seine Bewertung einbezogen und mit Blick auf die Grundrechte des Beschwerdeführers gewürdigt. Die angegriffene Entscheidung lasse deutlich erkennen, dass das Gericht die die Mindestverbüßungsdauer „*erheblich*“ übersteigende Haftdauer von damals 28 Jahren zum Lebensalter und zum Gesundheitszustand des Beschwerdeführers in Beziehung gesetzt und dessen Aussicht, noch zu Lebzeiten aus der Haft entlassen zu werden, berücksichtigt habe. Dass das Gericht „*demgegenüber*

122 BVerfG 2. Senat 2. Kammer, aaO Ziff. 19 ff.
123 BVerfG 2. Senat 2. Kammer, aaO Ziff. 32.
124 BVerfG 2. Senat 2. Kammer, aaO Ziff. 33.
125 BVerfG 2. Senat 2. Kammer, aaO Ziff. 35 f.
126 BVerfG 2. Senat 2. Kammer, aaO Ziff. 38.

anderen – vom Beschwerdeführer für wesentlich erachteten – Umständen (Reifezustand im Tatzeitpunkt, Aufwachsen in der Kindheit ohne Vater) kein maßgebliches Gewicht" zugemessen habe, halte sich innerhalb der Grenzen verfassungsrechtlich unangreifbarer Auslegung einfachen Rechts.[127]

Die Kammer konnte auch nicht erkennen, dass die Entscheidung des Oberlandesgerichts auf einer grundsätzlich unrichtigen Anschauung von den Grundrechten aus Art. 2 iVm Art. 1 Abs. 1 GG beruhe, soweit die unter dem Gesichtspunkt der besonderen Schwere der Schuld gebotene Vollstreckungsdauer auf 38 Jahre festgesetzt worden sei. Hinsichtlich der lebenslangen Freiheitsstrafe ergebe sich weder aus § 57a noch aus § 57b StGB[128] „*eine absolute Grenze für die aus Gründen der Schuld zu verbüßende Zeit*". Die Frage, ob eine solche Grenze von Verfassungs wegen erforderlich ist, stelle sich nicht. Erst müsse sich abzeichnen, wie die Rechtsprechung die Voraussetzungen der besonderen Schwere der Schuld und des Gebietens in die Festsetzung der Vollstreckungsdauer umsetzt.[129]

Für die 2. Kammer des Zweiten Senats verletzte die Festsetzung der Vollstreckungsdauer auf 38 Jahre auch nicht das Willkürverbot (Art. 3 Abs. 1 GG). Eine andere Entscheidung habe „*zwar ersichtlich nicht fern*" gelegen. Das zeigten die eingegangenen Stellungnahmen, „*nach denen auch bei besonders schwerer Mordschuld die Vollstreckungsdauer 30 Jahre im allgemeinen nicht*" übersteige. Die vom Oberlandesgericht für geboten erachtete Vollstreckungsdauer aber halte sich „*noch im Grenzbereich dessen, was ansonsten in Rechtsprechung und strafrechtlichem Schrifttum als zulässige Erhöhung der Verbüßungszeit in Fällen der Mehrfachtäterschaft angesehen worden ist oder angesehen wird*".[130]

2.3 Wesentlicher Inhalt, Einordnung und Würdigung der Entscheidung

Auch in dieser Entscheidung befasst sich die 2. Kammer des Zweiten Senats mit der vollstreckungsrechtlichen Gesamtwürdigung des Strafvollstreckungsgerichts. Auch hier übernimmt sie die verfassungsrechtlichen Maßstäbe des Urteils *Aussetzung einer lebenslangen Freiheitsstrafe I* (II.3) und hält fest: Das BVerfG hat die vollstreckungsrechtliche Gesamtwürdigung des Strafvollstreckungsgerichts

127 BVerfG 2. Senat 2. Kammer, aaO Ziff. 40.

128 Ist auf lebenslange Freiheitsstrafe als Gesamtstrafe erkannt, so werden bei der Feststellung der besonderen Schwere der Schuld (§ 57a Abs. 1 Satz 1 Nr. 2) die einzelnen Straftaten zusammenfassend gewürdigt, § 57b StGB.

129 BVerfG 2. Senat 2. Kammer, aaO Ziff. 41.

130 BVerfG 2. Senat 2. Kammer, aaO Ziff. 42 f.

auf eine Verkennung der Menschenwürde, der freien menschlichen Persönlichkeit und ihres grundsätzlichen Freiheitsanspruchs (Art. 2 iVm Art. 1 Abs. 1 GG) hin zu überprüfen.[131] Zusätzlich greift sie auf den Beschluss *Hafturlaub* (II.2) zurück und stellt fest: Der Grundsatz der Schuldangemessenheit der Strafe bestimmt nicht nur die Strafzumessung, sondern auch die Regelung der Aussetzung einer lebenslangen Freiheitsstrafe. Im Einzelfall kann eine lebenslange Freiheitsstrafe – verfassungsrechtlich unbedenklich – ein Leben lang vollstreckt werden.[132]

Im Hinblick auf diese Grundsätze verlangt die Kammer wie in der Entscheidung *Vollstreckungsrechtliche Gesamtwürdigung I* (1), dass das Strafvollstreckungsgericht die Dauer der schon verbüßten Haft zum Alter und zum Gesundheitszustand des Verurteilten in Beziehung setzt und dessen Aussicht berücksichtigt, noch zu Lebzeiten aus der Haft entlassen zu werden.[133] Wie der Senat im Urteil *Aussetzung einer lebenslangen Freiheitsstrafe I* (II.3) verlangt sie darüber hinaus, dass das Strafvollstreckungsgericht die Gesichtspunkte, die es für bedeutsam erachtet, in die vollstreckungsrechtliche Gesamtwürdigung einbezieht und mit Blick auf die Grundrechte des Verurteilten würdigt.[134]

Die Kammer setzt sich auch mit der Festsetzung der unter dem Gesichtspunkt der besonderen Schwere der Schuld gebotenen Vollstreckungsdauer auseinander. Mit Blick auf den Beschluss *Aussetzung einer lebenslangen Freiheitsstrafe II* (II.4) trifft sie insoweit folgende Feststellungen: Dem StGB lässt sich keine absolute Grenze für die auf Grund der besonderen Schwere der Schuld zu verbüßende Zeit entnehmen. Die Frage, ob eine solche Grenze von Verfassungs wegen erforderlich ist, stellt sich bis auf Weiteres nicht.[135] Gemessen an Art. 2 iVm Art. 1 Abs. 1 GG ist es deshalb verfassungsrechtlich unbedenklich, wenn das Strafvollstreckungsgericht die gebotene Vollstreckungsdauer auf 38 Jahre festsetzt.[136]

Bei vergleichender Betrachtung des Urteils *Aussetzung einer lebenslangen Freiheitsstrafe I* (II.3), der Entscheidung *Vollstreckungsrechtliche Gesamtwürdigung I* (1) und dieser Entscheidung wird Folgendes deutlich: In der Formel für die vollstreckungsrechtliche Gesamtwürdigung, wonach die Haftdauer zum Alter und zum Gesundheitszustand des Verurteilten in Beziehung gesetzt und

131 S.o. **2.2**, S. 42. Vgl. oben **II.3**, S. 23.
132 S.o. **2.2**, S. 42. Vgl. oben **II.2**, S. 20 f.
133 S.o. **2.2**, S. 42. Vgl. oben **1.2**, S. 38 f.
134 S.o. **2.2**, S. 42. Vgl. oben **II.3**, S. 24.
135 Vgl. oben **II.4**, S. 28.
136 S.o. **2.2**, S. 43.

seine Aussicht, lebend aus der Haft entlassen zu werden, berücksichtigt werden muss[137], ist eine bestimmte Tendenz angelegt. Bei alten und gebrechlichen oder kranken Gefangenen sprechen jedenfalls das Alter, der Gesundheitszustand und die Aussicht, lebend aus der Haft entlassen zu werden, für eine Strafaussetzung; zusätzlich kann die Dauer der schon verbüßten Haft eine Strafaussetzung nahelegen.[138] Bei Gefangenen, die – wie der Beschwerdeführer im dieser Entscheidung zu Grunde liegenden Fall[139] – noch relativ jung und gesund sind, kann allenfalls die Dauer der schon verbüßten Haft für eine Strafaussetzung sprechen.[140] Gefangene, die nach Ablauf der Mindestverbüßungsdauer von 15 Jahren noch relativ jung und gesund sind, müssen ihre lebenslange Freiheitsstrafe also tendenziell länger verbüßen als Gefangene, die in diesem Zeitpunkt schon alt und gebrechlich oder krank sind.

Grund für die dargestellte Tendenz der Formel für die vollstreckungsrechtliche Gesamtwürdigung ist Folgendes: Die Formel ist durch die Grundsätze des Urteils *Aussetzung einer lebenslangen Freiheitsstrafe I* (II.3) geprägt, dass ein hohes Alter des Verurteilten zunehmend an Gewicht gewinnt und die Aussicht des Verurteilten auf Freiheit (Art. 1 Abs. 1 GG) nicht auf einen durch Siechtum und Todesnähe geprägten Lebensrest reduziert werden darf.[141] Diese Prägung ist darauf zurückzuführen, dass der Verurteilte im Fall, der dem Urteil zu Grunde lag, fast 88 Jahre alt war[142]. In diesem Fall wird die Relevanz dieser Grundsätze sich aufgedrängt haben.

Problematisch erscheint die Tendenz der Formel insofern, als die genannten Grundsätze nicht die einzigen sind, denen die vollstreckungsrechtliche Gesamtwürdigung genügen muss. Nach dem Beschluss *Hafturlaub* (II.2) ist die vollstreckungsrechtliche Gesamtwürdigung vielmehr auch dem Grundsatz der Schuldangemessenheit der Strafe (Art. 1 Abs. 1 und Art. 2 Abs. 1 iVm Art. 20 Abs. 3 GG) unterworfen.[143] Dieser Grundsatz – auf den die Kammer sich sogar ausdrücklich beruft[144] – kommt in der Formel nicht zum Ausdruck.

Die Feststellungen der Kammer betreffend die Festsetzung der gebotenen Vollstreckungsdauer begegnen entsprechenden Bedenken: Die Kammer geht – in

137 S.o. **II.3**, S. 24, **1.2**, S. 38 f, und **2.2**, S. 42.
138 S.o. **II.3**, S. 24, und **1.2**, S. 38 f.
139 S.o. **2.1**, S. 41.
140 S.o. **2.2**, S. 42.
141 S.o. **II.3**, S. 23 f.
142 S.o. **II.3**, S. 22.
143 S.o. **II.2**, S. 20. Vgl. auch **II.4**, S. 25 f.
144 S.o. **2.2**, S. 42.

Übereinstimmung mit dem Beschluss *Aussetzung einer lebenslangen Freiheitsstrafe II* (II.4) – davon aus, dass die besondere Schwere der Schuld und das Gebotensein weiterer Strafvollstreckung in die festzusetzende Vollstreckungsdauer umgesetzt werden müssen.[145] Sie geht also davon aus, dass die gebotene Vollstreckungsdauer *auf der Grundlage* der vollstreckungsrechtlichen Gesamtwürdigung festzusetzen ist. Die vollstreckungsrechtliche Gesamtwürdigung aber ist dem Grundsatz der Schuldangemessenheit der Strafe (Art. 1 Abs. 1 und Art. 2 Abs. 1 iVm Art. 20 Abs. 3 GG) unterworfen.[146] Entsprechend muss auch die auf ihrer Grundlage festgesetzte Vollstreckungsdauer dem Grundsatz der Schuldangemessenheit der Strafe genügen. Mit der korrespondierenden Frage, ob die festgesetzte Vollstreckungsdauer – 38 Jahre – der Schuld des Beschwerdeführers angemessen war, beschäftigt die Kammer sich nicht. Den Gesichtspunkt der Vollstreckungsdauer behandelt sie vielmehr als Frage des Willkürverbots (Art. 3 Abs. 1 GG).[147]

3. Vollstreckungsrechtliche Gesamtwürdigung III

Die nächste Kammerentscheidung in Bezug auf die vollstreckungsrechtliche Gesamtwürdigung ist ein stattgebender Beschluss aus dem Jahr 1995. Grundlage war die Verfassungsbeschwerde eines zu lebenslanger Freiheitsstrafe Verurteilten gegen die Ablehnung der Aussetzung des Strafrests zur Bewährung und die Festsetzung der gebotenen Vollstreckungsdauer auf 42 Jahre.

3.1 Gegenstand des Verfahrens

Der Beschwerdeführer verbüßte eine lebenslange Freiheitsstrafe wegen Mordes in vier Fällen, versuchten Mordes in zwölf Fällen, Notzucht[148], versuchter Notzucht, Notzucht mit Todesfolge und schweren Raubes.[149] Auf Grund einer Krebserkrankung war ihm eine Niere entnommen worden. Nach den Einschätzungen des Oberarztes der urologischen Abteilung des operierenden Krankenhauses und des Justizvollzugskrankenhauses aus dem Jahr 1993 hatte er damals nur noch eine geringe Lebenserwartung von höchstens fünf Jahren. Im Jahr 1994

145 S.o. **2.2**, S. 43. Vgl. oben **II.4**, S. 28.

146 S.o. S. 45.

147 S.o. **2.2**, S. 43.

148 Zum Straftatbestand der „Notzucht" und zu den Änderungen des Sexualstrafrechts durch das Vierte Gesetz zur Reform des Strafrechts (4. StrRG) vom 23. November 1973 *Renzikowski*, in: Münchener Kommentar zum StGB, § 177 nF Rn 16 ff.

149 BVerfG 2. Senat 2. Kammer, Beschl. v. 22.05.1995 – 2 BvR 671/95 – juris, Ziff. 2.

gelangte der Anstaltsarzt der Justizvollzugsanstalt zu der Auffassung, dass eine eindeutige Aussage zwar nicht getroffen werden könne, „*die Prognose hinsichtlich der Tumorerkrankung, also der körperlichen Gesundheit, dennoch günstig*" sei.[150]

Eine Strafaussetzung lehnte die Strafvollstreckungskammer wegen der besonderen Schwere der Schuld des Beschwerdeführers ab und setzte die gebotene Vollstreckungsdauer auf 50 Jahre fest.[151] Letztere Entscheidung änderte das Oberlandesgericht dahingehend ab, dass die der Schuld des Beschwerdeführers entsprechende Vollstreckungsdauer mit 42 Jahren zu bemessen sei.[152] Im Zeitpunkt der Entscheidung des Oberlandesgerichts war der Beschwerdeführer 57 Jahre alt und seit mehr als 35 Jahren in Haft.[153]

Mit seiner Verfassungsbeschwerde rügte der Beschwerdeführer insbesondere eine Verletzung seiner Rechte aus Art. 2 GG. Wie das BVerfG schon ausgesprochen habe, setze die Menschenwürde (Art. 1 Abs. 1 GG) dem Freiheitsentzug Grenzen. Diese Grenzen hätten Strafvollstreckungskammer und Oberlandesgericht mit ihren Entscheidungen überschritten. Denn sie hätten die gebotene Vollstreckungsdauer so bemessen, dass er das Ende aller Voraussicht nach nicht mehr erleben werde.[154]

3.2 Entscheidung der Kammer

Die 2. Kammer des Zweiten Senats hielt die Verfassungsbeschwerde für offensichtlich begründet.[155] Das BVerfG habe einzugreifen, wenn bei der nach § 57a Abs. 1 Satz 1 Nr. 2 StGB erforderlichen Prüfung „*Bedeutung und Tragweite des aus der Menschenwürde folgenden grundsätzlichen Freiheitsanspruchs*" (Art. 2 Abs. 2 iVm Art. 1 Abs. 1 GG) verkannt worden seien.[156] Weder aus § 57a noch aus § 57b StGB ergebe sich eine absolute Grenze für die auf Grund der besonderen Schwere der Schuld zu verbüßende Zeit. Die Frage, ob eine solche Grenze von Verfassungs wegen erforderlich ist, könne sich erst stellen, wenn sich abzeichne, wie die Rechtsprechung die Voraussetzungen der besonderen Schwere der Schuld und des Gebietens in die Festsetzung der Vollstreckungsdauer umsetzt.[157]

---

150 BVerfG 2. Senat 2. Kammer, aaO Ziff. 4.
151 BVerfG 2. Senat 2. Kammer, aaO Ziff. 5.
152 BVerfG 2. Senat 2. Kammer, aaO Ziff. 6.
153 BVerfG 2. Senat 2. Kammer, aaO Ziff. 3, 4 und 6.
154 BVerfG 2. Senat 2. Kammer, aaO Ziff. 9.
155 BVerfG 2. Senat 2. Kammer, aaO Ziff. 11.
156 BVerfG 2. Senat 2. Kammer, aaO Ziff. 12.
157 BVerfG 2. Senat 2. Kammer, aaO Ziff. 13.

„Bei der Bestimmung der Vollstreckungsdauer auf der Grundlage einer vollstreckungsrechtlichen Gesamtwürdigung des Unrechts- und des Schuldgehalts der mit lebenslanger Freiheitsstrafe geahndeten Taten“ müsse das Strafvollstreckungsgericht allerdings hinreichend berücksichtigen, dass die Straf- und Vollzugswirkung sich mit der Zeit und mit zunehmendem Lebensalter verstärkt. Es müsse auch den Gesundheitszustand des Verurteilten in Beziehung zur Haftdauer setzen und seine Aussicht würdigen, noch zu Lebzeiten aus der Haft entlassen zu werden. Der Umstand, *„daß ein Gefangener wegen einer zum baldigen Tod führenden Erkrankung nur noch eine begrenzte Zeit vor sich hat“*, gewinne *„auch im Fall der Vollstreckung einer Strafe, die infolge besonders schwerer Schuld die Mindestverbüßungsdauer von 15 Jahren weit übersteigt, für die Frage der Aussetzung des Strafrests zur Bewährung ständig an Gewicht“*. Mit der Würde des Menschen wäre unvereinbar, die vom BVerfG geforderte Chance, die Freiheit wiederzuerlangen, auf einen durch Siechtum und Todesnähe gekennzeichneten Lebensrest zu reduzieren.[158]

In den Augen der 2. Kammer des Zweiten Senats wurden die angegriffenen Gerichtsentscheidungen den verfassungsrechtlichen Anforderungen nicht gerecht.[159] In einem *„ähnlichen Fall außergewöhnlicher Schuldschwere“* – in der Entscheidung *Vollstreckungsrechtliche Gesamtwürdigung II* (2)[160] – habe die Kammer schon darauf hingewiesen, dass die für geboten erachtete Vollstreckungsdauer 30 Jahre im Allgemeinen zwar nicht übersteige, eine Vollstreckungsdauer von 38 Jahren aber noch haltbar sei. Wie dort müsse auch hier nicht entschieden werden, ob der schuldbedingten Vollstreckungsdauer von Verfassungs wegen eine absolute Grenze gesetzt sei. Denn die Strafvollstreckungsgerichte hätten schon die krankheitsbedingte Situation des Beschwerdeführers nicht hinreichend gewürdigt.[161]

Die Strafvollstreckungskammer habe die verfassungsrechtlichen Anforderungen schon dadurch verfehlt, dass sie *„die von einer nur noch kurzen Lebenserwartung gekennzeichnete persönliche Situation des Beschwerdeführers“* in die vollstreckungsrechtliche Gesamtwürdigung nicht einbezogen habe. Die *„allgemeine Überlegung“*, bei einem *„solchen“* Straftäter wie dem Beschwerdeführer könne die Menschenwürde nicht verletzt sein, wenn die gebotene Vollstreckungsdauer so bemessen werde, dass er allenfalls im Alter von 72 Jahren

---

158 BVerfG 2. Senat 2. Kammer, aaO Ziff. 14 f.
159 BVerfG 2. Senat 2. Kammer, aaO Ziff. 16.
160 S.o. S. 41 ff.
161 BVerfG 2. Senat 2. Kammer, aaO Ziff. 17.

entlassen werden könne, berücksichtige schon nicht, dass er *„nach der von ihm vorgetragenen ärztlichen Prognose dieses Alter auch nicht annähernd erreichen“* werde. Dadurch verzichte die Strafvollstreckungskammer gerade auf die *„vollstreckungsrechtliche Gesamtwürdigung, in der außer der Tatschuld […] des Verurteilten“* auch *„seine durch Zeitablauf und Krankheit erhöhte Strafempfindlichkeit zu Buche schlagen“* müsse.[162]

Das Oberlandesgericht habe bei der Festsetzung der Vollstreckungsdauer auf 42 Jahre nicht hinreichend berücksichtigt, dass nach einer Haftdauer von mehr als 35 Jahren *„auch eine noch so schwere Schuld im Rahmen der vollstreckungsrechtlichen Gesamtwürdigung an Gewicht verlieren kann“*, wenn der Verurteilte auf Grund einer Erkrankung nur noch wenig Zeit für ein Leben in Freiheit vor sich hat.[163]

Der Entscheidung des Gerichts lasse sich nicht entnehmen, ob es die im Jahr 1993 fachärztlich prognostizierte Lebenserwartung des Beschwerdeführers von noch höchstens fünf Jahren in Frage stelle. Sofern das nicht der Fall sei, habe es davon ausgehen müssen, dass der Beschwerdeführer bei einer Vollstreckungsdauer von 42 Jahren *„höchstwahrscheinlich in der Haft versterben werde“*. Sofern das Gericht auf Grund der anstaltsärztlichen Stellungnahme aus dem Jahr 1994 *„von einer wie auch immer gearteten ‚günstigen Prognose‘ ausgegangen“* sei, werde seine Entscheidung den verfassungsrechtlichen Anforderungen gleichfalls nicht gerecht. Denn die anstaltsärztliche Stellungnahme sei *„offensichtlich ohne Konsultation der behandelnden Fachärzte abgegeben“* worden und stehe in Widerspruch zu deren Äußerungen aus dem Jahr 1993. Das BVerfG verlange aber in ständiger Rechtsprechung, dass der zu lebenslanger Freiheitsstrafe Verurteilte eine konkrete und grundsätzlich auch realisierbare Chance haben müsse, die Freiheit wiederzuerlangen. Das setze voraus, dass die Strafvollstreckungsgerichte sich bei *„Anzeichen für eine nur noch begrenzte Lebenserwartung des Betroffenen […] aufgrund fundierter und konkreter ärztlicher Stellungnahmen […] ein Bild davon machen, wie lange die vom Verurteilten zu erwartende Lebensspanne wahrscheinlich noch ist. Nur so“* könnten *„die Schwere der Schuld einerseits und die verfassungsrechtlich geforderte Hoffnung des Verurteilten auf Freiheit, die noch nicht von Siechtum und Todesnähe gekennzeichnet ist, zueinander in Beziehung gesetzt werden“*.[164]

---

162 BVerfG 2. Senat 2. Kammer, aaO Ziff. 18.
163 BVerfG 2. Senat 2. Kammer, aaO Ziff. 19.
164 BVerfG 2. Senat 2. Kammer, aaO Ziff. 20 f.

3.3 Wesentlicher Inhalt, Einordnung und Würdigung der Entscheidung

In dieser Entscheidung befasst sich die 2. Kammer des Zweiten Senats ein weiteres Mal mit der vollstreckungsrechtlichen Gesamtwürdigung des Strafvollstreckungsgerichts und stellt fest: Die vollstreckungsrechtliche Gesamtwürdigung des Strafvollstreckungsgerichts ist auf eine Verkennung der Grundrechte aus Art. 2 iVm Art. 1 Abs. 1 GG hin zu überprüfen.[165] Der Umstand, dass der Verurteilte wegen einer tödlichen Erkrankung nur noch wenig Zeit vor sich hat, gewinnt zunehmend an Gewicht für die Entscheidung über die Strafaussetzung, wenn die Haftdauer die Mindestverbüßungsdauer von 15 Jahren auf Grund der besonderen Schwere der Schuld übersteigt. Die Aussicht des zu lebenslanger Freiheitsstrafe Verurteilten auf Freiheit (Art. 1 Abs. 1 GG) darf nicht auf einen durch Siechtum und Todesnähe geprägten Lebensrest reduziert werden.[166] Die Kammer greift also auch hier auf das Urteil *Aussetzung einer lebenslangen Freiheitsstrafe I* (II.3) zurück. Dessen Grundsätze entwickelt sie – konsequent – dahingehend weiter, dass eine tödliche Erkrankung des Verurteilten in der vollstreckungsrechtlichen Gesamtwürdigung in gleicher Weise zu berücksichtigen ist wie ein hohes Alter des Verurteilten.

Auch in dieser Entscheidung setzt sich die Kammer mit der Festsetzung der gebotenen Vollstreckungsdauer auseinander. Wie in der Entscheidung *Vollstreckungsrechtliche Gesamtwürdigung II* (2) geht sie davon aus, dass dem StGB keine absolute Grenze für die auf Grund der besonderen Schwere der Schuld zu verbüßende Zeit entnommen werden kann.[167] Anders als in der genannten Entscheidung spricht sie ausdrücklich aus, dass die gebotene Vollstreckungsdauer auf der Grundlage der vollstreckungsrechtlichen Gesamtwürdigung festzusetzen ist.[168]

Wie schon in den Entscheidungen *Vollstreckungsrechtliche Gesamtwürdigung I* (1) und *Vollstreckungsrechtliche Gesamtwürdigung II* (2) verlangt die Kammer in Bezug auf die vollstreckungsrechtliche Gesamtwürdigung, dass das Strafvollstreckungsgericht das Alter und den Gesundheitszustand des Verurteilten in Beziehung zur Haftdauer setzt und die Aussicht des Verurteilten würdigt, lebend aus der Haft entlassen zu werden.[169] Anders als in den genannten Entscheidungen

165 S.o. **3.2**, S. 47. Vgl. oben **II.3**, S. 23.

166 S.o. **3.2**, S. 48. Vgl. oben **II.3**, S. 23 f.

167 S.o. **3.2**, S. 47. Vgl. oben **2.2**, S. 43.

168 S.o. **3.2**, S. 48. Vgl. einerseits oben **II.4**, S. 28 („*wann auf der Grundlage einer vollstreckungsrechtlichen Gesamtwürdigung […] mit einer Aussetzung zu rechnen war*"). Vgl. andererseits oben **2.2**, S. 43.

169 S.o. **3.2**, S. 48. Vgl. oben **1.2**, S. 38 f, und **2.2**, S. 42.

konkretisiert sie die Formel für die vollstreckungsrechtliche Gesamtwürdigung[170] durch folgende Forderungen: Eine nur noch kurze Lebenserwartung des Verurteilten muss das Strafvollstreckungsgericht in die vollstreckungsrechtliche Gesamtwürdigung einbeziehen.[171] Bei Anzeichen für eine nur noch kurze Lebenserwartung des Verurteilten muss es sich auf der Grundlage fundierter und konkreter ärztlicher Stellungnahmen ein Bild davon machen, wie lange er wahrscheinlich noch leben wird.[172] Die unter dem Gesichtspunkt der besonderen Schwere der Schuld gebotene Vollstreckungsdauer darf nicht so bemessen werden, dass der Verurteilte das Vollstreckungsende voraussichtlich nicht mehr erleben würde.[173]

Diese Forderungen machen Folgendes deutlich: Der Verpflichtung, die Aussicht des Verurteilten zu würdigen, lebend aus der Haft entlassen zu werden, kann das Strafvollstreckungsgericht nur genügen, wenn es eine substantiierte Vorstellung von der Lebenserwartung des Verurteilten hat. Abhängig von den Umständen des Einzelfalls kann diese Verpflichtung des Strafvollstreckungsgerichts deshalb auch und in erster Linie eine Verpflichtung sein, den Sachverhalt in Bezug auf die Lebenserwartung des Verurteilten aufzuklären.

4. Kriminalprognose I

Die erste Kammerentscheidung betreffend die Kriminalprognose – die erste Kammerentscheidung überhaupt in Bezug auf Haftdauer und Menschenwürde – ist ein stattgebender Beschluss aus dem Jahr 1991. Grundlage war die Verfassungsbeschwerde eines zu lebenslanger Freiheitsstrafe Verurteilten gegen die Ablehnung der Aussetzung des Strafrests zur Bewährung.

4.1 Gegenstand des Verfahrens

Der 62 Jahre alte und seit 28 Jahren inhaftierte Beschwerdeführer verbüßte eine lebenslange Freiheitsstrafe wegen Mordes in Tateinheit mit Notzucht. Im Jahr 1984 war die Aussetzung der Strafe ein erstes Mal wegen einer noch zu unsicheren Kriminalprognose abgelehnt worden.[174]

Im Jahr 1985 gab die Justizvollzugsanstalt ein Sachverständigengutachten in Auftrag zu der Frage, ob der Beschwerdeführer unter Vollzugslockerungen

---

170 S.o. **2.3**, S. 44 f.

171 S.o. **3.2**, S. 48.

172 S.o. **3.2**, S. 49.

173 S.o. **3.2**, S. 48 f.

174 BVerfG 2. Senat 2. Kammer, Beschl. v. 23.09.1991 – 2 BvR 1327/89 – juris, Ziff. 2 f.

und im Falle einer bedingten Entlassung weitere Straftaten begehen werde. Das Gutachten kam zu dem Ergebnis, dass die Prognose in Bezug auf einschlägige Rückfallstraftaten als eher günstig anzusehen sei. Vollzugslockerungen könnten verantwortet werden, eine bedingte Entlassung des Beschwerdeführers unter bestimmten Voraussetzungen in etwa eineinhalb Jahren.[175]

Im Jahr 1987 wurde auf Antrag des Beschwerdeführers ein weiteres Strafaussetzungsverfahren eingeleitet. Der Anstaltspsychologe und die Justizvollzugsanstalt befürworteten eine bedingte Entlassung des Beschwerdeführers. Das von der Strafvollstreckungskammer im Jahr 1988 eingeholte Sachverständigengutachten schloss sich einerseits dem Gutachten aus dem Jahr 1985 an; andererseits führte der Sachverständige darin aus, beim Beschwerdeführer seien unter der Behandlung mit *Androcur*[176] *„psychoseähnliche, wenn nicht gar psychotische Zustände aufgetreten, die seine insgesamt dreimalige stationäre Behandlung auf der psychiatrischen Abteilung 3 der Justizvollzugsanstalt notwendig"* gemacht hätten. Unter gewissen Umständen sei *„mit bestimmter Wahrscheinlichkeit"* fremd- oder selbstgefährdendes Verhalten des Beschwerdeführers zu erwarten. Auch testpsychologische Zusatzuntersuchungen hätten ergeben, dass die Gefahr eines weiteren schweren Sexualdelikts nicht auszuschließen sei. Eine bedingte Entlassung des Beschwerdeführers könne deshalb nicht befürwortet werden.[177]

Unter Verweis auf das Sachverständigengutachten aus dem Jahr 1988 lehnte die Strafvollstreckungskammer die Aussetzung der Strafe ein weiteres Mal ab und setzte eine Sperrfrist von zwei Jahren[178] für einen erneuten Strafaussetzungsantrag des Beschwerdeführers fest.[179] Die vom Beschwerdeführer dagegen eingelegte sofortige Beschwerde wurde vom Oberlandesgericht verworfen.[180]

Mit seiner Verfassungsbeschwerde rügte der Beschwerdeführer eine Verletzung seiner Rechte aus Art. 2 Abs. 2 Satz 2 GG. Die Strafvollstreckungsgerichte hätten die Grundsätze des Urteils *Lebenslange Freiheitsstrafe* (II.1) für die Vollstreckung der lebenslangen Freiheitsstrafe nicht beachtet. Sie hätten insbesondere nicht berücksichtigt, dass ein Gericht sich mit einem Sachverständigengutachten

---

175 BVerfG 2. Senat 2. Kammer, aaO Ziff. 4.

176 *Androcur* ist ein Hormonpräparat, das den Einfluss der männlichen Geschlechtshormone hemmt (s. die Packungsbeilage des Herstellers *Bayer*).

177 BVerfG 2. Senat 2. Kammer, aaO Ziff. 5.

178 Das Gericht kann Fristen von höchstens zwei Jahren festsetzen, vor deren Ablauf ein Antrag des Verurteilten, den Strafrest zur Bewährung auszusetzen, unzulässig ist, § 57a Abs. 4 StGB.

179 BVerfG 2. Senat 2. Kammer, aaO Ziff. 6.

180 BVerfG 2. Senat 2. Kammer, aaO Ziff. 7.

auseinandersetzen und die Prognosefrage selbst beantworten müsse. Das Gutachten aus dem Jahr 1988, welches sie sich kritiklos zu eigen gemacht hätten, sei fehlerhaft.[181] Der Beschwerdeführer machte außerdem eine Verletzung seiner Menschenwürde geltend. Er habe sich der *Androcur*-Behandlung unterzogen, weil die Justizvollzugsanstalt ihm in Aussicht gestellt habe, dass er sich dadurch eine günstige Kriminalprognose sichern könne. Nun aber würden ihm die mit dieser Behandlung zwangsläufig verbundenen seelischen Beeinträchtigungen entgegengehalten.[182]

4.2 Entscheidung der Kammer

Soweit der Beschwerdeführer die Verfassungsbeschwerde auf seine Behandlung mit *Androcur* stützte, nahm die 2. Kammer des Zweiten Senats sie nicht zur Entscheidung an. Der Beschwerdeführer habe nicht vorgetragen, dass es irgendeine bindende Zusage gegeben hätte, er werde entlassen, wenn er sich einer *Androcur*-Behandlung unterziehe; eine derartige Zusage sei rechtlich auch gar nicht möglich. Sofern er auf Grund eventueller Äußerungen von Ärzten, Vollzugsbediensteten oder Beamten der Vollstreckungsbehörde[183] den Eindruck gewonnen habe, dass er nach einer *Androcur*-Behandlung entlassen werde, könne *„sich daraus in keinem Fall die Verfassungswidrigkeit der angegriffenen Beschlüsse ergeben"*. Denn mit Blick auf das Sicherungsbedürfnis der Allgemeinheit könne die *„Menschenwürde des Beschwerdeführers unter keinem denkbaren Gesichtspunkt dazu führen, daß ein wegen Mordes Verurteilter entlassen werde, wenn noch nicht geklärt ist, ob seine in der Tat zutage getretene Gefährlichkeit fortbesteht"*.[184]

Im Übrigen hielt die Kammer die Verfassungsbeschwerde für offensichtlich begründet. Die angegriffenen Gerichtsentscheidungen verletzten den Beschwerdeführer in seinen Rechten aus Art. 2 iVm Art. 1 Abs. 1 GG.[185] Das BVerfG prüfe die Entscheidung des Strafvollstreckungsgerichts über die Aussetzung einer lebenslangen Freiheitsstrafe nicht in jeder Hinsicht nach. Es habe jedoch einzugreifen, wenn das Gericht *„bei der Sachverhaltsfeststellung und -würdigung"* Bedeutung und Tragweite der Menschenwürde, der freien menschlichen Persönlichkeit und ihres grundsätzlichen Freiheitsanspruchs verkannt habe (Art. 2 iVm Art. 1 Abs. 1 GG). Diese Verfassungsgrundwerte verlangten *„nicht nur bei*

---

181 BVerfG 2. Senat 2. Kammer, aaO Ziff. 8.

182 BVerfG 2. Senat 2. Kammer, aaO Ziff. 10.

183 Vollstreckungsbehörde ist die Staatsanwaltschaft, § 451 Abs. 1 StPO.

184 BVerfG 2. Senat 2. Kammer, aaO Ziff. 15 ff.

185 BVerfG 2. Senat 2. Kammer, aaO Ziff. 18.

der dem Strafvollstreckungsrichter nach § 57a Abs. 1 Satz 1 Nr. 2 StGB übertragenen Schuldabwägung [...], sondern auch bei der nach § 57a Abs. 1 Satz 1 Nr. 3 [...] i.V.m. § 57 Abs. 1 Satz 1 Nr. 2 [...] StGB erforderlichen prognostischen Bewertung eine besonders sorgfältige und eingehende richterliche Prüfung aller relevanten Umstände". Übersteige die Vollstreckungsdauer die Mindestverbüßungsdauer von 15 Jahren und gebiete die besondere Schwere der Schuld des Verurteilten die weitere Vollstreckung nicht mehr, so gewinne sein Anspruch „*auf Achtung seiner Menschenwürde und seiner freien Persönlichkeit zunehmendes Gewicht auch für die Anforderungen, die an die für die Prognoseentscheidung notwendige Sachverhaltsaufklärung zu stellen sind*".[186]

Bei Mord sei das Sicherungsbedürfnis der Allgemeinheit von besonderer Bedeutung für die Prognose, ob verantwortet werden kann, zu erproben, ob der Verurteilte außerhalb des Strafvollzugs keine Straftaten mehr begehen wird[187]. Eine Strafaussetzung dürfe nicht zu Rückfallmorden führen. Gebe es „*Anhaltspunkte für eine Gefahr, daß der Verurteilte ein neues schweres Verbrechen begehen wird*", so komme eine Strafaussetzung „*nicht in Betracht. Insoweit*" gehe „*der Zweifel an einer günstigen Prognose zu Lasten des Verurteilten*".[188]

Nach langer Haft könne die erforderliche Prognose „*außerordentlich schwierig*" sein. Dann habe das Strafvollstreckungsgericht in besonders verantwortungsvoller Weise einerseits dem Sicherungsbedürfnis der Allgemeinheit Rechnung zu tragen und andererseits darauf zu achten, dass die dem Verurteilten von Verfassungs wegen garantierte Chance, die Freiheit wiederzuerlangen, grundsätzlich realisierbar bleibe. Wie das BVerfG in anderem Zusammenhang schon entschieden habe, sei das verfahrensrechtliche Gebot hinreichender richterlicher Sachaufklärung dann Verfassungsgebot.[189]

Für die Prognoseentscheidung müsse das Strafvollstreckungsgericht sich zunächst eine hinreichende Tatsachengrundlage schaffen, „*die alle maßgeblichen Gesichtspunkte des Einzelfalles erfaßt*". Auf dieser Grundlage habe es nach sachverständiger Beratung eine „*eigenständige Prognoseentscheidung*" zu treffen, bei der es dem Gutachten des Sachverständigen richterliche Kontrolle entgegenzusetzen habe. Das Gericht habe die Art der drohenden Straftaten und das Maß ihrer Wahrscheinlichkeit einzuschätzen. Die so gewonnene Prognose müsse

---

186 BVerfG 2. Senat 2. Kammer, aaO Ziff. 20.

187 S.o. Fn 6.

188 BVerfG 2. Senat 2. Kammer, aaO Ziff. 21.

189 BVerfG 2. Senat 2. Kammer, aaO Ziff. 22.

„dann gegen das verfassungsmäßige Recht des Betroffenen auf Achtung seiner Menschenwürde gewogen werden“.[190]

Für die 2. Kammer des Zweiten Senats wurden die angegriffenen Gerichtsentscheidungen den verfassungsrechtlichen Anforderungen offensichtlich nicht gerecht. Die Entscheidungen ließen nicht erkennen, dass die Gerichte sich eine hinreichende Tatsachengrundlage geschaffen hätten.[191]

Das Sachverständigengutachten aus dem Jahr 1985 komme zu dem Ergebnis, dass Straftaten wie die dem Urteil zu Grunde liegenden nicht mehr zu erwarten seien. Das Sachverständigengutachten aus dem Jahr 1988 erachte das Gutachten aus dem Jahr 1985 für zutreffend. Vor diesem Hintergrund sei es entscheidend auf die Entwicklung des Beschwerdeführers seit dem Jahr 1985 angekommen. Insoweit aber träfen die Gerichtsentscheidungen *„keine eigenen Feststellungen“*, sondern stützten sich *„nur pauschal“* auf das Gutachten aus dem Jahr 1988. Diesem sei zwar zu entnehmen, dass der Beschwerdeführer drei Mal auf der psychiatrischen Station der Justizvollzugsanstalt gewesen sei. Nähere Angaben über Zeiträume, Gründe, Verlauf und Ergebnisse dieser Behandlung fehlten aber genauso wie Nachforschungen bei weiteren mit dem Beschwerdeführer befassten Personen, etwa bei Vollzugsbediensteten, beim Anstaltsleiter oder beim Anstaltspfarrer. Über die Ehefrau des Beschwerdeführers sei nichts in Erfahrung gebracht worden, obwohl der Beziehung zu ihr nach Aktenlage entscheidende Bedeutung zukomme.[192]

„Auch hinsichtlich der psychiatrischen Diagnose“ ließen die Entscheidungen nicht erkennen, dass die Gerichte ihrer Verpflichtung, ärztlichen Gutachten richterliche Kontrolle entgegenzusetzen, hinreichend genügt hätten. Dem Gutachten aus dem Jahr 1988 könne nur entnommen werden, dass es zu psychoseähnlichen oder sogar psychotischen Zuständen und depressiven Verstimmungen des Beschwerdeführers gekommen sei. Deren Ursache aber sei diagnostisch nicht geklärt. Die positive Stellungnahme des Anstaltspsychologen werde in die gerichtlichen Erwägungen nicht einbezogen.[193]

Schließlich träfen die Gerichtsentscheidungen keine Aussage darüber, mit welcher Wahrscheinlichkeit welche Straftaten vom Beschwerdeführer zu erwarten seien. Die Feststellung, *„der Beschwerdeführer sei in der Lage, die zur Begehung von Sexualdelikten an kleinen Mädchen erforderliche körperliche Kraftentfaltung*

190 BVerfG 2. Senat 2. Kammer, aaO.
191 BVerfG 2. Senat 2. Kammer, aaO Ziff. 23 f.
192 BVerfG 2. Senat 2. Kammer, aaO Ziff. 25.
193 BVerfG 2. Senat 2. Kammer, aaO Ziff. 26 f.

aufzubringen", sei *„in diesem Zusammenhang bei weitem zu ungenau"*. Die Entscheidungen erörterten auch nicht, welche Mittel zur Verfügung stünden, um eventuelle Gefahren so weit zu verringern, dass verantwortbar erscheine, zu erproben, ob der Beschwerdeführer außerhalb des Strafvollzugs keine so gefährlichen Straftaten wie die dem Urteil zu Grunde liegenden mehr begehen werde.[194]

4.3 Wesentlicher Inhalt, Einordnung und Würdigung der Entscheidung

In dieser Entscheidung befasst sich die 2. Kammer des Zweiten Senats mit der Kriminalprognose (§ 57a Abs. 1 Satz 1 Nr. 3 iVm § 57 Abs. 1 Satz 1 Nr. 2 StGB) des Strafvollstreckungsgerichts im Verfahren über die Aussetzung einer lebenslangen Freiheitsstrafe. Die einschlägigen verfassungsrechtlichen Maßstäbe entnimmt sie auch insoweit dem Urteil *Aussetzung einer lebenslangen Freiheitsstrafe I* (II.3). Einzelne Grundsätze dieses Urteils auf die Kriminalprognose übertragend, stellt sie fest: Das BVerfG hat nicht nur die dem Strafvollstreckungsgericht übertragene *„Schuldabwägung"* – die vollstreckungsrechtliche Gesamtwürdigung –, sondern auch die *„nach § 57a Abs. 1 Satz 1 Nr. 3 […] i.V.m. § 57 Abs. 1 Satz 1 Nr. 2 […] StGB erforderliche() prognostische() Bewertung"* – die Kriminalprognose – daraufhin zu überprüfen, ob das Gericht die Menschenwürde, die freie menschliche Persönlichkeit und ihren grundsätzlichen Freiheitsanspruch (Art. 2 iVm Art. 1 Abs. 1 GG) verkannt hat. Übersteigt die Haftdauer die Mindestverbüßungsdauer von 15 Jahren und ist eine weitere Vollstreckung der Strafe nicht geboten, so gewinnen die Grundrechte des Verurteilten zunehmend an Gewicht für die Kriminalprognose. Nicht nur die in diesem Zusammenhang erforderliche Sachverhaltswürdigung, sondern auch die Sachverhaltsfeststellung muss den Grundrechten des Verurteilten genügen.[195]

Konkrete verfassungsrechtliche Anforderungen an die Kriminalprognose entnimmt die Kammer den Senatsentscheidungen *Vorläufige Unterbringung* (II.5) und *Aussetzung einer Unterbringung* (II.6). Einzelne Grundsätze dieser Entscheidungen auf das Verfahren über die Aussetzung einer lebenslangen Freiheitsstrafe übertragend, stellt sie fest: Das Strafvollstreckungsgericht muss sich eine hinreichende Tatsachengrundlage schaffen,[196] die alle maßgebenden Umstände des Einzelfalls umfasst. Auf dieser Grundlage hat es eine eigene Kriminalprognose zu treffen.[197] Die Kriminalprognose muss sich auf die Art der drohenden

---

194 BVerfG 2. Senat 2. Kammer, aaO Ziff. 28.
195 S.o. **4.2**, S. 53 f. Vgl. oben **II.3**, S. 23.
196 Vgl. oben **II.6**, S. 31.
197 Vgl. oben **II.6**, S. 30.

Straftaten und das Maß ihrer Wahrscheinlichkeit erstrecken.[198] Sowohl hinsichtlich der Tatsachengrundlage[199] als auch hinsichtlich der Kriminalprognose[200] hat das Strafvollstreckungsgericht dem Gutachten des Sachverständigen richterliche Kontrolle entgegenzusetzen.[201]

Die Anwendung dieser Anforderungen führt die Kammer zu folgenden Ergebnissen: Trifft das Strafvollstreckungsgericht keine eigenen Feststellungen über die Entwicklung des Verurteilten und die psychiatrische Diagnose, sondern verweist insoweit nur auf ein lückenhaftes Sachverständigengutachten, so schafft es sich keine hinreichende, dem Gutachten des Sachverständigen richterliche Kontrolle entgegensetzende, Tatsachengrundlage.[202] Die Feststellung, dass der Verurteilte die zur Begehung von Sexualdelikten an kleinen Mädchen erforderliche körperliche Kraft aufzubringen vermöge, ist keine hinreichend genaue prognostische Aussage über die Art der drohenden Straftaten und das Maß ihrer Wahrscheinlichkeit.[203]

Nach den weiteren Feststellungen der Kammer darf eine lebenslange Freiheitsstrafe nicht zur Bewährung ausgesetzt werden, wenn es Anhaltspunkte für die Gefahr gibt, dass der Verurteilte ein neues schweres Verbrechen begehen würde. Der durch Anhaltspunkte begründete Zweifel an einer positiven Kriminalprognose geht also zu Lasten des Verurteilten.[204]

Für die Kammer kommt eine Strafaussetzung auch dann nicht in Frage, *„wenn noch nicht geklärt ist“*, ob die in der Tat zu Tage getretene Gefährlichkeit des Verurteilten noch andauert.[205] Diese Äußerung ließe sich so deuten, dass auch eine unklare Kriminalprognose zu Lasten des Verurteilten gehe. Ihr Zusammenhang aber zeigt, dass sie so nicht zu verstehen ist. Aus ihrem Zusammenhang[206] ergibt sich, dass von einer unklaren Kriminalprognose gar nicht die Rede ist, sondern vielmehr von der Situation, dass eine Kriminalprognose noch aussteht.

198 S.o. **4.2**, S. 54. Vgl. oben **II.6**, S. 31 f.
199 S.o. **4.2**, S. 55.
200 S.o. **4.2**, S. 54.
201 Vgl. oben **II.5**, S. 29.
202 S.o. **4.2**, S. 55.
203 S.o. **4.2**, S. 55 f.
204 S.o. **4.2**, S. 54.
205 S.o. **4.2**, S. 53.
206 S.o. **4.2**, S. 53.

5. Kriminalprognose II

Die folgende Kammerentscheidung betreffend die Kriminalprognose ist ein stattgebender Beschluss aus dem Jahr 1998. Grundlage war auch hier die Verfassungsbeschwerde eines zu lebenslanger Freiheitsstrafe Verurteilten gegen die Ablehnung der Aussetzung des Strafrests zur Bewährung.

5.1 Gegenstand des Verfahrens

Der im Jahr 1940 geborene und seit mehr als 26 Jahren inhaftierte Beschwerdeführer verbüßte eine lebenslange Freiheitsstrafe wegen Mordes in Tateinheit mit versuchter Notzucht.[207] Die Aussetzung der Strafe war im Jahr 1993 ein erstes Mal und im Jahr 1994 ein zweites Mal wegen noch andauernder Gefährlichkeit des Beschwerdeführers abgelehnt worden.[208]

Die vom Beschwerdeführer gegen die Entscheidungen der Strafvollstreckungsgerichte im zweiten Strafaussetzungsverfahren erhobene Verfassungsbeschwerde nahm die 2. Kammer des Zweiten Senats nicht zur Entscheidung an. Allerdings sah sie sich dazu veranlasst, darauf hinzuweisen, dass der Beschwerdeführer von Verfassungs wegen die Chance haben müsse, die Freiheit wiederzuerlangen; das werde die Justizvollzugsanstalt bei zukünftigen Entscheidungen über die von ihm begehrten Vollzugslockerungen zu berücksichtigen haben. Trotz dieses Hinweises blieben dem Beschwerdeführer Vollzugslockerungen wie schon in der Vergangenheit versagt.[209]

Das von der Strafvollstreckungskammer im Zuge eines weiteren Strafaussetzungsverfahrens eingeholte Sachverständigengutachten kam zu folgendem Ergebnis:

> *„Bei Herrn W. handelt es sich um eine Persönlichkeit mit erheblichen narzißtischen, depressiven und zwanghaften Zügen. […] Für sich genommen läßt sich daraus aber nicht eine eindeutige negative legalprognostische Einschätzung ableiten. […] Das Kriterium des Leugnens könnte implizieren, daß sich Herr W. mit der Tat auch nicht auseinandergesetzt hat. […] Eine ehrliche und offene Einlassung würde zwar die gutachterliche Einschätzung erleichtern, jedoch ist die Tatsache eines Geständnisses allein kein ausreichendes Kriterium für eine positive und das Fehlen eines solchen kein zwingendes Kriterium für eine negative Legalprognose. […] Entsprechend den o.g. Ausführungen ist eine Aussage darüber, ob die seinerzeit zutage getretene Gefährlichkeit heute nach wie vor besteht, streng genommen aus psychiatrisch-psychologischer Sicht nicht möglich. Sicherlich ist dies eine eher*

---

207 BVerfG 2. Senat 2. Kammer, Beschl. v. 22.03.1998 – 2 BvR 77/97 – juris, Ziff. 1 f.
208 BVerfG 2. Senat 2. Kammer, aaO Ziff. 6, 12.
209 BVerfG 2. Senat 2. Kammer, aaO Ziff. 13.

unbefriedigende Feststellung, gleichwohl soll sie nicht dazu führen, daß man die ‚sichere Möglichkeit' der Prognosestellung wählt und zwangsläufig zu einer negativen Entscheidung kommt. Hier wäre schließlich auch zu berücksichtigen, daß sich Herr W. mittlerweile seit 24 Jahren in Haft befindet und daß durch eine weitere Fortdauer der Haft die o. g. prognostischen Bedenken kaum weiter geklärt werden können. Vielmehr würden sich dadurch die sozialen Wiedereingliederungsmöglichkeiten nur noch weiter verringern".[210]

Unter Verweis auf dieses Gutachten lehnten die Strafvollstreckungskammer und das Oberlandesgericht die Aussetzung der Strafe ein weiteres Mal ab.[211]

Mit seiner Verfassungsbeschwerde rügte der Beschwerdeführer eine Verletzung seiner Grundrechte. Wie sich schon in seinem tadellosen Vollzugsverhalten zeige, sei er keinesfalls gefährlich. Vollzugslockerungen würden ihm verweigert. Auch im Übrigen werde nichts zur Vorbereitung seiner Entlassung unternommen.[212]

5.2 Entscheidung der Kammer

Die 2. Kammer des Zweiten Senats hielt die Verfassungsbeschwerde für offensichtlich begründet. Die angegriffenen Gerichtsentscheidungen verletzten den Beschwerdeführer in seinen Rechten aus Art. 2 Abs. 2 Satz 2 und Art. 104 iVm Art. 2 Abs. 1 und Art. 1 Abs. 1 GG.[213] Das BVerfG habe einzugreifen, wenn das Strafvollstreckungsgericht bei der Sachverhaltsfeststellung oder -würdigung Bedeutung und Tragweite der Menschenwürde, der freien menschlichen Persönlichkeit und ihres grundsätzlichen Freiheitsanspruchs verkannt habe. Übersteige die Dauer der Vollstreckung einer lebenslangen Freiheitsstrafe die Mindestverbüßungsdauer von 15 Jahren und gebiete die besondere Schwere der Schuld des Verurteilten die weitere Vollstreckung nicht mehr, so gewännen seine Grundrechte zunehmendes Gewicht, auch für die Anforderungen an die für die Prognoseentscheidung notwendige Sachverhaltsaufklärung.[214]

Die Strafaussetzung dürfe nicht zu einem Rückfallmord führen. Dessen ungeachtet sei die vom Verurteilten ausgehende Gefahr hinreichend zu konkretisieren; der Grad der Wahrscheinlichkeit zukünftiger rechtswidriger Taten sei zu bestimmen; deren bloße Möglichkeit vermöge die weitere Vollstreckung nicht zu rechtfertigen. Gebe es „*konkrete Anhaltspunkte dafür, daß der Verurteilte ein*

210 BVerfG 2. Senat 2. Kammer, aaO Ziff. 14 ff.
211 BVerfG 2. Senat 2. Kammer, aaO Ziff. 32 f.
212 BVerfG 2. Senat 2. Kammer, aaO Ziff. 34.
213 BVerfG 2. Senat 2. Kammer, aaO Ziff. 38 f.
214 BVerfG 2. Senat 2. Kammer, aaO Ziff. 41.

neues schweres Verbrechen begehen werde", so komme eine Strafaussetzung nicht in Betracht. „*Umgekehrt*" schließe „*die Klausel von der Verantwortbarkeit der Vollstreckungsaussetzung ,unter Berücksichtigung des Sicherheitsinteresses der Allgemeinheit' (§ 57 Abs. 1 Satz 1 Nr. 2 StGB neu) ebenso wie schon vorher die Klausel von der Verantwortbarkeit der Erprobung (§ 57 Abs. 1 Satz 1 Nr. 2 StGB alt) es mit ein, daß ein vertretbares Restrisiko eingegangen wird*".[215]

„*Als von Verfassungs wegen zur Entscheidung über die Fortdauer einer Freiheitsentziehung berufen (Art. 104 Abs. 2 Satz 1 GG)*"[216] dürfe das Strafvollstreckungsgericht „*sich im Verfahren gemäß §§ 454, 462a StPO nicht damit abfinden, daß die Vollzugsbehörde ohne hinreichenden Grund [...] sich der Gewährung jener Vollzugslockerungen verweigert, die regelmäßig einer Entscheidung über die Aussetzung der Vollstreckung einer lebenslangen Freiheitsstrafe vorausgeht*". Seien die Voraussetzungen für die Versagung von Vollzugslockerungen nicht gegeben, so müsse der Justizvollzugsanstalt „*im Aussetzungsverfahren von den Strafvollstreckungsgerichten deutlich gemacht werden, daß Vollzugslockerungen geboten sind*".[217]

Für die 2. Kammer des Zweiten Senats genügten die angegriffenen Gerichtsentscheidungen den verfassungsrechtlichen Anforderungen nicht.[218] Die Strafvollstreckungsgerichte hätten ihre Feststellung, dass nicht verantwortet werden könne, zu erproben, ob der Beschwerdeführer außerhalb des Strafvollzugs keine Straftaten mehr begehen werde, „*nicht ausreichend mit Tatsachen und nachvollziehbaren Erwägungen belegt*".[219] Die Strafvollstreckungskammer gelange zu einer negativen Kriminalprognose, obwohl sie sich das Ergebnis des Sachverständigen, dass eine Aussage über die Gefährlichkeit des Beschwerdeführers streng genommen nicht möglich sei, ausdrücklich zu eigen mache. In den Augen des Oberlandesgerichts könne dem Gutachten des Sachverständigen nach „*noch*" nicht davon gesprochen werden, dass der Beschwerdeführer nicht mehr gefährlich sei. Der Sachverständige aber habe darauf hingewiesen, dass der Beschwerdeführer seit 24 Jahren in Haft sei und die prognostischen Bedenken durch weitere Haft kaum weiter geklärt werden könnten.[220]

---

215 BVerfG 2. Senat 2. Kammer, aaO Ziff. 42.

216 Über die Zulässigkeit und Fortdauer einer Freiheitsentziehung hat nur der Richter zu entscheiden, Art. 104 Abs. 2 Satz 1 GG.

217 BVerfG 2. Senat 2. Kammer, aaO Ziff. 46 f.

218 BVerfG 2. Senat 2. Kammer, aaO Ziff. 48.

219 BVerfG 2. Senat 2. Kammer, aaO Ziff. 49.

220 BVerfG 2. Senat 2. Kammer, aaO Ziff. 50.

Die Feststellung des Oberlandesgerichts, dass die Zweifel auf Grund der narzisstischen Persönlichkeitsstruktur des Beschwerdeführers umso ernster zu nehmen seien, als dieser durch sein Gewaltverbrechen schon einmal die Schwäche seiner biologischen Tötungshemmung offenbart habe, genüge nicht. Auch „*der abstrakte Hinweis, daß die Erprobung dann nicht verantwortet werden könne, wenn auch nur entfernt mit einem neuen schweren Verbrechen gerechnet werden müsse*", vermöge die Entscheidung des Oberlandesgerichts nicht zu tragen. Die negative Kriminalprognose lasse sich auch nicht darauf stützen, dass der Beschwerdeführer die Tat leugne. Denn ein Erfahrungssatz, wonach aus dem Leugnen der Tat auf das Andauern der Gefährlichkeit des Verurteilten geschlossen werden könnte, sei nicht dargetan. Auch mit den angenommenen narzisstischen, depressiven und zwanghaften Zügen des Beschwerdeführers hätten die Strafvollstreckungsgerichte die Gefahr eines neuen schweren Verbrechens nicht „*auch nur umrißhaft, geschweige denn hinreichend konkretisieren*" können.[221]

Mit den Äußerungen der Sachverständigen in den vorangegangenen Strafaussetzungsverfahren hätten die Strafvollstreckungsgerichte sich nicht auseinandergesetzt. Sie hätten sich auch nicht um weitere Erkenntnisse durch Anhörung von Personen bemüht, die Auskunft über den Beschwerdeführer hätten geben können. Auch vom Beschwerdeführer selbst hätten sie sich offenbar keinen Eindruck verschafft. Alle diese Mängel deuteten darauf hin, „*daß die Gerichte in dem verfassungsrechtlich zu fordernden Maß weder ihrer Aufklärungspflicht nachgekommen*" seien „*noch in Rechnung gestellt*" hätten, „*daß bei der Prognoseentscheidung ein vertretbares Risiko einzustellen ist*".[222]

„*Verfassungsrechtlich unhaltbar*" fand die 2. Kammer des Zweiten Senats außerdem, dass die Strafvollstreckungsgerichte sich damit abgefunden hätten, dass die Justizvollzugsanstalt dem Beschwerdeführer zu keiner Zeit Gelegenheit gegeben habe, sich unter Vollzugslockerungen zu bewähren. Im vorangegangenen Verfassungsbeschwerdeverfahren habe die Kammer darauf hingewiesen, dass der Beschwerdeführer eine Aussicht auf Freiheit haben müsse, was die Anstalt bei zukünftigen Entscheidungen über Vollzugslockerungen zu berücksichtigen haben werde. In Anbetracht dessen habe „*nicht das letzte Wort*" der Anstalt sein können, dass ein Jahrzehnte zurückliegendes Verhalten des Beschwerdeführers, die Annahme seiner Unfähigkeit, sich mit seiner Tat auseinanderzusetzen, und seine Persönlichkeitsstörung „*zu einem weit über dem Normalmaß liegenden*

---

221 BVerfG 2. Senat 2. Kammer, aaO Ziff. 50 f.

222 BVerfG 2. Senat 2. Kammer, aaO Ziff. 52 f.

Risiko führten, bei dem nach der bisherigen – rechtlich offensichtlich fragwürdigen – Praxis die Gewährung von Lockerungen ausgeschlossen sei".[223]

5.3 Wesentlicher Inhalt, Einordnung und Würdigung der Entscheidung

Auch in dieser Entscheidung befasst sich die 2. Kammer des Zweiten Senats mit der Kriminalprognose des Strafvollstreckungsgerichts. Hinsichtlich der einschlägigen verfassungsrechtlichen Maßstäbe stellt sie wie in der Entscheidung *Kriminalprognose I* (4) fest: Die Kriminalprognose des Strafvollstreckungsgerichts ist auf eine Verkennung der Grundrechte aus Art. 2 iVm Art. 1 Abs. 1 GG hin zu überprüfen. Übersteigt die Haftdauer die Mindestverbüßungsdauer von 15 Jahren und ist eine weitere Strafvollstreckung nicht geboten, so gewinnen die Grundrechte des Verurteilten zunehmend an Gewicht für die Kriminalprognose, auch für die dafür erforderliche Sachverhaltsfeststellung.[224]

Einzelnes entnimmt die Kammer auch hier dem Urteil *Aussetzung einer Unterbringung* (II.6) und stellt fest: Eine lebenslange Freiheitsstrafe darf nicht zur Bewährung ausgesetzt werden, wenn es konkrete Anhaltspunkte für die Gefahr gibt, dass der Verurteilte ein neues schweres Verbrechen begehen würde. Die Voraussetzung der Verantwortbarkeit der Strafaussetzung unter Berücksichtigung des Sicherheitsinteresses der Allgemeinheit schließt aber mit ein, dass ein vertretbares Restrisiko eingegangen wird. Im Hinblick darauf ist eine vom Verurteilten ausgehende Gefahr hinreichend zu konkretisieren. Die bloße Möglichkeit zukünftiger Straftaten kann die weitere Vollstreckung einer lebenslangen Freiheitsstrafe nicht rechtfertigen.[225]

In dieser Entscheidung greift die Kammer also nicht nur wegen der verfassungsrechtlichen Anforderungen an die Kriminalprognose auf das Urteil *Aussetzung einer Unterbringung* (II.6) zurück. Vielmehr entnimmt sie dem Urteil hier auch, welche Schlussfolgerung das Strafvollstreckungsgericht aus der getroffenen Kriminalprognose zu ziehen hat. Verglichen mit der Entscheidung *Kriminalprognose I* (4) führt das zu folgender Präzisierung: Allein der durch *konkrete* Anhaltspunkte für die Gefahr eines neuen schweren Verbrechens begründete Zweifel an einer positiven Kriminalprognose geht zu Lasten des Verurteilten.[226] Die nur abstrakte Möglichkeit eines neuen schweren Verbrechens kann die weitere Vollstreckung einer lebenslangen Freiheitsstrafe nicht rechtfertigen. Im

---

223 BVerfG 2. Senat 2. Kammer, aaO Ziff. 54 f.

224 S.o. **5.2**, S. 59. Vgl. oben **4.2**, S. 53 f.

225 S.o. **5.2**, S. 59 f. Vgl. oben **II.6**, S. 31 f.

226 S.o. **5.2**, S. 59 f. Vgl. oben **4.2**, S. 54.

Falle einer nur abstrakten Möglichkeit eines neuen schweren Verbrechens muss das entsprechende Risiko eingegangen und die Strafe ausgesetzt werden.

Die Anwendung der festgestellten Grundsätze führt die Kammer zu folgenden Ergebnissen: Die Annahme, dass eine Strafaussetzung nicht verantwortet werden könne, wenn auch nur entfernt mit einem neuen schweren Verbrechen des Verurteilten gerechnet werden müsse, kann eine negative Kriminalprognose nicht tragen.[227] Eine negative Kriminalprognose lässt sich auch nicht darauf stützen, dass eine Aussage über die Gefährlichkeit des Verurteilten streng genommen nicht möglich ist.[228] Auch der Umstand, dass der Verurteilte die Tat leugnet, genügt nicht für eine negative Kriminalprognose.[229]

Nach den weiteren Feststellungen der Kammer darf das Strafvollstreckungsgericht auch[230] im Strafaussetzungsverfahren nicht hinnehmen, dass Vollzugslockerungen – ohne die eine lebenslange Freiheitsstrafe in der Regel nicht zur Bewährung ausgesetzt wird – dem Verurteilten ohne hinreichenden Grund verweigert werden. Werden Vollzugslockerungen dem Verurteilten ohne hinreichenden Grund verweigert, muss das Strafvollstreckungsgericht der Justizvollzugsanstalt deutlich machen, dass sie ihm Vollzugslockerungen zu gewähren hat.[231]

IV. Zusammenfassung

Zusammenfassend ist hinsichtlich der Kammerrechtsprechung in Bezug auf Haftdauer und Menschenwürde Folgendes festzuhalten:

1. Grundsätze der einschlägigen Kammerrechtsprechung

1.1 Vollstreckungsrechtliche Gesamtwürdigung und Festsetzung der gebotenen Vollstreckungsdauer (§ 57a Abs. 1 Satz 1 Nr. 2 StGB)

Die vollstreckungsrechtliche Gesamtwürdigung des Strafvollstreckungsgerichts im Verfahren über die Aussetzung einer lebenslangen Freiheitsstrafe muss der Würde des Menschen und seinem grundsätzlichen Freiheitsanspruch (Art. 2 iVm Art. 1 Abs. 1 GG) genügen.[232] Übersteigt die Haftdauer die

227 S.o. **5.2**, S. 61.
228 S.o. **5.2**, S. 60.
229 S.o. **5.2**, S. 61.
230 S. noch unten Zweites Kapitel, **III**, S. 87 ff.
231 S.o. **5.2**, S. 60, 61 f.
232 S.o. **III.1.3**, S. 39, **III.2.3**, S. 43 f, und **III.3.3**, S. 50.

Mindestverbüßungsdauer von 15 Jahren auf Grund besonderer Schwere der Schuld, so gewinnen ein hohes Alter[233] oder eine tödliche Erkrankung[234] des Verurteilten zunehmend an Gewicht. Die dem zu lebenslanger Freiheitsstrafe Verurteilten garantierte Aussicht auf Freiheit (Art. 1 Abs. 1 GG) darf nicht auf einen durch Siechtum und Todesnähe geprägten Lebensrest reduziert werden.[235]

Im Hinblick auf diese Grundsätze hat das Strafvollstreckungsgericht eine die Mindestverbüßungsdauer übersteigende Haftdauer zum Alter und zum Gesundheitszustand des Verurteilten in Beziehung zu setzen.[236] Es hat zu berücksichtigen, dass Alter und Krankheit die Wirkungen des Freiheitsentzugs verstärken und dass die Hoffnung, lebend aus der Haft entlassen zu werden, mit Alter und Krankheit mehr und mehr an Bedeutung gewinnt.[237] Gibt es Anzeichen für eine nur noch kurze Lebenserwartung des Verurteilten, muss das Strafvollstreckungsgericht sich auf der Grundlage substantiierter ärztlicher Stellungnahmen ein Bild davon machen, wie lange er wahrscheinlich noch leben wird.[238]

Die unter dem Gesichtspunkt der besonderen Schwere der Schuld gebotene Vollstreckungsdauer ist auf der Grundlage der vollstreckungsrechtlichen Gesamtwürdigung festzusetzen.[239] Zwar lässt sich dem StGB keine absolute Grenze für die auf Grund besonderer Schwere der Schuld zu verbüßende Zeit entnehmen.[240] Allerdings darf die gebotene Vollstreckungsdauer nicht so bemessen werden, dass der Verurteilte das Vollstreckungsende voraussichtlich nicht mehr erleben würde.[241]

1.2 Kriminalprognose (§ 57a Abs. 1 Satz 1 Nr. 3 iVm § 57 Abs. 1 Satz 1 Nr. 2 StGB)

Auch die Kriminalprognose des Strafvollstreckungsgerichts im Verfahren über die Aussetzung einer lebenslangen Freiheitsstrafe muss der Würde des Menschen und seinem grundsätzlichen Freiheitsanspruch (Art. 2 iVm Art. 1 Abs. 1 GG) genügen. Übersteigt die Haftdauer die Mindestverbüßungsdauer von 15

233 S.o. **III.1.3**, S. 39.
234 S.o. **III.3.3**, S. 50.
235 S.o. **III.1.3**, S. 39, und **III.3.3**, S. 50.
236 S.o. **III.1.3**, S. 39 f, **III.2.3**, S. 44, und **III.3.3**, S. 50.
237 S.o. **III.1.3**, S. 40.
238 S.o. **III.3.3**, S. 51.
239 S.o. **III.3.3**, S. 50.
240 S.o. **III.2.3**, S. 44, und **III.3.3**, S. 50.
241 S.o. **III.3.3**, S. 51.

Jahren und ist eine weitere Vollstreckung der Strafe nicht geboten, so gewinnen die Grundrechte des Verurteilten zunehmend an Gewicht.[242]

Für die Kriminalprognose hat das Strafvollstreckungsgericht sich eine hinreichende Tatsachengrundlage zu schaffen, die alle maßgebenden Umstände des Einzelfalls umfasst. Auf dieser Grundlage hat es eine eigene Kriminalprognose zu treffen, die sich auf die Art der drohenden Straftaten und das Maß ihrer Wahrscheinlichkeit erstreckt. Sachverständigengutachten muss das Strafvollstreckungsgericht sowohl hinsichtlich der Kriminalprognose als auch hinsichtlich der Tatsachengrundlage richterliche Kontrolle entgegensetzen.[243]

Eine lebenslange Freiheitsstrafe darf nicht ausgesetzt werden, wenn es konkrete Anhaltspunkte dafür gibt, dass der Verurteilte ein neues schweres Verbrechen begehen würde.[244] Durch derartige Anhaltspunkte begründete Zweifel an einer positiven Kriminalprognose gehen also zu Lasten des Verurteilten.[245] Allerdings schließt die Voraussetzung der Verantwortbarkeit der Strafaussetzung unter Berücksichtigung des Sicherheitsinteresses der Allgemeinheit mit ein, dass ein vertretbares Restrisiko eingegangen wird. Im Hinblick darauf muss das Strafvollstreckungsgericht eine vom Verurteilten ausgehende Gefahr hinreichend konkretisieren. Die nur abstrakte Möglichkeit zukünftiger Straftaten kann die weitere Vollstreckung einer lebenslangen Freiheitsstrafe nicht rechtfertigen.[246]

2. Würdigung der einschlägigen Kammerrechtsprechung mit Blick auf die zu Grunde liegende Senatsrechtsprechung

Die Kammerrechtsprechung in Bezug auf die vollstreckungsrechtliche Gesamtwürdigung und die Festsetzung der gebotenen Vollstreckungsdauer kann auf spezielle Senatsrechtsprechung zurückgreifen. Die einschlägigen verfassungsrechtlichen Maßstäbe und Anforderungen entnimmt sie im Wesentlichen dem Urteil *Aussetzung einer lebenslangen Freiheitsstrafe I* (II.3).[247]

In der Entscheidung *Vollstreckungsrechtliche Gesamtwürdigung I* (III.1) werden die Grundsätze des Urteils sämtlich übernommen und angewendet.[248] Das

242 S.o. **III.4.3**, S. 56, und **III.5.3**, S. 62.
243 S.o. **III.4.3**, S. 56 f.
244 S.o. **III.5.3**, S. 62.
245 S.o. **III.4.3**, S. 57.
246 S.o. **III.5.3**, S. 62.
247 S.o. **III.1.3**, S. 39, **III.2.3**, S. 43, und **III.3.3**, S. 50.
248 S.o. **III.1.3**, S. 39 f. Vgl. oben **II.3**, S. 23 f.

Ergebnis ihrer Anwendung vermag allerdings nicht zu überzeugen. Denn es erscheint fraglich, ob die weitere Vollstreckung einer lebenslangen Freiheitsstrafe gegen einen Verurteilten, der etwa 74 Jahre alt und nur noch im Justizvollzugskrankenhaus haftfähig ist, dem Grundsatz genügt, dass seine Aussicht auf Freiheit (Art. 1 Abs. 1 GG) nicht auf einen durch Siechtum und Todesnähe geprägten Lebensrest reduziert werden darf.[249]

In der Entscheidung *Vollstreckungsrechtliche Gesamtwürdigung III* (III.3) werden die Grundsätze des Urteils konsequent dahingehend weiterentwickelt, dass eine tödliche Erkrankung des Verurteilten in gleicher Weise zu berücksichtigen ist wie ein hohes Alter des Verurteilten.[250] In dieser Entscheidung wird auch die Formel für die vollstreckungsrechtliche Gesamtwürdigung, wonach die Haftdauer zum Alter und zum Gesundheitszustand des Verurteilten in Beziehung zu setzen und seine Aussicht, lebend aus der Haft entlassen zu werden, zu berücksichtigen ist[251], konkretisiert. Insbesondere macht die Kammer hier deutlich, dass das Strafvollstreckungsgericht bei Anzeichen für eine nur noch kurze Lebenserwartung des Verurteilten aufklären muss, wie lange er wahrscheinlich noch leben wird.[252] Die Entscheidung *Vollstreckungsrechtliche Gesamtwürdigung III* (III.3) ist die einzige Entscheidung in Bezug auf die vollstreckungsrechtliche Gesamtwürdigung und die Festsetzung der gebotenen Vollstreckungsdauer, die zu überzeugen vermag.

In der Entscheidung *Vollstreckungsrechtliche Gesamtwürdigung II* (III.2) beruft sich die Kammer zusätzlich auf die Beschlüsse *Hafturlaub* (II.2)[253] und *Aussetzung einer lebenslangen Freiheitsstrafe II* (II.4)[254]. Den Grundsatz des Beschlusses *Hafturlaub* (II.2), dass der Grundsatz der Schuldangemessenheit der Strafe auch die Frage der Aussetzung einer lebenslangen Freiheitsstrafe bestimmt, wendet sie allerdings nicht an;[255] auf die Konsequenzen dessen wird weiter unten noch eingegangen.

In Bezug auf die Kriminalprognose im Verfahren über die Aussetzung einer lebenslangen Freiheitsstrafe fehlt es an spezieller Senatsrechtsprechung. Die einschlägigen verfassungsrechtlichen Maßstäbe entnimmt die Kammerrechtsprechung insoweit gleichfalls dem Urteil *Aussetzung einer lebenslangen Freiheitsstrafe I* (II.3). Dessen Grundsätze überträgt sie – soweit passend – von

---

249 S.o. **III.1.3**, S. 40 f.
250 S.o. **III.3.3**, S. 50.
251 S.o. **III.2.3**, S. 44 f.
252 S.o. **III.3.3**, S. 51.
253 S.o. **III.2.3**, S. 44.
254 S.o. **III.2.3**, S. 44.
255 S.o. **III.2.3**, S. 45 f.

der vollstreckungsrechtlichen Gesamtwürdigung auf die Kriminalprognose.[256] Hinsichtlich der konkreten verfassungsrechtlichen Anforderungen an die Kriminalprognose greift die Kammerrechtsprechung auf passende Grundsätze der Senatsentscheidungen *Vorläufige Unterbringung* (II.5)[257] und *Aussetzung einer Unterbringung* (II.6)[258] zurück. Die Grundsätze der Entscheidung *Kriminalprognose II* (III.5) schließen an die Grundsätze der Entscheidung *Kriminalprognose I* (III.4) an.[259] In der späteren Entscheidung werden die Grundsätze der früheren Entscheidung dahingehend präzisiert, dass nur konkrete und nicht etwa auch abstrakte Anhaltspunkte für die Gefahr eines neuen schweren Verbrechens zu Lasten des Verurteilten gehen.[260]

In den Entscheidungen *Vollstreckungsrechtliche Gesamtwürdigung I* (III.1) und *Vollstreckungsrechtliche Gesamtwürdigung II* (III.2) beschränkt sich die Kammer auf die Prüfung, ob das Strafvollstreckungsgericht seiner Entscheidung die zutreffenden verfassungsrechtlichen Maßstäbe und Anforderungen zu Grunde gelegt und sie angewendet hat. Mit den Anwendungsergebnissen setzt sie sich – unter dem Gesichtspunkt von Art. 2 iVm Art. 1 Abs. 1 GG – nicht auseinander.[261] In den Entscheidungen *Vollstreckungsrechtliche Gesamtwürdigung III* (III.3), *Kriminalprognose I* (III.4) und *Kriminalprognose II* (III.5) überprüft die Kammer nicht nur, ob die zutreffenden verfassungsrechtlichen Maßstäbe und Anforderungen zu Grunde gelegt und angewendet worden sind, sondern beschäftigt sich auch eingehend mit den Ergebnissen der Rechtsanwendung.[262]

Ein Grund für diesen Unterschied mag sein, dass es sich bei den Entscheidungen *Vollstreckungsrechtliche Gesamtwürdigung I* (III.1) und *Vollstreckungsrechtliche Gesamtwürdigung II* (III.2) um Nichtannahmebeschlüsse handelt[263], während die Entscheidungen *Vollstreckungsrechtliche Gesamtwürdigung III* (III.3), *Kriminalprognose I* (III.4) und *Kriminalprognose II* (III.5) stattgebende Beschlüsse sind[264]. In letzteren Fällen mag die Kammer im Hinblick auf die Stattgabe Anlass für einen höheren Begründungsaufwand gesehen haben.

Ein weiterer Grund für den dargestellten Unterschied ist in Folgendem zu sehen: In den Entscheidungen *Vollstreckungsrechtliche Gesamtwürdigung I* (III.1)

---

256 S.o. **III.4.3**, S. 56.

257 S.o. **III.4.3**, S. 57.

258 S.o. **III.4.3**, S. 56 f, und **III.5.3**, S. 62.

259 S.o. **III.5.3**, S. 62. Vgl. oben **III.4.3**, S. 56 f.

260 S.o. **III.5.3**, S. 62. Vgl. oben **III.4.3**, S. 57.

261 S.o. **III.1.3**, S. 40 f, und **III.2.3**, S. 45 f.

262 S.o. **III.3.3**, S. 50 f, **III.4.3**, S. 57, und **III.5.3**, S. 63.

263 S.o. **III.1.2**, S. 37, und **III.2.2**, S. 42.

264 S.o. **III.3.2**, S. 47, **III.4.2**, S. 53, und **III.5.2**, S. 59.

und *Vollstreckungsrechtliche Gesamtwürdigung II* (III.2) begnügt sich die Kammer – wie der Senat im Urteil *Aussetzung einer lebenslangen Freiheitsstrafe I* (II.3) – damit, dass das Strafvollstreckungsgericht die Formel für die vollstreckungsrechtliche Gesamtwürdigung[265] anwendet. Sofern das Strafvollstreckungsgericht die Formel anwendet, nämlich alle danach maßgebenden Umstände in die vollstreckungsrechtliche Gesamtwürdigung einbezieht und würdigt, ist der Würde des Menschen und seinem grundsätzlichen Freiheitsanspruch (Art. 2 iVm Art. 1 Abs. 1 GG) Genüge getan. Das Ergebnis der vollstreckungsrechtlichen Gesamtwürdigung, also die Entscheidung, ob und wie lange die besondere Schwere der Schuld des Verurteilten die weitere Vollstreckung der Strafe gebietet, misst die Kammer – wie der Senat – nicht an Art. 2 iVm Art. 1 Abs. 1 GG.[266]

Dieser Prüfungsmaßstab kann dazu führen, dass ein wegen mehrfachen Mordes zu lebenslanger Freiheitsstrafe Verurteilter – wie nach der Entscheidung *Vollstreckungsrechtliche Gesamtwürdigung I* (III.1) – 20 Jahre verbüßen muss.[267] Er kann aber auch dazu führen, dass ein wegen mehrfachen Mordes zu lebenslanger Freiheitsstrafe Verurteilter – wie nach der Entscheidung *Vollstreckungsrechtliche Gesamtwürdigung II* (III.2) – 38 Jahre verbüßen muss.[268]

Wie gezeigt wurde, ist der Prüfungsmaßstab aus folgendem Grund problematisch: Die vollstreckungsrechtliche Gesamtwürdigung und die Festsetzung der gebotenen Vollstreckungsdauer müssen nicht nur den Grundsätzen genügen, dass ein hohes Alter oder eine tödliche Erkrankung des Verurteilten zunehmend an Gewicht gewinnen und seine Aussicht auf Freiheit (Art. 1 Abs. 1 GG) nicht auf einen durch Siechtum und Todesnähe geprägten Lebensrest reduziert werden darf. Die vollstreckungsrechtliche Gesamtwürdigung und die auf ihrer Grundlage vorzunehmende Festsetzung der gebotenen Vollstreckungsdauer sind vielmehr auch dem Grundsatz der Schuldangemessenheit der Strafe (Art. 1 Abs. 1 und Art. 2 Abs. 1 iVm Art. 20 Abs. 3 GG) unterworfen.[269] Dieser Grundsatz kommt in der Formel für die vollstreckungsrechtliche Gesamtwürdigung nicht zum Ausdruck.[270] Entsprechend bestimmt er auch nicht die Festsetzung der gebotenen Vollstreckungsdauer.[271]

---

265 S.o. **III.2.3**, S. 44 f.
266 S.o. **III.1.3**, S. 40 f, und **III.2.3**, S. 45 f. Vgl. oben **II.3**, S. 23 f.
267 S.o. **III.1.1**, S. 37.
268 S.o. **III.2.1**, S. 41.
269 S.o. **III.2.3**, S. 45.
270 S.o. **III.2.3**, S. 45.
271 S.o. **III.2.3**, S. 45 f.

Zweites Kapitel: Vollzugsgestaltung

In einem Beschluss aus dem Jahr 1972 stellt der Zweite Senat fest: „*Auch die Grundrechte von Strafgefangenen können nur durch Gesetz oder aufgrund eines Gesetzes eingeschränkt werden*".[272] Unter Verweis auf „*die Rechtsfigur des besonderen Gewaltverhältnisses*" sei vielfach die Auffassung vertreten worden, „*die Grundrechte der Strafgefangenen seien durch das Strafvollzugsverhältnis generell eingeschränkt*". Gegen diese Auffassung habe sich die Einsicht, dass das Grundgesetz „*einen ipso iure eingeschränkten Grundrechtsschutz für bestimmte Personengruppen nicht zuläßt, erst allmählich durchsetzen*" können.[273] Eingriffe in die Grundrechte von Strafgefangenen ohne Gesetz müssten „*noch für eine gewisse Übergangsfrist hingenommen werden, bis der Gesetzgeber Gelegenheit hatte, [...] ein Strafvollzugsgesetz*" zu erlassen. „*Bis zum Herbst 1973*" könne der „*bestehende, dem heutigen Verfassungsverständnis nicht mehr entsprechende Zustand noch hingenommen werden*".[274]

Am 1. Januar 1977[275] – also mit mehr als drei Jahren Verspätung – trat das Gesetz über den Vollzug der Freiheitsstrafe und der freiheitsentziehenden Maßregeln der Besserung und Sicherung, das Strafvollzugsgesetz (StVollzG) (I), in Kraft[276]. Die mit Blick auf das StVollzG vor und nach seinem Erlass ergangene Senatsrechtsprechung (II) ist die Basis der Kammerrechtsprechung in Bezug auf Vollzugsgestaltung und Menschenwürde (III), die im Jahr 1997 beginnt.

---

272 BVerfG 2. Senat, Beschl. v. 14.03.1972 – 2 BvR 41/71 – E 33, 1 (1, 9).

273 BVerfG 2. Senat, aaO (12).

274 BVerfG 2. Senat, aaO (13).

275 S. § 198 Abs. 1 StVollzG.

276 Bis zum 31. August 2006 lautete Art. 74 Abs. 1 Nr. 1 GG auszugsweise: „Die konkurrierende Gesetzgebung erstreckt sich auf [...] das Strafrecht und den Strafvollzug [...]"; seit dem 1. September 2006 lautet Art. 74 Abs. 1 Nr. 1 GG auszugsweise: „Die konkurrierende Gesetzgebung erstreckt sich auf [...] das Strafrecht [...]" (juris, Gesamtausgaben-Liste GG). Nach Art. 125a Abs. 1 GG kann Recht, das als Bundesrecht erlassen worden ist, aber wegen der Änderung von Art. 74 Abs. 1 GG nicht mehr als Bundesrecht erlassen werden könnte, durch Landesrecht ersetzt werden. Von dieser Möglichkeit haben inzwischen alle Bundesländer Gebrauch gemacht und eigene Strafvollzugsgesetze erlassen, die das StVollzG ganz oder zum Teil ersetzen.

I. Überblick über die gesetzliche Regelung

Im Vollzug der Freiheitsstrafe soll der Gefangene fähig werden, künftig in sozialer Verantwortung ein Leben ohne Straftaten zu führen – „Vollzugsziel" – (§ 2 Satz 1 StVollzG). Schädlichen Folgen des Freiheitsentzugs ist entgegenzuwirken (§ 3 Abs. 2 StVollzG). Der Strafvollzug ist darauf auszurichten, dass er dem Gefangenen hilft, sich in das Leben in Freiheit einzugliedern (§ 3 Abs. 3 StVollzG). Der Gefangene wirkt an der Gestaltung seiner Behandlung und an der Erreichung des Vollzugsziels mit (§ 4 Abs. 1 Satz 1 StVollzG).

Nach der Aufnahme des Gefangenen in die Justizvollzugsanstalt und der Behandlungsuntersuchung wird ein Vollzugsplan erstellt (§ 7 Abs. 1 StVollzG). Der Vollzugsplan enthält mindestens Angaben über folgende Behandlungsmaßnahmen: Unterbringung im geschlossenen oder offenen Vollzug, Verlegung in eine sozialtherapeutische Anstalt, Zuweisung zu Wohn- und Behandlungsgruppen, Arbeitseinsatz und Maßnahmen der beruflichen Aus- oder Weiterbildung, Teilnahme an Weiterbildungsveranstaltungen, besondere Hilfs- und Behandlungsmaßnahmen, Lockerungen des Vollzugs und notwendige Maßnahmen zur Vorbereitung der Entlassung (§ 7 Abs. 2 StVollzG). Der Vollzugsplan ist mit der Entwicklung des Gefangenen und weiteren Ergebnissen der Persönlichkeitserforschung in Einklang zu halten (§ 7 Abs. 3 Satz 1 StVollzG). Zur Aufstellung und zur Überprüfung des Vollzugsplans führt der Anstaltsleiter Konferenzen mit den an der Behandlung des Gefangenen maßgeblich Beteiligten durch (§ 159 StVollzG).

Ein Gefangener soll mit seiner Zustimmung im offenen Vollzug untergebracht werden, wenn er den besonderen Anforderungen des offenen Vollzugs genügt und namentlich nicht zu befürchten ist, dass er sich dem Vollzug der Freiheitsstrafe entziehen oder die Möglichkeiten des offenen Vollzugs zu Straftaten missbrauchen werde (§ 10 Abs. 1 StVollzG). Im Übrigen sind die Gefangenen im geschlossenen Vollzug unterzubringen (§ 10 Abs. 2 Satz 1 StVollzG).

Als Lockerung des Vollzugs kann namentlich angeordnet werden, dass der Gefangene regelmäßig einer Beschäftigung außerhalb der Anstalt unter Aufsicht (Außenbeschäftigung) oder ohne Aufsicht eines Vollzugsbediensteten (Freigang) nachgehen darf (§ 11 Abs. 1 Nr. 1 StVollzG) oder die Anstalt für eine bestimmte Tageszeit unter Aufsicht (Ausführung) oder ohne Aufsicht eines Vollzugsbediensteten (Ausgang) verlassen darf (§ 11 Abs. 1 Nr. 2 StVollzG). Diese Lockerungen dürfen mit Zustimmung des Gefangenen angeordnet werden, wenn nicht zu befürchten ist, dass er sich dem Vollzug der Freiheitsstrafe entziehen oder die Lockerungen zu Straftaten missbrauchen werde (§ 11 Abs. 2 StVollzG). Ein Gefangener kann bis zu einundzwanzig Tagen im Jahr aus der Haft beurlaubt werden, wenn nicht zu befürchten ist, dass er sich dem Vollzug der Freiheitsstrafe entziehen oder den Urlaub zu Straftaten missbrauchen werde (§ 13 Abs. 1 iVm § 11 Abs. 2 StVollzG). Ein zu lebenslanger Freiheitsstrafe verurteilter Gefangener kann beurlaubt werden, wenn er sich einschließlich einer Untersuchungshaft oder einer anderen Freiheitsentziehung zehn Jahre im Vollzug befunden hat oder wenn er in den offenen Vollzug überwiesen ist (§ 13 Abs. 3 StVollzG).

Örtliche und sachliche Zuständigkeit der Justizvollzugsanstalten werden in einem Vollstreckungsplan geregelt (§ 152 Abs. 1 StVollzG). Der Gefangene kann abweichend vom Vollstreckungsplan in eine andere für den Vollzug der Freiheitsstrafe zuständige Anstalt verlegt werden, wenn seine Behandlung oder seine Eingliederung nach der Entlassung hierdurch gefördert wird oder dies aus Gründen der Vollzugsorganisation oder aus anderen wichtigen Gründen erforderlich ist (§ 8 Abs. 1 StVollzG).

Gegen eine Maßnahme zur Regelung einzelner Angelegenheiten auf dem Gebiet des Strafvollzugs kann gerichtliche Entscheidung beantragt werden. Mit dem Antrag kann auch die Verpflichtung zum Erlass einer abgelehnten oder unterlassenen Maßnahme begehrt werden (§ 109 Abs. 1 StVollzG). Über den Antrag entscheidet die Strafvollstreckungskammer, in deren Bezirk die beteiligte Vollzugsbehörde ihren Sitz hat (§ 110 StVollzG). Gegen die gerichtliche Entscheidung der Strafvollstreckungskammer ist die Rechtsbeschwerde zulässig, wenn es zur Fortbildung des Rechts oder zur Sicherung einer einheitlichen Rechtsprechung geboten ist, die Nachprüfung zu ermöglichen (§ 116 Abs. 1 StVollzG). Beschwerdegericht ist das Oberlandesgericht (§ 121 Abs. 1 Nr. 3 GVG).

II. Senatsrechtsprechung

Basis der Kammerrechtsprechung in Bezug auf Vollzugsgestaltung und Menschenwürde sind im Wesentlichen vier Senatsentscheidungen. In der frühesten dieser Entscheidungen geht es um den Persönlichkeitsschutz von Straftätern gegenüber den Medien. Die drei späteren Entscheidungen – unter ihnen die Entscheidungen *Lebenslange Freiheitsstrafe* (Erstes Kapitel, II.1) und *Hafturlaub* (Erstes Kapitel, II.2) – betreffen lebenslange Freiheitsstrafen.

1. Lebach

In einem Urteil aus dem Jahr 1973 befasst sich der Erste Senat in einem zivilrechtlichen Zusammenhang mit dem verfassungsrechtlichen Resozialisierungsinteresse von Straftätern.

Grundlage dieses Urteils war die Verfassungsbeschwerde eines Strafgefangenen gegen die Versagung einer einstweiligen Verfügung, die er gegen das Zweite Deutschen Fernsehen (ZDF) beantragt hatte.[277] Der Beschwerdeführer war im Jahr 1970 wegen Beteiligung am sogenannten Soldatenmord von Lebach zu einer Freiheitsstrafe von sechs Jahren verurteilt worden.[278] Presse, Rundfunk und Fernsehen hatten eingehend über die Tat, die Fahndung nach den Beteiligten und das Strafverfahren berichtet.[279] Durch die begehrte einstweilige Verfügung sollte dem ZDF untersagt werden, einen Dokumentarfilm über die Tat auszustrahlen, soweit der Beschwerdeführer dargestellt oder sein Name genannt werde.[280]

Der Erste Senat hielt die Verfassungsbeschwerde für begründet.[281] Die angegriffenen Gerichtsentscheidungen verletzten den Beschwerdeführer in seinen Rechten aus Art. 2 Abs. 1 iVm Art. 1 GG.[282] Die „*Ausstrahlungswirkung des verfassungsrechtlichen Schutzes der Persönlichkeit*" lasse „*nicht zu, daß die Kommunikationsmedien sich über die aktuelle Berichterstattung hinaus zeitlich unbeschränkt mit der Person eines Straftäters und seiner Privatsphäre befassen*".[283]

Als Orientierungspunkt für die Bestimmung der zeitlichen Grenze zwischen einer im Grundsatz zulässigen aktuellen Berichterstattung und einer unzulässigen späteren Befassung komme „*das Interesse an der Wiedereingliederung des Straftäters in die Gesellschaft, an seiner Resozialisierung, in Betracht*". Die „*Resozialisierung oder Sozialisation*" werde allgemein „*als das herausragende Ziel namentlich des Vollzuges von Freiheitsstrafen angesehen*". Dem Gefangenen sollen „*Fähigkeit und Willen zu verantwortlicher Lebensführung vermittelt werden*"; er solle „*lernen, sich unter den Bedingungen einer freien Gesellschaft ohne Rechtsbruch zu behaupten, ihre Chancen wahrzunehmen und ihre Risiken zu bestehen*". Entsprechend umschreibe „*§ 2 des kürzlich von der Bundesregierung eingebrachten Entwurfs eines Strafvollzugsgesetzes*" die Aufgabe des Strafvollzugs so: „*Im Vollzug der Freiheitsstrafe soll der Gefangene fähig werden, künftig in sozialer Verantwortung ein Leben ohne Straftaten zu führen (Behandlungsziel)*".[284]

---

277 BVerfG 1. Senat, Urt. v. 05.06.1973 - 1 BvR 536/72 - E 35, 202 (204 ff).
278 BVerfG 1. Senat, aaO (204 f).
279 BVerfG 1. Senat, aaO (206).
280 BVerfG 1. Senat, aaO (204).
281 BVerfG 1. Senat, aaO (218).
282 BVerfG 1. Senat, aaO (244).
283 BVerfG 1. Senat, aaO (233).
284 BVerfG 1. Senat, aaO (234 f).

Das Resozialisierungsgebot entspreche „*dem Selbstverständnis einer Gemeinschaft, die die Menschenwürde in den Mittelpunkt ihrer Wertordnung stellt und dem Sozialstaatsprinzip verpflichtet ist*". Der verurteilte Straftäter müsse „*die Chance erhalten, sich nach Verbüßung seiner Strafe wieder in die Gemeinschaft einzuordnen*". Vom Täter aus gesehen ergebe sich „*dieses Interesse an der Resozialisierung aus seinem Grundrecht aus Art. 2 Abs. 1 in Verbindung mit Art. 1 GG*".[285]

Gemessen an den entwickelten Grundsätzen fand der Erste Senat die angegriffenen Gerichtsentscheidungen verfassungsrechtlich nicht haltbar. Das Landgericht habe die Abwägung zwischen den Interessen des Beschwerdeführers und denen des ZDF allein an den §§ 22, 23 KunstUrhG[286] orientiert, ohne die Ausstrahlungswirkung der Grundrechte aus Art. 2 Abs. 1 iVm Art. 1 GG und aus Art. 5 Abs. 1 GG zu erkennen. Das Oberlandesgericht habe den Konflikt zwischen der Rundfunkfreiheit nach Art. 5 Abs. 1 GG und dem Persönlichkeitsschutz nach Art. 2 Abs. 1 iVm Art. 1 GG zwar erkannt und die Ausstrahlungswirkung dieser Grundrechte berücksichtigt. Bei der Lösung des Konflikts habe es jedoch die aus dem Grundgesetz „*für Fälle der vorliegenden Art abzuleitenden, freilich bisher verfassungsgerichtlich nicht näher bestimmten Kriterien nicht richtig angewandt, vor allem dem Resozialisierungsinteresse nicht den ihm aus verfassungsrechtlicher Sicht gebührenden Rang eingeräumt*".[287]

2. Lebenslange Freiheitsstrafe

Gegenstand des Urteils *Lebenslange Freiheitsstrafe* (Erstes Kapitel, II.1) ist nicht nur die Dauer des Vollzugs einer lebenslangen Freiheitsstrafe. Ausgehend vom Urteil *Lebach* (1) entwickelt der Erste Senat darin auch verfassungsrechtliche Maßstäbe für die Gestaltung des Vollzugs einer lebenslangen Freiheitsstrafe:

„*Die Androhung der lebenslangen Freiheitsstrafe*" finde „*ihre verfassungsrechtlich notwendige Ergänzung in einem sinnvollen Behandlungsvollzug*". Die Justizvollzugsanstalten seien „*auch bei den zu lebenslanger Freiheitsstrafe verurteilten Gefangenen verpflichtet, auf deren Resozialisierung hinzuwirken, sie lebenstüchtig zu erhalten und schädlichen Auswirkungen des Freiheitsentzugs und damit auch und*

---

285 BVerfG 1. Senat, aaO (235 f).

286 Bildnisse dürfen nur mit Einwilligung des Abgebildeten verbreitet oder öffentlich zur Schau gestellt werden, § 22 Satz 1 KunstUrhG. Ohne Einwilligung des Abgebildeten dürfen Bildnisse aus dem Bereiche der Zeitgeschichte verbreitet und zur Schau gestellt werden, § 23 Abs. 1 Nr. 1 KunstUrhG. Die Befugnis erstreckt sich jedoch nicht auf eine Verbreitung und Schaustellung, durch die ein berechtigtes Interesse des Abgebildeten verletzt wird, § 23 Abs. 2 KunstUrhG.

287 BVerfG 1. Senat, aaO (238 f).

vor allem deformierenden Persönlichkeitsveränderungen entgegenzuwirken". Diese Verpflichtungen seien *„verfassungsrechtlich fundierte Vollzugsaufgaben, die sich aus der […] Unantastbarkeit der Menschenwürde"* (Art. 1 Abs. 1 GG) ableiteten.[288]

Das Resozialisierungsinteresse des Straftäters ergebe sich aus Art. 2 Abs. 1 iVm Art. 1 GG. Der verurteilte Straftäter müsse die Chance haben, sich nach Verbüßung seiner Strafe wieder in die Gemeinschaft einzuordnen. Wenn man davon ausgehe, dass dem zu lebenslanger Freiheitsstrafe Verurteilten die Chance verbleiben muss, die Freiheit wiederzuerlangen, so müsse ihm *„folgerichtig auch ein Anspruch auf Resozialisierung zustehen"*, möge *„für ihn auch erst nach langer Strafverbüßung die Aussicht bestehen, sich auf das Leben in Freiheit einrichten zu müssen […]. Denn auch in solchen Fällen"* könne der Strafvollzug *„die Voraussetzungen für eine spätere Entlassung schaffen und dem Verurteilten die Wiedereingliederung in die Gesellschaft erleichtern"*.[289]

Das StVollzG trage den verfassungsrechtlichen Anforderungen an den Strafvollzug Rechnung. Als Vollzugsziel bezeichne § 2 Satz 1 StVollzG, dass der Gefangene fähig werden soll, künftig in sozialer Verantwortung ein Leben ohne Straftaten zu führen. Nach § 3 StVollzG sei schädlichen Folgen des Freiheitsentzugs entgegenzuwirken. Der Strafvollzug sei außerdem darauf auszurichten, dass er dem Gefangenen hilft, sich in das Leben in Freiheit einzugliedern. Das Gesetz beziehe *„die lebenslange Freiheitsstrafe mit ein […]. Abgesehen von der Urlaubsregelung in § 13 Abs. 3"* beinhalte das StVollzG *„keine Sonderregelungen, welche die zu lebenslanger Freiheitsstrafe Verurteilten von gesetzlichen Ansprüchen oder von Leistungspflichten der Vollzugsbehörden"* ausschlössen.[290]

3. Hafturlaub

Im Beschluss *Hafturlaub* (Erstes Kapitel, II.2) des Zweiten Senats werden die verfassungsrechtlichen Maßstäbe für die Gestaltung des Vollzugs einer lebenslangen Freiheitsstrafe weiterentwickelt:

„Die Androhung und Vollstreckung der lebenslangen Freiheitsstrafe" finde ihre verfassungsrechtlich notwendige Ergänzung in einem sinnvollen Behandlungsvollzug. Mit Blick auf die Grundrechte der eine lebenslange Freiheitsstrafe verbüßenden Gefangenen seien die Justizvollzugsanstalten verpflichtet, *„schädlichen Auswirkungen des Freiheitsentzuges, vor allem deformierenden Persönlichkeitsveränderungen,*

288 BVerfG 1. Senat, E 45, 187 (238).

289 BVerfG 1. Senat, aaO (239).

290 BVerfG 1. Senat, aaO (239 f).

die die Lebenstüchtigkeit ernsthaft in Frage stellen und es ausschließen, daß sich der Gefangene im Falle einer Entlassung aus der Haft im normalen Leben noch zurechtzufinden vermag, im Rahmen des Möglichen zu begegnen […]. Diesem Ziel" diene „*auch der Urlaub, der nach § 13 Abs. 3 StVollzG einem zu lebenslanger Freiheitsstrafe verurteilten Gefangenen […] dann gewährt werden*" könne, „*wenn er sich bereits zehn Jahre im Vollzug befunden*" habe.[291]

Die Entscheidung über die Gewährung von Hafturlaub sei „*an dem in § 2 StVollzG normierten Vollzugsziel auszurichten, das vornehmlich darin*" bestehe, „*den Gefangenen zu befähigen, künftig in sozialer Verantwortung ein Leben ohne Straftaten zu führen*".[292] Es sei „*zu berücksichtigen, daß es sich zwar rechtlich um eine Vollzugsmaßnahme handelt, die jedoch tatsächlich einer befristeten Aufhebung des […] Strafübels nahekommt […]. Anders als bei resozialisierenden Maßnahmen, die im inneren Bereich des Vollzuges verbleiben*", gebe es „*bei der Gewährung von Regelurlaub ein besonderes Spannungsverhältnis zwischen den allgemeinen Strafzwecken, die sich in der Vollstreckung der Strafe verwirklichen sollen, und der Bestimmung des Vollzugsziels der sozialen Integration*".[293]

Das Resozialisierungsinteresse des Gefangenen aus Art. 2 Abs. 1 iVm Art. 1 Abs. 1 GG verlange nicht, „*dieses Spannungsverhältnis von vornherein im Sinne eines Übergewichts des Resozialisierungsgedankens aufzulösen*". Die Anforderungen an einen menschenwürdigen Strafvollzug dürften „*allerdings nicht außer acht gelassen werden. Je nach den Umständen des Einzelfalles, insbesondere nach den persönlichen Voraussetzungen und der Länge der bereits verbüßten Haft*", könne „*dem Interesse des Gefangenen an der Erhaltung seiner Lebenstüchtigkeit und seiner sozialen Wiedereingliederung ein Gewicht zukommen, das das der Gründe, die für einen weiteren, ununterbrochenen Vollzug sprechen, auch zu übertreffen vermag*".[294]

Das Gebot, schädlichen Auswirkungen des Vollzugs einer lebenslangen Freiheitstrafe auf die körperliche und geistige Verfassung des Gefangenen entgegenzuwirken, gewinne „*namentlich an Bedeutung*", wenn es gelte, Persönlichkeitsveränderungen zu begegnen, die die Lebenstüchtigkeit in Frage stellen und ausschließen würden, dass der Gefangene sich im normalen Leben noch zurechtfinden könne. „*Gerade wenn die Gewährung von Urlaub zur Abmilderung solcher Folgen geeignet oder gar erforderlich*" sei, dürfe die Justizvollzugsanstalt sich bei der Ausübung ihres Ermessens „*nicht damit begnügen, den hohen Schuldgehalt der*

291 BVerfG 2. Senat, E 64, 261 (272 f).
292 BVerfG 2. Senat, aaO (274 f).
293 BVerfG 2. Senat, aaO (276).
294 BVerfG 2. Senat, aaO (276 f).

Straftat als stets ausreichenden Versagungsgrund anzusehen". Sie habe „*vielmehr sämtliche wesentliche Umstände erkennbar gegeneinander abzuwägen*".[295]

4. Aussetzung einer lebenslangen Freiheitsstrafe III

Die Gestaltung des Vollzugs einer lebenslangen Freiheitsstrafe ist auch Gegenstand eines Beschlusses des Zweiten Senats aus dem Jahr 2006.

Grundlage dieses Beschlusses waren die Verfassungsbeschwerden zweier zu lebenslanger Freiheitsstrafe Verurteilter gegen die Ablehnung der Aussetzung des Strafrests zur Bewährung.[296] Der eine, im Jahr 1940 geborene und seit mehr als 34 Jahren inhaftierte, Beschwerdeführer – der schon die der Kammerentscheidung *Kriminalprognose II* (Erstes Kapitel, III.5)[297] zu Grunde liegende Verfassungsbeschwerde erhoben hatte – war wegen Mordes in Tateinheit mit versuchter Notzucht verurteilt worden.[298] Der andere, im Jahr 1944 geborene und seit mehr als 36 Jahren inhaftierte, Beschwerdeführer war wegen Mordes in zwei Fällen verurteilt worden, weil er ein Mädchen, das sein sexuelles Begehren zurückgewiesen hatte, und dessen Mutter getötet hatte.[299]

Der Zweite Senat hielt die Verfassungsbeschwerden für unbegründet.[300] „*Die Vollstreckung der lebenslangen Freiheitsstrafe über den durch die besondere Schwere der Schuld bedingten Zeitpunkt hinaus aus Gründen der Gefährlichkeit des Straftäters*" verletze „*weder die Garantie der Menschenwürde (Art. 1 Abs. 1 GG) noch das Freiheitsgrundrecht (Art. 2 Abs. 2 Satz 2 GG)*".[301] Sie sei „*auch nicht wegen möglicher Haftschäden verfassungswidrig*". Langjähriger Freiheitsentzug führe „*nicht zwangsläufig zu irreparablen Schäden […]. Auch neuere Forschungen*" bewiesen „*nicht, dass irreparable Schäden psychischer oder physischer Art notwendigerweise die Folge eines langen Freiheitsentzuges*" seien.[302]

Gesundheitliche Beeinträchtigungen auf Grund eines langjährigen Strafvollzugs seien „*gleichwohl nicht ausgeschlossen*". Um diesem Problem zu begegnen, finde die lebenslange Freiheitsstrafe ihre verfassungsrechtlich notwendige Ergänzung in einem sinnvollen Behandlungsvollzug. Der Gesetzgeber habe im

295 BVerfG 2. Senat, aaO (277).
296 BVerfG 2. Senat, Beschl. v. 08.11.2006 – 2 BvR 578, 796/02 – E 117, 71 (83).
297 S.o. Erstes Kapitel, **III.5**, S. 58 ff.
298 BVerfG 2. Senat, aaO (73 f).
299 BVerfG 2. Senat, aaO (77 f).
300 BVerfG 2. Senat, aaO (87).
301 BVerfG 2. Senat, aaO (89).
302 BVerfG 2. Senat, aaO (90 f).

StVollzG *„auch dem Vollzug der lebenslangen Freiheitsstrafe ein Behandlungs- und Resozialisierungskonzept zugrunde gelegt"*. Für zu lebenslanger Freiheitsstrafe Verurteilte gälten in gleicher Weise wie für den befristeten Freiheitsentzug die Bestimmungen über die Gestaltung des Vollzugs (§ 3 StVollzG) und das Vollzugsziel (§ 2 Satz 1 StVollzG). Die Vollzugsmaßnahmen orientierten sich gleichfalls am Ziel sozialer Integration und müssten dementsprechend auf das Leben in Freiheit vorbereiten. Die Bestimmungen über allgemeine Hafterleichterungen (§§ 10, 11 und 13 StVollzG) dienten *„der Wiedereingliederung des Delinquenten in die Gesellschaft"*. Abgesehen von § 13 Abs. 3 beinhalte das StVollzG keine Sonderregelungen für zu lebenslanger Freiheitsstrafe Verurteilte im Vergleich zu den zu zeitiger Freiheitsstrafe Verurteilten.[303]

In den Augen des Zweiten Senats wurden die angegriffenen Entscheidungen den verfassungsrechtlichen Anforderungen gerecht. Sie verletzten die Beschwerdeführer nicht in ihrer Menschenwürde.[304] Die Strafvollstreckungsgerichte hätten in nachvollziehbarer Weise angenommen, dass eine bedingte Entlassung der Beschwerdeführer mit Blick auf das Sicherheitsinteresse der Allgemeinheit nicht vertretbar sei.[305]

5. Wesentliche Grundsätze der Entscheidungen

Soweit die dargestellten Senatsentscheidungen hier[306] behandelt worden sind, lassen sich ihnen im Wesentlichen folgende Grundsätze entnehmen:

Der verurteilte Straftäter muss die Chance haben, sich nach Verbüßung seiner Strafe wieder in die Gemeinschaft einzuordnen (Resozialisierungsinteresse, Art. 2 Abs. 1 iVm Art. 1 GG). Die Resozialisierung des Strafgefangenen ist die wichtigste Aufgabe des Strafvollzugs[307] (*Lebach* (1)).

Angesichts der dem zu lebenslanger Freiheitsstrafe Verurteilten garantierten Aussicht auf Freiheit (Art. 1 Abs. 1 GG) muss auch der zu lebenslanger Freiheitsstrafe Verurteilte einen Anspruch auf Resozialisierung (Art. 2 Abs. 1 iVm Art. 1 GG) haben. Denn auch bei lebenslanger Freiheitsstrafe kann der Strafvollzug die Voraussetzungen für eine Entlassung schaffen und dem Verurteilten die Wiedereingliederung in die Gesellschaft erleichtern. Die Justizvollzugsanstalt ist deshalb auch bei zu lebenslanger Freiheitsstrafe Verurteilten dazu verpflichtet,

---

303 BVerfG 2. Senat, aaO (91 f).

304 BVerfG 2. Senat, aaO (87 f).

305 BVerfG 2. Senat, aaO (116, 121).

306 S. schon oben Erstes Kapitel, **II**, S. 18 ff.

307 S.o. **1**, S. 72 f.

auf ihre Resozialisierung hinzuwirken, sie lebenstüchtig zu erhalten und schädlichen Auswirkungen des Freiheitsentzugs, insbesondere Persönlichkeitsveränderungen, entgegenzuwirken[308] (*Lebenslange Freiheitsstrafe* (2)).

Dem Ziel, schädlichen Auswirkungen des Freiheitsentzugs so weit wie möglich zu begegnen, dient unter anderem der Hafturlaub.[309] Bei der Entscheidung über die Gewährung von Hafturlaub ist zu berücksichtigen, dass dieser rechtlich eine Maßnahme des Strafvollzugs ist, die tatsächlich auf eine vorübergehende Unterbrechung des Strafvollzugs hinausläuft. Das Resozialisierungsinteresse des Strafgefangenen (Art. 2 Abs. 1 iVm Art. 1 Abs. 1 GG) verlangt nicht von vornherein, das entsprechende Spannungsverhältnis zwischen den Strafzwecken und dem Vollzugsziel, dem Ziel der Resozialisierung des Gefangenen, zu Gunsten des Resozialisierungsgedankens aufzulösen. Abhängig von den Umständen des Einzelfalls, insbesondere der Dauer der schon verbüßten Haft, aber kann das Interesse des Gefangenen an der Erhaltung seiner Lebenstüchtigkeit und seiner Wiedereingliederung in die Gesellschaft die Gründe für einen weiteren, ununterbrochenen Strafvollzug überwiegen[310] (*Hafturlaub* (3)).

Die Vollstreckung einer lebenslangen Freiheitsstrafe über den durch die besondere Schwere der Schuld bedingten Zeitpunkt hinaus auf Grund der Gefährlichkeit des Verurteilten verletzt nicht die Menschenwürde (Art. 1 Abs. 1 GG). Insbesondere führt langjähriger Freiheitsentzug nicht zwangsläufig zu irreparablen psychischen oder physischen Schäden.[311] Gesundheitliche Beeinträchtigungen auf Grund eines langen Strafvollzugs sind allerdings auch nicht ausgeschlossen. Verfassungsrechtlich notwendige Ergänzung der lebenslangen Freiheitsstrafe ist deshalb ein sinnvoller Behandlungsvollzug. Im Hinblick darauf hat der Gesetzgeber im StVollzG auch dem Vollzug der lebenslangen Freiheitsstrafe ein Behandlungs- und Resozialisierungskonzept zu Grunde gelegt[312] (*Aussetzung einer lebenslangen Freiheitsstrafe III* (4)).

III. Kammerrechtsprechung

Gegenstand der Kammerrechtsprechung in Bezug auf Vollzugsgestaltung und Menschenwürde sind Entscheidungen der Justizvollzugsanstalten über den Vollzugsplan, Vollzugslockerungen und Verlegungen.

---

308 S.o. **2**, S. 73 f.

309 S.o. **3**, S. 74 f.

310 S.o. **3**, S. 75.

311 S.o. **4**, S. 76.

312 S.o. **4**, S. 76 f.

1. Einsicht in den Vollzugsplan

Die erste Kammerentscheidung in Bezug auf den Vollzugsplan ist ein stattgebender Beschluss aus dem Jahr 2003. Grundlage war die Verfassungsbeschwerde eines Strafgefangenen gegen die Ablehnung der Aushändigung einer Abschrift des Vollzugsplans.

1.1 Gegenstand des Verfahrens

Der Beschwerdeführer verbüßte eine lebenslange Freiheitsstrafe wegen Mordes. Nach einer Haftdauer von etwa neun Jahren beantragte er bei der Justizvollzugsanstalt, ihm Abschriften seines Vollzugsplans nebst Fortschreibungen und des Protokolls über die letzte Vollzugsplanfortschreibung auszuhändigen. Das lehnte die Anstalt ab. Die Aushändigung einer Abschrift des Vollzugsplans sei nicht erforderlich. Denn der Inhalt des Vollzugsplans sei dem Beschwerdeführer gerade erst mündlich eröffnet worden. Dabei habe er sich Notizen machen können.[313]

Den vom Beschwerdeführer gegen die Entscheidung der Justizvollzugsanstalt gestellten Antrag auf gerichtliche Entscheidung wies die Strafvollstreckungskammer zurück.[314] Die von ihm dagegen eingelegte Rechtsbeschwerde wurde vom Oberlandesgericht verworfen.[315]

Mit seiner Verfassungsbeschwerde rügte der Beschwerdeführer eine Verletzung seiner Rechte aus Art. 2 Abs. 1 iVm Art. 1 Abs. 1 GG. Die Ablehnung der Aushändigung der begehrten Aktenauszüge verletze ihn in seinem Anspruch auf aktive Beteiligung an seiner Resozialisierung und darauf, die Wahrung seiner Rechte betreffend die Vollzugsplanung zu überprüfen.[316]

1.2 Entscheidung der Kammer

Die 2. Kammer des Zweiten Senats hielt die Verfassungsbeschwerde für offensichtlich begründet. Die Entscheidungen der Strafvollstreckungskammer und des Oberlandesgerichts verletzten den Beschwerdeführer in seinen Rechten aus Art. 2 Abs. 1 iVm Art. 1 Abs. 1 GG.[317] Die Annahme der Gerichte, dass der Beschwerdeführer auf eine mündliche Unterrichtung über den Inhalt des

313 BVerfG 2. Senat 2. Kammer, Beschl. v. 21.01.2003 – 2 BvR 406/02 – juris, Ziff. 2 f.

314 BVerfG 2. Senat 2. Kammer, aaO Ziff. 4.

315 BVerfG 2. Senat 2. Kammer, aaO Ziff. 5.

316 BVerfG 2. Senat 2. Kammer, aaO Ziff. 6.

317 BVerfG 2. Senat 2. Kammer, aaO Ziff. 8.

Vollzugsplans verwiesen werden könne, sei verfassungsrechtlich nicht haltbar. Aus dem Resozialisierungsinteresse des Strafgefangenen (Art. 2 Abs. 1 iVm Art. 1 Abs. 1 GG), das *„auch darauf gerichtet"* sei, *„Rahmenbedingungen herzustellen, die seiner Bewährung und Wiedereingliederung förderlich sind"*, folge ein Anspruch des Gefangenen darauf, *„über den Vollzugsplan so unterrichtet zu werden, dass ihm die Mitwirkung an seiner Behandlung möglich"* sei *„und er seine die Vollzugsplanung betreffenden Rechte wahrnehmen"* könne.[318] Der Vollzugsplan sei *„vom Strafvollzugsgesetz als zentrales Element des dem Resozialisierungsziel verpflichteten Vollzugs konzipiert"*. Als *„eine Art ‚Gesamt-Fahrplan'"*[319] sei er *„das ‚Kernstück' eines behandlungsorientierten Vollzugs"*[320], an dem der Gefangene *„sich aktiv beteiligen können"* solle.[321]

„Dem grundrechtlich geschützten Resozialisierungsinteresse des Strafgefangenen und der Bedeutung des Vollzugsplans in diesem Zusammenhang würde es nicht gerecht", wenn dem Gefangenen eine Einsichtnahme in den Vollzugsplan unter Verweis auf mündliche Auskünfte verweigert werden könnte. Ohne *„Zugang zur schriftlichen Fassung des Vollzugsplans"* sei der Gefangene nicht in der Lage, *„die Vollständigkeit und Richtigkeit der ihm erteilten Auskunft zu überprüfen"*. Deshalb würde der Verweis auf mündliche Auskünfte *„dem zentralen Anliegen des Vollzugsplans zuwiderlaufen, dem Gefangenen – im Rahmen des Möglichen – eine gewisse Planungssicherheit und damit eine Grundlage für eigenes zukunftsorientiertes Verhalten zu vermitteln"*.[322]

Zwar unterliege der Vollzugsplan gerade bei längeren Freiheitsstrafen der Weiterentwicklung, insbesondere in Abhängigkeit von der Entwicklung des Gefangenen. Deshalb sei nicht auszuschließen, dass ein Gefangener sich auf eine ihm zur Kenntnis gegebene Vollzugsplanung berufe, wenn sie schon überholt sei. Diese Möglichkeit sei aber unabhängig davon, ob die Justizvollzugsanstalt die Gefangenen mündlich oder schriftlich über den Inhalt des Vollzugsplans informiere. Wenn der Verweis auf mündliche Auskünfte als Mittel eingesetzt werde, um dem Gefangenen den Gebrauch seines Wissens über den Inhalt des Vollzugsplans zu erschweren, so zeige sich gerade darin, dass diese Beschränkung der verfassungsrechtlichen Rechtsstellung des Gefangenen nicht gerecht

---

318 BVerfG 2. Senat 2. Kammer, aaO Ziff. 9 f.

319 Hier zitiert die Kammer *Calliess, Rolf-Peter / Müller-Dietz, Heinz*, Strafvollzugsgesetz, Kommentar, 9. Auflage, München 2002, § 7 Rn 2.

320 Hier zitiert die Kammer *Mey, Hans-Georg*, in: *Schwind, Hans-Dieter / Böhm, Alexander* (Hrsg.), Strafvollzugsgesetz, Kommentar, 3. Auflage, Berlin / New York 1999, § 7 Rn 3.

321 BVerfG 2. Senat 2. Kammer, aaO Ziff. 9 ff.

322 BVerfG 2. Senat 2. Kammer, aaO Ziff. 12.

werde. Das Anliegen, Missverständnisse und Enttäuschungen zu verhindern, möge mündliche Auskünfte sinnvoll erscheinen lassen, könne einen Verweis des Gefangenen auf diese Informationsform aber nicht rechtfertigen.[323]

Die 2. Kammer des Zweiten Senats ließ offen, ob der Strafgefangene auf Grund seines geschützten Interesses an der Kenntnis der schriftlichen Fassung des Vollzugsplans einen Anspruch *„gerade auf Aushändigung einer Abschrift"* hat. Die tragende Erwägung, auf Grund derer die Gerichte einen solchen Anspruch verneint hätten, allerdings begegne *„durchgreifenden verfassungsrechtlichen Bedenken"*. Die Gerichte seien übereinstimmend davon ausgegangen, dass die Frage eines Anspruchs auf Aushändigung einer Abschrift des Vollzugsplans anhand der Bestimmungen über die Gewährung von Akteneinsicht zu beantworten ist. Einen Anspruch des Beschwerdeführers auf Aushändigung einer Abschrift des Vollzugsplans hätten sie verneint, weil die Voraussetzungen eines Akteneinsichtsrechts nach § 185 StVollzG[324] nicht gegeben seien.[325] § 185 StVollzG aber gewähre dem Gefangenen einen Anspruch auf Akteneinsicht, wenn eine mündliche Auskunft für die Wahrung seiner rechtlichen Interessen nicht ausreicht. Bei grundrechtskonformer Auslegung dieser Bestimmung sei aus den *„dargelegten Gründen die Erforderlichkeit der Akteneinsicht zur Wahrung der rechtlichen Interessen des Gefangenen jedenfalls dann gegeben, wenn der Gefangene Einsicht in seinen Vollzugsplan begehrt"*.[326]

1.3 Wesentlicher Inhalt, Einordnung und Würdigung der Entscheidung

In dieser Entscheidung befasst sich die 2. Kammer des Zweiten Senats mit dem Vollzugsplan (§ 7 StVollzG) der Justizvollzugsanstalt. Den einschlägigen verfassungsrechtlichen Maßstab entnimmt sie dem Urteil *Lebenslange Freiheitsstrafe* (II.2): Sie stellt fest, dass das Resozialisierungsinteresse des Strafgefangenen (Art. 2 Abs. 1 iVm Art. 1 Abs. 1 GG) auf die Schaffung von Bedingungen gerichtet ist, die seine Bewährung und seine Wiedereingliederung in die Gesellschaft fördern.[327] Ausgehend davon stellt sie weiter fest: Das StVollzG konzipiert den

---

323 BVerfG 2. Senat 2. Kammer, aaO Ziff. 13.

324 Der Betroffene erhält nach Maßgabe des § 19 des Bundesdatenschutzgesetzes Auskunft und, soweit eine Auskunft für die Wahrnehmung seiner rechtlichen Interessen nicht ausreicht und er hierfür auf die Einsichtnahme angewiesen ist, Akteneinsicht (§ 185 Satz 1 StVollzG).

325 BVerfG 2. Senat 2. Kammer, aaO Ziff. 14.

326 BVerfG 2. Senat 2. Kammer, aaO Ziff. 15.

327 S.o. **1.2**, S. 80. Vgl. oben **II.2**, S. 74.

Vollzugsplan als wesentliches Element des dem Resozialisierungsziel verpflichteten Strafvollzugs.[328] Der Vollzugsplan hat in erster Linie die Funktion, dem Gefangenen so weit wie möglich Sicherheit in Bezug auf die Vollzugsplanung und dadurch eine Grundlage für zukunftsorientiertes Verhalten zu geben.[329]

Aus Funktion und Bedeutung des Vollzugsplans für die Resozialisierung des Gefangenen leitet die Kammer folgende Grundsätze ab: Der Gefangene hat einen Anspruch darauf, über den Vollzugsplan so informiert zu werden, dass er an seiner Behandlung mitwirken und seine Rechte betreffend die Vollzugsplanung wahrnehmen kann.[330] Auf Antrag muss die Justizvollzugsanstalt dem Gefangenen Einsicht in den Vollzugsplan gewähren.[331] Sie darf ihn nicht auf mündliche Auskünfte verweisen, weil er mündliche Auskünfte über den Inhalt des Vollzugsplans nur durch Zugang zum Vollzugsplan selbst auf Richtigkeit und Vollständigkeit überprüfen kann.[332]

2. Inhalt des Vollzugsplans

Die nächste Kammerentscheidung in Bezug auf den Vollzugsplan ist ein stattgebender Beschluss aus dem Jahr 2006. Grundlage war die Verfassungsbeschwerde eines Strafgefangenen gegen den Inhalt des Vollzugsplans.

2.1 Gegenstand des Verfahrens

Der Beschwerdeführer verbüßte eine lebenslange Freiheitsstrafe wegen Mordes. Das Schwurgericht hatte eine besondere Schwere der Schuld festgestellt.[333] Der Vollzugsplan aus dem Jahr 1994 war zuletzt im Jahr 2004 fortgeschrieben worden. Im Jahr 2005 beantragte der Beschwerdeführer Auskunft über die letzte Vollzugsplanfortschreibung, Akteneinsicht, die Aushändigung einer Abschrift der Vollzugsplanfortschreibung sowie die Aushändigung eines Protokolls über die Vollzugsplankonferenz, aus dem sich Zeit und Ort, die Teilnehmer, die Inhalte und seine gesetzlich vorgesehene Beteiligung ergäben.[334] Die Justizvollzugsanstalt beschied den Beschwerdeführer dahingehend, dass das Ergebnis der Vollzugsplanfortschreibung ihm schon eröffnet worden sei. Ihm sei Gelegenheit

328 S.o. **1.2**, S. 80.
329 S.o. **1.2**, S. 80.
330 S.o. **1.2**, S. 80.
331 S.o. **1.2**, S. 81.
332 S.o. **1.2**, S. 79 f.
333 BVerfG 2. Senat 2. Kammer, Beschl. v. 25.09.2006 – 2 BvR 2132/05 – juris, Ziff. 2.
334 BVerfG 2. Senat 2. Kammer, aaO Ziff. 2 f.

gegeben worden, die Änderungen auf einer Abschrift des Vollzugsplans nachzutragen, die ihm ausgehändigt worden sei. Ein Protokoll über die Vollzugsplankonferenz gebe es nicht.[335]

Den gegen die Entscheidung der Justizvollzugsanstalt gestellten Antrag des Beschwerdeführers auf gerichtliche Entscheidung wies die Strafvollstreckungskammer zurück. Seine Rechtsbeschwerde wurde vom Oberlandesgericht verworfen.[336]

Mit seiner Verfassungsbeschwerde rügte der Beschwerdeführer eine Verletzung seiner Rechte aus Art. 2 Abs. 1 iVm Art. 1 Abs. 1 GG. Der Vollzugsplan verletze ihn in seinem Anspruch auf Resozialisierung. Jedenfalls bei längerem Freiheitsentzug seien in der Regel komplexere Behandlungsmaßnahmen erforderlich und müsse den negativen Auswirkungen des Strafvollzugs sowie der Entfremdung von den allgemeinen Lebensverhältnissen entgegengewirkt werden.[337]

2.2 Entscheidung der Kammer

Die 2. Kammer des Zweiten Senats nahm die Verfassungsbeschwerde zur Entscheidung an, soweit der Beschwerdeführer die Aufhebung des Vollzugsplans und die Verpflichtung der Justizvollzugsanstalt zur Aufstellung eines neuen, den gesetzlichen Anforderungen genügenden Vollzugsplans begehrte. Insoweit verletze die Entscheidung der Strafvollstreckungskammer den Beschwerdeführer in seinen Rechten aus Art. 2 Abs. 1 iVm Art. 1 Abs. 1 und Art. 19 Abs. 4 GG.[338]

Der Vollzug von Freiheitsstrafen sei nicht nur auf Grund einfachen Rechts, sondern auch von Verfassungs wegen dem Ziel der Resozialisierung verpflichtet.[339] Der Vollzugsplan, den die Justizvollzugsanstalt aufzustellen und kontinuierlich fortzuschreiben habe, sei ein zentrales Element eines am Resozialisierungsziel ausgerichteten Vollzugs. Er diene der Konkretisierung des Vollzugsziels für den einzelnen Gefangenen und bilde „*mit richtungsweisenden Grundentscheidungen zum Vollzugs- und Behandlungsablauf einen Orientierungsrahmen für den Gefangenen wie für die Vollzugsbediensteten*“. Das setze voraus, dass er „*auf die Entwicklung des Gefangenen und die in Betracht kommenden Behandlungsansätze in zureichender, Orientierung ermöglichender Weise eingeht*“. Ein Vollzugsplan,

335 BVerfG 2. Senat 2. Kammer, aaO Ziff. 3.
336 BVerfG 2. Senat 2. Kammer, aaO Ziff. 7 f.
337 BVerfG 2. Senat 2. Kammer, aaO Ziff. 9 f.
338 BVerfG 2. Senat 2. Kammer, aaO Ziff. 13.
339 BVerfG 2. Senat 2. Kammer, aaO Ziff. 14.

der *„die diesbezüglichen Mindestanforderungen"* nicht erfülle, genüge *„auch den grundrechtlichen Anforderungen nicht"*.[340]

Angesichts der Verpflichtung, dem zu lebenslanger Freiheitsstrafe Verurteilten eine Chance auf Wiedererlangung der Freiheit zu eröffnen, gelte das auch bei lebenslanger Freiheitsstrafe. Hier müsse *„jedenfalls bei schon länger andauerndem Vollzug unabhängig davon, ob ein Entlassungszeitpunkt sich bereits konkret abzeichnet, die Vollzugsplanung besonders auch auf die Vermeidung schädigender Auswirkungen lang dauernden Freiheitsentzuges als ein wesentliches Teilelement des Resozialisierungsauftrages […] ausgerichtet sein"*.[341]

Wegen seiner Bedeutung für die Erreichung des Vollzugsziels müsse der Vollzugsplan *„nicht nur für den Gefangenen verständlich sein und ihm als Leitlinie für die Ausrichtung seines künftigen Verhaltens dienen können"*. Es müsse *„auch eine den Anforderungen des Art. 19 Abs. 4 GG genügende gerichtliche Kontrolle daraufhin möglich sein"*, ob die Justizvollzugsanstalt die Bestimmungen über das Aufstellungsverfahren eingehalten und ihr Gestaltungsermessen fehlerfrei ausgeübt hat. Das verlange *„Nachvollziehbarkeit der rechtserheblichen Abläufe und Erwägungen, die durch geeignete Dokumentation sicherzustellen"* sei.[342]

Der Vollzugsplan müsse *„erkennen lassen"*, dass nicht nur eine *„Beurteilung des bisherigen Behandlungsverlaufs"* vorgenommen worden ist, sondern auch eine *„Auseinandersetzung mit den zukünftig erforderlichen Maßnahmen"* stattgefunden hat. Im Hinblick darauf seien *„wenigstens in groben Zügen die tragenden Gründe darzustellen, welche die Anstalt zur Befürwortung oder zur Verwerfung bestimmter Maßnahmen veranlasst"* haben. *„Zeit, Ort und Teilnehmer sowie der wesentliche Inhalt der Vollzugsplankonferenz"* seien *„aktenkundig zu machen"*. Ob es eines Protokolls über die Vollzugsplankonferenz bedarf, könne dahinstehen. Jedenfalls müssten *„die für den Gefangenen einsehbaren Unterlagen eine hinreichende Auseinandersetzung"* mit seiner Person *„im Rahmen der seiner Vollzugsplanung gewidmeten Konferenz erkennen lassen"*.[343]

In den Augen der 2. Kammer des Zweiten Senats wurde die Entscheidung der Strafvollstreckungskammer den verfassungsrechtlichen Anforderungen nicht gerecht. Der Vollzugsplan gebe keinen Aufschluss über die zur Verwirklichung des Resozialisierungsinteresses des Beschwerdeführers für erforderlich gehaltenen Maßnahmen. Auch sei keine hinreichende gerichtliche Kontrolle des

---

340 BVerfG 2. Senat 2. Kammer, aaO Ziff. 16.
341 BVerfG 2. Senat 2. Kammer, aaO Ziff. 17.
342 BVerfG 2. Senat 2. Kammer, aaO Ziff. 19.
343 BVerfG 2. Senat 2. Kammer, aaO.

Vollzugsplans daraufhin möglich, ob er das Ergebnis des Zusammenwirkens der an der Behandlung des Beschwerdeführers maßgeblich Beteiligten sei.[344]

Die dem Beschwerdeführer ausgehändigten Aufzeichnungen erschöpften sich in einer *„lückenhaften und zusammenhanglosen Akkumulation rudimentärer Einträge"* und ließen ein Behandlungskonzept nicht einmal im Ansatz erkennen. Nach dem Erstvermerk aus dem Jahr 1994 fänden sich in den einzelnen Rubriken des Vollzugsplans nur knappe handschriftliche Ergänzungen und Datumsstempel. Letztere seien zum großen Teil keinem inhaltlichen Nachtrag zuzuordnen und hätten offenbar nur den Sinn, eine Befassung mit der betreffenden Rubrik zu dokumentieren, ohne dass über den Inhalt der Befassung irgendetwas ersichtlich würde.[345]

Unter der Rubrik *„Berufliche Bildungsmaßnahmen"* halte schon der Erstvermerk das Interesse des Beschwerdeführers an einer Lehre zum Elektriker oder Radio- und Fernsehtechniker fest. Entsprechende fördernde Maßnahmen oder Planungen der Justizvollzugsanstalt seien aber kaum zu erkennen. Abgesehen von der Arbeit in der Druckerei, einer mehrmonatigen Teilnahme am Schach und einer mehrfachen Teilnahme am Malen/Zeichnen sei eine Einbindung des Beschwerdeführers in Aktivitäten der Anstalt genauso wenig dokumentiert wie irgendwelche Planungen in diese Richtung. Die Rubrik *„Lockerungen des Vollzuges und Urlaub"* beinhalte trotz der zehn Jahre deutlich überschreitenden Haftdauer ausschließlich den Eintrag, der Beschwerdeführer solle *„ermuntert"* werden, die gebotene Vollstreckungsdauer feststellen zu lassen; bis dahin seien keine Planungen möglich.[346]

Der Umstand, dass über zehn Jahre nach Aufstellung des Vollzugsplans nicht ersichtlich sei, was für eine Wiedereingliederungsperspektive des Beschwerdeführers unternommen werden solle, lasse sich nicht dadurch rechtfertigen, dass der Entlassungszeitpunkt im Zeitpunkt der letzten Vollzugsplanfortschreibung nicht näher habe bestimmt werden können.[347]

Das Vorbringen der Justizvollzugsanstalt, die erforderliche Konferenz aller an der Behandlung des Beschwerdeführers maßgeblich Beteiligten habe stattgefunden, sei einer Bestätigung oder Widerlegung nicht zugänglich. Außer der Stellungnahme der Anstalt finde sich in den Gerichtsakten kein Hinweis darauf, dass es *„jemals zu einem organisierten Austausch über die Person des*

---

344 BVerfG 2. Senat 2. Kammer, aaO Ziff. 20 f.

345 BVerfG 2. Senat 2. Kammer, aaO Ziff. 22 f.

346 BVerfG 2. Senat 2. Kammer, aaO Ziff. 30 f.

347 BVerfG 2. Senat 2. Kammer, aaO Ziff. 32.

Beschwerdeführers und zu einer hierauf basierenden Planung der Vollzugsperspektiven gekommen wäre“.[348]

2.3 Wesentlicher Inhalt, Einordnung und Würdigung der Entscheidung

Auch in dieser Entscheidung befasst sich die 2. Kammer des Zweiten Senats mit dem Vollzugsplan der Justizvollzugsanstalt. In Übereinstimmung mit ihrer Entscheidung *Einsicht in den Vollzugsplan* (1) stellt sie fest: Der Vollzug einer Freiheitsstrafe ist von Verfassungs wegen dem Ziel der Resozialisierung des Gefangenen verpflichtet. Der Vollzugsplan ist ein wesentliches Element des auf Resozialisierung ausgerichteten Strafvollzugs. Er soll dem Gefangenen Orientierung geben im Hinblick auf die Erreichung des Vollzugsziels.[349]

Aus der Funktion des Vollzugsplans für die Resozialisierung des Gefangenen folgen für die Kammer Anforderungen an seinen Inhalt: Der Vollzugsplan muss Grundentscheidungen über die Vollzugsgestaltung treffen.[350] Er muss in Orientierung ermöglichender Weise auf den vergangenen Vollzugsverlauf, die Entwicklung des Gefangenen und die in Betracht kommenden weiteren Behandlungsmaßnahmen eingehen.[351]

Angesichts der dem zu lebenslanger Freiheitsstrafe Verurteilten garantierten Aussicht auf Freiheit (Art. 1 Abs. 1 GG) gelten diese Anforderungen für die Kammer auch bei lebenslanger Freiheitsstrafe. In Bezug auf lebenslange Freiheitsstrafen verlangt sie mit Blick auf das Urteil *Lebenslange Freiheitsstrafe* (II.2) darüber hinaus, dass die Justizvollzugsanstalt die Vollzugsplanung jedenfalls nach längerem Strafvollzug unabhängig vom Entlassungszeitpunkt insbesondere darauf ausrichtet, schädliche Auswirkungen des Freiheitsentzugs zu verhindern.[352]

Aus der Bedeutung des Vollzugsplans für die Erreichung des Vollzugsziels folgt für die Kammer, dass eine der Rechtsschutzgarantie (Art. 19 Abs. 4 GG) genügende gerichtliche Überprüfung seiner Aufstellung und seiner Fortschreibungen möglich sein muss. Im Hinblick darauf hat die Justizvollzugsanstalt die entsprechenden Vorgänge und Erwägungen hinreichend zu dokumentieren. Die Gründe, die für oder gegen bestimmte Behandlungsmaßnahmen sprechen, sind wenigstens in groben Zügen darzustellen. Zeit, Ort, Teilnehmer und der wesentliche Inhalt der Vollzugsplankonferenz sind aktenkundig zu machen. Die

---

348 BVerfG 2. Senat 2. Kammer, aaO.

349 S.o. **2.2**, S. 83 f. Vgl. oben **1.2**, S. 80.

350 S.o. **2.2**, S. 83.

351 S.o. **2.2**, S. 83 f.

352 S.o. **2.2**, S. 84 und S. 85. Vgl. oben **II.2**, S. 73 f.

Dokumentation, in die dem Gefangenen auf Antrag Einsicht zu gewähren ist, muss eine hinreichende Auseinandersetzung mit seiner Person anlässlich der Vollzugsplankonferenz erkennen lassen.[353]

3. Ausführung I

Die erste Kammerentscheidung betreffend Vollzugslockerungen – die erste Kammerentscheidung überhaupt in Bezug auf Vollzugsgestaltung und Menschenwürde – ist ein stattgebender Beschluss aus dem Jahr 1997. Grundlage war die Verfassungsbeschwerde eines Strafgefangenen gegen die Versagung einer Ausführung.

3.1 Gegenstand des Verfahrens

Der Beschwerdeführer verbüßte eine lebenslange Freiheitsstrafe wegen Mordes. Seit dem Jahr 1985 war er ununterbrochen in Haft.[354] Im Jahr 1995 beantragte er die Gewährung einer Ausführung. Das lehnte die Justizvollzugsanstalt ab. Es sei zu befürchten, dass er die beantragte Vollzugslockerung trotz *„der bald elfjährigen Haftdauer, seiner fünfjährigen erfreulichen Entwicklung in der […] Anstalt, seiner fortgesetzt überdurchschnittlichen, kontinuierlichen, zufriedenstellenden Arbeitsleistung, seines tadelfreien Vollzugsverhaltens und anerkennenswerten Bemühens, sich in das Anstaltsleben zu integrieren und seiner intakten Beziehungen zu nahen Angehörigen“* zur Flucht missbrauchen werde. Die seiner Verurteilung zu Grunde liegende Tat werde *„unter dem Gesichtspunkt der Schwere der Schuld nach aller bisherige(n) Erfahrung […] summarische(r) Prüfung zufolge noch einen langjährigen Freiheitsentzug veranlassen, der bei dem relativ jungen und vitalen Gefangenen nach wie vor einen erheblichen Fluchtanreiz“* begründe. Dass der Strafvollzug beim Beschwerdeführer zu schädlichen Folgen geführt habe, sei derzeit nicht zu befürchten. Der Beschwerdeführer sei ein *„kerngesunder, ausgesprochen vitaler, kräftiger und zukunftsorientierter Mann von 33 Jahren“*.[355]

Den hiergegen gestellten Antrag des Beschwerdeführers auf gerichtliche Entscheidung wies die Strafvollstreckungskammer zurück.[356] Das Oberlandesgericht verwarf seine Rechtsbeschwerde.[357]

---

353 S.o. **2.2**, S. 84 ff.

354 BVerfG 2. Senat 2. Kammer, Beschl. v. 12.11.1997 – 2 BvR 615/97 – juris, Ziff. 2 f.

355 BVerfG 2. Senat 2. Kammer, aaO Ziff. 3 f.

356 BVerfG 2. Senat 2. Kammer, aaO Ziff. 5.

357 BVerfG 2. Senat 2. Kammer, aaO Ziff. 6.

Mit seiner Verfassungsbeschwerde rügte der Beschwerdeführer eine Verletzung seiner Rechte aus Art. 2 Abs. 1 iVm Art. 1 Abs. 1 GG (Resozialisierungsprinzip). Die Strafvollstreckungskammer mache sich die Erwägungen der Justizvollzugsanstalt über die voraussichtliche Vollstreckungsdauer ungeprüft zu eigen, obwohl eine Gerichtsentscheidung über die besondere Schwere der Schuld noch ausstehe. Die beantragte Ausführung sei notwendig, weil er seit seinem 22. Lebensjahr inhaftiert und die Gefahr von Haftschäden in seinem Alter sehr groß sei.[358]

3.2 Entscheidung der Kammer

Die 2. Kammer des Zweiten Senats hielt die Verfassungsbeschwerde für offensichtlich begründet.[359] Androhung und Vollstreckung der lebenslangen Freiheitsstrafe fänden ihre verfassungsrechtlich notwendige Ergänzung in einem sinnvollen Behandlungsvollzug (Art. 2 Abs. 1 iVm Art. 1 Abs. 1 GG). Mit Blick auf die Grundrechte der eine lebenslange Freiheitsstrafe verbüßenden Gefangenen seien die Justizvollzugsanstalten deshalb verpflichtet, schädlichen Auswirkungen des Freiheitsentzugs, vor allem Persönlichkeitsstörungen, die die Lebenstüchtigkeit in Frage stellen und ausschließen würden, dass der Gefangene sich im normalen Leben noch zurechtzufinden vermag, im Rahmen des Möglichen zu begegnen. Diesem Ziel diene auch der Urlaub, der einem zu lebenslanger Freiheitsstrafe Verurteilten gewährt werden könne, wenn er sich zehn Jahre im Vollzug befunden habe. Auch ein Ausgang oder eine Ausführung könnten *„als Behandlungsmaßnahme der Vollzugslockerung Resozialisierungszielen dienen“*. Das StVollzG lasse *„solche Maßnahmen auch bei zu lebenslanger Freiheitsstrafe Verurteilten zu, die noch nicht zehn Jahre ihrer Strafe verbüßt haben“*.[360]

Bei der Gewährung eines Ausgangs oder einer Ausführung sei jedoch zu berücksichtigen, dass es sich um Vollzugslockerungen handle, die einer befristeten Aufhebung des Strafübels nahekommen. Denn daraus ergebe sich ein Spannungsverhältnis zwischen dem rechtsstaatlichen Interesse daran, rechtskräftige Freiheitsstrafen zu vollstrecken und die Allgemeinheit vor Straftaten zu schützen, und dem Gebot der sozialen Integration des Gefangenen. Der Gewährung von Vollzugslockerungen seien *„insbesondere dort Schranken gesetzt, wo die Befürchtung besteht, der Gefangene werde sich dem Vollzug der Freiheitsstrafe entziehen oder eine Lockerung des Vollzugs zu Straftaten mißbrauchen“*. Aus dem

---

358 BVerfG 2. Senat 2. Kammer, aaO Ziff. 7.
359 BVerfG 2. Senat 2. Kammer, aaO Ziff. 9.
360 BVerfG 2. Senat 2. Kammer, aaO Ziff. 10.

Resozialisierungsgebot aber folge, *„daß das Interesse des Gefangenen, vor den schädlichen Folgen aus der langjährigen Inhaftierung bewahrt zu werden und seine Lebenstüchtigkeit im Falle der Entlassung aus der Haft zu behalten, um so höheres Gewicht hat, je länger die Vollstreckung einer Freiheitsstrafe bereits andauert"*. Die Justizvollzugsanstalt dürfe sich *„in diesen Fällen nicht auf bloße pauschale Wertungen oder auf den Hinweis einer abstrakten Flucht- oder Mißbrauchsgefahr im Sinne von § 11 Abs. 2 StVollzG beschränken"*. Vielmehr habe sie *„im Rahmen einer Gesamtwürdigung nähere Anhaltspunkte darzulegen, welche geeignet sind, die Prognose einer Flucht- oder Mißbrauchsgefahr in der Person des Gefangenen zu konkretisieren [...]. Das mit jeder Vollzugslockerung verbundene Risiko eines Entweichens aus der Haft oder eines Mißbrauchs der Maßnahme zu Straftaten"* müsse *„aus diesen Gründen heraus unvertretbar, die Befürchtung einer Flucht- oder Mißbrauchsgefahr mithin unüberwindbar erscheinen"*.[361]

Versage die Justizvollzugsanstalt eine Vollzugslockerung wegen einer Flucht- oder Missbrauchsgefahr, so habe das Strafvollstreckungsgericht zu prüfen, ob sie die unbestimmten Rechtsbegriffe des Befürchtens von Flucht oder Missbrauch zutreffend ausgelegt und angewendet hat. Zwar eröffne der Versagungsgrund der Flucht- oder Missbrauchsgefahr der Anstalt einen Beurteilungsspielraum, innerhalb dessen sie mehrere vertretbare Entscheidungen treffen könne. Dieser Beurteilungsspielraum entbinde das Strafvollstreckungsgericht aber nicht von seiner Verpflichtung, den Sachverhalt umfassend aufzuklären und festzustellen, ob die Anstalt den ihrer Entscheidung zu Grunde gelegten Sachverhalt zutreffend und vollständig ermittelt hat. Sofern das Strafvollstreckungsgericht hiervon ausgegangen sei, prüfe das BVerfG nur nach, ob das Gericht der Justizvollzugsanstalt nicht einen zu weiten Beurteilungsspielraum zugestanden *„und damit Bedeutung und Tragweite des verfassungsrechtlich geschützten Resozialisierungsanspruchs (Art. 2 Abs. 1 i.V.m. Art. 1 Abs. 1 GG) verkannt hat"*.[362]

In den Augen der 2. Kammer des Zweiten Senats genügte die Entscheidung der Strafvollstreckungskammer den verfassungsrechtlichen Anforderungen nicht. Mit der Annahme, die Versagung der Ausführung könne wegen einer noch langjährigen Inhaftierung des Beschwerdeführers auf eine Fluchtgefahr gestützt werden, verkenne die Strafvollstreckungskammer das Gewicht des Resozialisierungsprinzips. Auch missachte sie den *„selbstgewählten Maßstab"*, wonach sie zu prüfen habe, ob die Justizvollzugsanstalt von einem zutreffend und vollständig ermittelten Sachverhalt ausgegangen sei.[363]

---

361 BVerfG 2. Senat 2. Kammer, aaO Ziff. 11.
362 BVerfG 2. Senat 2. Kammer, aaO Ziff. 12 f.
363 BVerfG 2. Senat 2. Kammer, aaO Ziff. 14 f.

Im Zeitpunkt der Versagung der Ausführung sei der Beschwerdeführer fast elf Jahre ununterbrochen im Strafvollzug gewesen. Mithin habe er *„auf eine Haftdauer von mehr als zehn Jahren verweisen“* können, *„bei der das Strafvollzugsgesetz für Gefangene, die zu einer lebenslangen Freiheitsstrafe verurteilt sind, bereits die Vollzugslockerung des Urlaubs“* zulasse *„und damit die abstrakte Gefahr in Kauf“* nehme, *„daß von der dann noch mindestens fünf Jahre währenden Vollstreckung der Freiheitsstrafe ein Fluchtanreiz ausgeht“*. Schon aus diesem Grund habe die Strafvollstreckungskammer mit Blick auf das Resozialisierungsprinzip *„der Frage nachgehen müssen, ob die von der Anstalt vorgetragene generelle Erwägung, wegen der noch zu erwartenden langjährigen Freiheitsentziehung bestehe ein erheblicher Fluchtanreiz, einen hinreichenden Versagungsgrund“* darstelle.[364]

Die Strafvollstreckungskammer habe auch nicht berücksichtigt, dass die Justizvollzugsanstalt dem Beschwerdeführer ein tadelloses Vollzugsverhalten, Bemühungen, sich in das Anstaltsleben zu integrieren, intakte Beziehungen zu nahen Angehörigen und Zukunftsorientiertheit attestiert habe. *„Die konkreten Umstände in der Person des Beschwerdeführers“* aber sprächen *„gerade gegen die bloße abstrakte Befürchtung, ein Gefangener mit so langer Straferwartung werde die Ausführung zur Flucht nützen. Auch der pauschale Hinweis, daß es sich um ‚einen relativ jungen, vitalen und kräftigen Gefangenen‘“* handle, trage *„offenkundig nicht die Annahme einer Fluchtgefahr“*.[365]

Die Strafvollstreckungskammer verkenne das Gewicht des Resozialisierungsprinzips und verfehle ihren selbstgewählten Prüfungsmaßstab auch insoweit, als sie die Annahme der Justizvollzugsanstalt, auf Grund der Schwere der Schuld des Beschwerdeführers sei ein noch langjähriger Freiheitsentzug zu erwarten, ohne eigene rechtliche Würdigung übernehme. *„Eine solche wäre [...] gerade hier angezeigt gewesen“*.[366]

Die Entscheidung über die Schwere der Schuld sei den Gerichten vorbehalten. *„Solange die Entscheidung eines Straf- oder Strafvollstreckungsgerichts über die besondere Schwere der Schuld“* noch ausstehe, sei die Vollzugsbehörde *„zwar nicht gehindert, darüber [...] eigene Erwägungen anzustellen“*. Diese müssten *„aber vom Strafvollstreckungsgericht, wenn Vollzugslockerungen deshalb verweigert werden, voll nachgeprüft werden“*. Da eine Entscheidung über die Schwere der Schuld im Verfahren nach den §§ 109 ff StVollzG nicht getroffen werden

364 BVerfG 2. Senat 2. Kammer, aaO Ziff. 16.
365 BVerfG 2. Senat 2. Kammer, aaO Ziff. 17.
366 BVerfG 2. Senat 2. Kammer, aaO Ziff. 18.

könne, sei *„bei der Annahme einer besonderen Schwere der Schuld größte Zurückhaltung geboten"*.[367]

Die Strafvollstreckungskammer habe auch berücksichtigen müssen, dass eine besondere Schwere der Schuld nur dann zur Folge hat, dass die lebenslange Freiheitsstrafe über die Mindestverbüßungsdauer von 15 Jahren hinaus vollstreckt wird, wenn sie die weitere Vollstreckung der Strafe gebietet. Im Hinblick darauf *„wäre eine vollstreckungsrechtliche Gesamtwürdigung im Vorgriff auf die Entscheidung über die Strafaussetzung [...] vorzunehmen gewesen"*.[368]

Die Strafvollstreckungskammer sei schließlich auch der Frage der Dringlichkeit von Vollzugslockerungen nicht nachgegangen, obwohl der Beschwerdeführer im Zeitpunkt der gerichtlichen Entscheidung mehr als elf Jahre ununterbrochen im Strafvollzug gewesen sei. Der *„pauschale Vortrag"* der Justizvollzugsanstalt, der Beschwerdeführer sei *„kerngesund, ausgesprochen vital, kräftig und zukunftsorientiert"*, weshalb derzeit nicht befürchtet werden müsse, dass der Strafvollzug zu schädlichen Folgen geführt habe, genüge nicht den Anforderungen des Resozialisierungsprinzips. Danach sei *„jedenfalls in den Fällen langjährig inhaftierter Gefangener eine Gesamtwürdigung der für und gegen die Gewährung von Vollzugslockerungen sprechenden Gesichtspunkte von Verfassungs wegen gefordert"*.[369]

3.3 Wesentlicher Inhalt, Einordnung und Würdigung der Entscheidung

In dieser Entscheidung befasst sich die 2. Kammer des Zweiten Senats mit der Entscheidung der Justizvollzugsanstalt über Vollzugslockerungen (§ 11 StVollzG). Die einschlägigen verfassungsrechtlichen Maßstäbe entnimmt sie dem Beschluss *Hafturlaub* (II.3) und hält fest: Die lebenslange Freiheitsstrafe findet ihre verfassungsrechtlich notwendige Ergänzung in einem sinnvollen Behandlungsvollzug. Mit Blick auf die Grundrechte des zu lebenslanger Freiheitsstrafe Verurteilten aus Art. 2 Abs. 1 iVm Art. 1 Abs. 1 GG ist die Justizvollzugsanstalt dazu verpflichtet, schädlichen Auswirkungen des Freiheitsentzugs, insbesondere Persönlichkeitsveränderungen, die die Lebenstüchtigkeit in Frage stellen würden, so weit wie möglich zu begegnen. Diesem Ziel dient unter anderem der Hafturlaub, der einem zu lebenslanger Freiheitsstrafe Verurteilten nach zehn Jahren Haft gewährt werden kann.[370] Ausgehend davon stellt die Kammer fest, dass auch Ausgang und Ausführung der Resozialisierung dienen und dass

---

367 BVerfG 2. Senat 2. Kammer, aaO Ziff. 19.
368 BVerfG 2. Senat 2. Kammer, aaO Ziff. 20.
369 BVerfG 2. Senat 2. Kammer, aaO Ziff. 22.
370 S.o. **3.2**, S. 88. Vgl. oben **II.3**, S. 74 f.

diese Vollzugslockerungen einem zu lebenslanger Freiheitsstrafe Verurteilten schon nach weniger als zehn Jahren Haft gewährt werden können.[371]

Konkrete verfassungsrechtliche Anforderungen an die Entscheidung über Vollzugslockerungen entwickelt die Kammer mit Blick auf den Beschluss *Hafturlaub* (II.3) und das Urteil *Aussetzung einer Unterbringung* (Erstes Kapitel, II.6). Sie verlangt: Bei der Entscheidung über die Gewährung eines Ausgangs oder einer Ausführung ist zu berücksichtigen, dass diese Maßnahmen Vollzugslockerungen sind, die einer vorübergehenden Unterbrechung des Strafvollzugs nahekommen. Denn daraus ergibt sich ein Spannungsverhältnis zwischen dem staatlichen Strafvollstreckungsinteresse und dem Resozialisierungsinteresse des Strafgefangenen (Art. 2 Abs. 1 iVm Art. 1 Abs. 1 GG). Vollzugslockerungen dürfen nicht gewährt werden, wenn zu befürchten ist, der Gefangene werde sich dem Strafvollzug entziehen oder eine Lockerung des Vollzugs für Straftaten missbrauchen. Das Interesse des Gefangenen daran, vor schädlichen Auswirkungen einer langjährigen Inhaftierung bewahrt zu werden und lebenstüchtig zu bleiben, aber wird umso gewichtiger, je länger der Strafvollzug andauert.[372] In „*diesen Fällen*“ kann die Justizvollzugsanstalt die Versagung von Vollzugslockerungen nicht auf generelle Erwägungen oder eine abstrakte Flucht- oder Missbrauchsgefahr stützen. Vielmehr muss sie Anhaltspunkte darlegen, die geeignet sind, die Annahme einer Flucht- oder Missbrauchsgefahr zu konkretisieren.[373] Diese Anhaltspunkte müssen die Flucht- oder Missbrauchsgefahr unüberwindbar und das Flucht- oder Missbrauchsrisiko deshalb unvertretbar erscheinen[374] lassen.[375] Jedenfalls nach langjähriger Inhaftierung ist eine Gesamtwürdigung aller für und gegen die Gewährung von Vollzugslockerungen sprechenden Gesichtspunkte[376] – insbesondere auch des Gesichtspunkts der Dringlichkeit von Vollzugslockerungen – vorzunehmen.[377]

Die Anwendung der festgestellten Grundsätze führt die Kammer zu folgenden Ergebnissen: Könnte einem zu lebenslanger Freiheitsstrafe Verurteilten schon Hafturlaub gewährt werden – also nach zehn Jahren Haft -, dürfen Vollzugslockerungen ihm nicht aus der generellen Erwägung heraus versagt werden, dass die voraussichtlich noch lange Inhaftierung einen zu hohen Fluchtanreiz

---

371 S.o. **3.2**, S. 88.
372 S.o. **3.2**, S. 88 f. Vgl. oben **II.3**, S. 75.
373 S.o. **3.2**, S. 89. Vgl. oben Erstes Kapitel, **II.6**, S. 31.
374 Vgl. oben Erstes Kapitel, **II.6**, S. 32.
375 S.o. **3.2**, S. 89.
376 Vgl. oben **II.3**, S. 75 f.
377 S.o. **3.2**, S. 91.

begründe.[378] Geht die Justizvollzugsanstalt davon aus, dass der Verurteilte schuldbedingt voraussichtlich noch lange inhaftiert bleiben werde, steht eine Gerichtsentscheidung über die besondere Schwere der Schuld aber noch aus, so muss das Strafvollstreckungsgericht die Erwägungen der Anstalt über die Schwere der Schuld in vollem Umfang überprüfen.[379] Die Feststellung, der Verurteilte sei relativ jung, gesund, kräftig, vital und zukunftsorientiert, trägt weder die Annahme einer Fluchtgefahr[380] noch genügt sie dem Erfordernis, der Dringlichkeit von Vollzugslockerungen nachzugehen.[381]

Dieser Entscheidung lässt sich entnehmen, dass bei langjährig Inhaftierten höhere Anforderungen an die Annahme einer Flucht- oder Missbrauchsgefahr zu stellen sind als bei anderen Gefangenen.[382] Offen bleibt allerdings, ab welcher Haftdauer die von der Kammer entwickelten erhöhten Anforderungen an die Annahme einer Flucht- oder Missbrauchsgefahr gelten. Denn welche Fälle genau sie mit *„diesen Fällen"*[383] meint, ist unklar. Klar ist nur, dass Vollzugslockerungen einem zu lebenslanger Freiheitsstrafe Verurteilten jedenfalls dann, wenn ihm schon Hafturlaub gewährt werden könnte – also nach zehn Jahren Haft –, ausschließlich bei *konkreter* Flucht- oder Missbrauchsgefahr versagt werden dürfen.[384]

4. Ausgang I

Die folgende Kammerentscheidung betreffend Vollzugslockerungen ist ein Nichtannahmebeschluss aus dem Jahr 1997. Grundlage war die Verfassungsbeschwerde eines Strafgefangenen gegen die Versagung eines Ausgangs.

4.1 Gegenstand des Verfahrens

Der Beschwerdeführer verbüßte seit dem Jahr 1974 eine lebenslange Freiheitsstrafe wegen Mordes in Tateinheit mit besonders schwerer räuberischer Erpressung in der Justizvollzugsanstalt Straubing. Die unter dem Gesichtspunkt der besonderen Schwere der Schuld gebotene Vollstreckungsdauer war auf 23 Jahre festgesetzt worden. Der frühestmögliche Entlassungszeitpunkt lag im April

378 S.o. **3.2**, S. 90.
379 S.o. **3.2**, S. 90.
380 S.o. **3.2**, S. 90.
381 S.o. **3.2**, S. 91.
382 S.o. **3.2**, S. 88 f.
383 S.o. **3.2**, S. 89.
384 S.o. **3.2**, S. 89 f.

1997.[385] Seit dem Jahr 1993 bemühte der Beschwerdeführer sich ohne Erfolg um Vollzugslockerungen. Auch einen für Oktober 1995 beantragten Ausgang lehnte die Justizvollzugsanstalt unter Verweis auf Flucht- und Missbrauchsbefürchtungen ab,[386] was die Strafvollstreckungsgerichte als rechtmäßig bestätigten.[387]

Mit seiner Verfassungsbeschwerde rügte der Beschwerdeführer eine Verletzung seines Resozialisierungsinteresses aus Art. 1 und Art. 2 GG. Die Justizvollzugsanstalt unternehme keine Erprobungsversuche, obwohl das damit verbundene Risiko dem eingeholten Sachverständigengutachten nach relativ gering sei. Ohne Vollzugslockerungen sei eine hinreichend günstige Kriminalprognose nicht möglich. Die Praxis der Anstalt führe dazu, dass er für alle Zeiten inhaftiert bleiben müsse.[388]

4.2 Entscheidung der Kammer

Die 2. Kammer des Zweiten Senats nahm die Verfassungsbeschwerde nicht zur Entscheidung an.[389] Erstrebe ein Gefangener Vollzugslockerungen, so werde er durch deren Versagung in seinem durch Art. 2 Abs. 1 iVm Art. 1 Abs. 1 GG geschützten Resozialisierungsinteresse berührt. Das gelte auch für einen zu lebenslanger Freiheitsstrafe Verurteilten. Denn Androhung und Vollstreckung der lebenslangen Freiheitsstrafe fänden ihre verfassungsrechtlich notwendige Ergänzung in einem sinnvollen Behandlungsvollzug. Mit Blick auf Art. 2 Abs. 1 iVm Art. 1 Abs. 1 GG seien die Justizvollzugsanstalten verpflichtet, schädlichen Auswirkungen des Freiheitsentzugs, vor allem Persönlichkeitsstörungen, die die Lebenstüchtigkeit in Frage stellen, im Rahmen des Möglichen zu begegnen. Diesem Ziel diene der Urlaub genauso wie ein Ausgang oder eine Ausführung.[390]

Bei einem zu lebenslanger Freiheitsstrafe Verurteilten, bei dem die Aussetzung der Strafe „*alsbald nur noch von der positiven Kriminalprognose*“ abhängen werde, falle die Versagung von Vollzugslockerungen „*auch in den Schutzbereich des durch Art. 2 Abs. 2 Satz 2 und Art. 104 GG garantierten Freiheitsrechts*“. Die Feststellung, ob verantwortet werden kann, zu erproben, ob der Verurteilte außerhalb des Strafvollzugs keine Straftaten mehr begehen wird, sei unter Berücksichtigung seines Vollzugsverhaltens, seiner Lebensverhältnisse und der von

385 BVerfG 2. Senat 2. Kammer, Beschl. v. 13.12.1997 – 2 BvR 1404/96 – juris, Ziff. 2 f.
386 BVerfG 2. Senat 2. Kammer, aaO Ziff. 4.
387 BVerfG 2. Senat 2. Kammer, aaO Ziff. 6.
388 BVerfG 2. Senat 2. Kammer, aaO Ziff. 7.
389 BVerfG 2. Senat 2. Kammer, aaO Ziff. 9.
390 BVerfG 2. Senat 2. Kammer, aaO Ziff. 15.

der Strafaussetzung für ihn zu erwartenden Wirkungen zu treffen (§ 57 Abs. 1 Satz 2 StGB). „*Unter all diesen Gesichtspunkten*" werde „*die Basis der prognostischen Beurteilung erweitert, wenn dem Gefangenen Vollzugslockerungen gewährt werden*". Er erhalte „*Gelegenheit, sich in der Wahrnehmung der gewährten Vollzugslockerung zu bewähren; sein hierbei an den Tag gelegtes Verhalten*" sei „*Verhalten im Vollzug*". Vollzugslockerungen machten es ihm darüber hinaus „*möglich, nach langem Freiheitsentzug wenigstens ansatzweise Orientierung für ein normales Leben zu suchen und zu finden*". Je nach Erfolg dieser Orientierungssuche stellten sich seine Lebensverhältnisse und die von der Strafaussetzung für ihn zu erwartenden Wirkungen „*günstiger oder ungünstiger dar*". Mithin würden die Chancen, dass das Strafvollstreckungsgericht zu einer positiven Kriminalprognose gelangen werde, durch die „*Gewährung von Vollzugslockerungen verbessert, durch deren Versagung aber verschlechtert*".[391]

Der Gewährung von Vollzugslockerungen seien Schranken gesetzt, wo zu befürchten sei, der Gefangene werde sich dem Strafvollzug entziehen oder eine Vollzugslockerung zu Straftaten missbrauchen. Für „*den Gefangenen, dessen Entlassung nur noch von einer günstigen Kriminalprognose abhängt*", aber folge aus seinem Freiheitsrecht und dem Resozialisierungsgebot, „*daß sein Interesse, möglichst bald wieder seiner Freiheit und Lebenstüchtigkeit teilhaftig zu werden, an Gewicht gewinnt, je länger die Vollstreckung einer Freiheitsstrafe bereits andauert*". Die Justizvollzugsanstalt dürfe sich „*in diesen Fällen*" nicht auf pauschale Wertungen oder den Hinweis auf eine abstrakte Flucht- oder Missbrauchsgefahr beschränken. Vielmehr habe sie Anhaltspunkte darzulegen, die geeignet sind, die Prognose einer Flucht- oder Missbrauchsgefahr zu konkretisieren. Das Flucht- oder Missbrauchsrisiko müsse aus diesen Gründen heraus unvertretbar erscheinen.[392]

Bei einem zu lebenslanger Freiheitsstrafe Verurteilten, dessen Entlassung bald nur noch von einer positiven Kriminalprognose des Richters abhängen werde, müsse die Justizvollzugsanstalt beachten, dass sie ihm, „*soweit vertretbar, eine Bewährung zu ermöglichen und ihn auf eine Entlassung vorzubereiten*" habe, damit sein „*grundrechtlich garantierter Freiheitsanspruch durch den Richterentscheid (Art. 104 Abs. 2 Satz 1 GG) zeitgerecht realisiert werden*" könne. Der verfassungsrechtliche Richtervorbehalt in Art. 104 Abs. 2 Satz 1 GG habe zur Folge, „*daß der Aussetzungsmaßstab des § 57 Abs. 1 Satz 1 Nr. 2 StGB auch auf solche strafvollzuglichen Entscheidungen Einfluß gewinnt, die […] dadurch Bedeutung*

391 BVerfG 2. Senat 2. Kammer, aaO Ziff. 16.
392 BVerfG 2. Senat 2. Kammer, aaO Ziff. 17.

für das Freiheitsrecht des Art. 2 Abs. 2 Satz 2 GG erhalten, daß sie im Vorfeld einer Entscheidung über die bedingte Entlassung die Sozialprognose tatsächlich oder rechtlich zu beeinflussen geeignet sind". Die Justizvollzugsanstalt dürfe „*nicht ohne zwingenden Grund die prognostische Basis der Richterentscheidung über die Fortdauer der Freiheitsentziehung schmälern*", indem sie bei der Gewährung von Vollzugslockerungen einen „*unverhältnismäßig strengen Maßstab anlegt*".[393]

In den Augen der 2. Kammer des Zweiten Senats war verfassungsrechtlich nicht zu beanstanden, dass die Strafvollstreckungskammer sich der Befürchtung der Justizvollzugsanstalt angeschlossen habe, der Beschwerdeführer werde die beantragte Vollzugslockerung zur Flucht und zu neuen Straftaten missbrauchen. In einem Versagungsbescheid aus dem Jahr 1993 habe die Anstalt eingehend dargelegt, inwiefern die Lebensgeschichte, der kriminelle Werdegang, die letzten Straftaten, das Vollzugsverhalten und die Persönlichkeit des Beschwerdeführers in Verbindung mit den Stellungnahmen Sachverständiger Anlass zu Missbrauchsbefürchtungen gäben. Darauf habe sie im angegriffenen Versagungsbescheid „*in – im Ergebnis – vertretbarer Weise Bezug genommen*". Es habe auch „*als entscheidend gewichtet werden*" dürfen, dass der Beschwerdeführer bei einem Ausgang in Straubing keine Stütze finden würde, weil seine Angehörigen im nördlichen Bayern lebten und er keine geeigneten Kontaktpersonen gewonnen habe. Im angegriffenen Versagungsbescheid habe die Justizvollzugsanstalt dargelegt, dass sich an der im Jahr 1993 festgestellten Situation nichts Grundlegendes geändert habe.[394]

Die Kammer sah sich allerdings dazu veranlasst, darauf hinzuweisen, dass der Justizvollzugsanstalt „*durch ihren Resozialisierungsauftrag und ihre Pflicht, im Rahmen des Möglichen auf die Grundlegung einer künftigen richterlichen Entscheidung über die Entlassung hinzuwirken, nahegelegt*" sei, sich um eine Verlegung des Beschwerdeführers in die Justizvollzugsanstalt Bayreuth zu bemühen. Denn dort erwarteten den Beschwerdeführer durch die Nähe seiner Angehörigen günstigere Bedingungen für den Wiederaufbau persönlicher Kontakte, die ihn stützen könnten, wenn der Vollzug gelockert werde. Die Anstalt könne sich dessen „*nicht mit dem Hinweis entledigen*", das Strafvollstreckungsgericht habe noch keine „*Andeutungen*" über den Entlassungszeitpunkt gemacht. Das nämlich würde einen zu lebenslanger Freiheitsstrafe Verurteilten „*in eine ausweglose Situation führen*". Würde eine Entlassung des Verurteilten vom Strafvollstreckungsgericht „*mangels Erprobung durch Vollzugslockerungen abgelehnt,*

---

393 BVerfG 2. Senat 2. Kammer, aaO Ziff. 18.
394 BVerfG 2. Senat 2. Kammer, aaO Ziff. 20.

eine Vollzugslockerung dem Verurteilten aber von der Vollzugsbehörde unter Hinweis auf seine ungewissen Entlassungsaussichten vorenthalten, so würde ihm jede reale Entlassungschance abgeschnitten". Eine derartige „*Vollzugsgestaltung stünde in unmittelbarem Widerspruch nicht nur zu den Freiheitsrechten des Verurteilten sondern auch zu dessen Menschenwürde*".[395]

4.3 Wesentlicher Inhalt, Einordnung und Würdigung der Entscheidung

Auch in dieser Entscheidung befasst sich die 2. Kammer des Zweiten Senats mit der Entscheidung der Justizvollzugsanstalt über Vollzugslockerungen. Hinsichtlich der einschlägigen verfassungsrechtlichen Maßstäbe stellt sie wie in der Entscheidung *Ausführung I* (3) fest: Die Grundrechte des Strafgefangenen aus Art. 2 Abs. 1 iVm Art. 1 Abs. 1 GG verpflichten die Justizvollzugsanstalt dazu, schädlichen Auswirkungen des Freiheitsentzugs, insbesondere Persönlichkeitsveränderungen, so weit wie möglich zu begegnen. Diesem Ziel dienen Ausgang und Ausführung genauso wie der Hafturlaub.[396] Begehrt ein Gefangener Vollzugslockerungen – so die weiteren Feststellungen der Kammer -, wird er durch deren Versagung in seinem Resozialisierungsinteresse berührt. Das gilt auch bei lebenslanger Freiheitsstrafe, weil die lebenslange Freiheitsstrafe ihre verfassungsrechtlich notwendige Ergänzung in einem sinnvollen Behandlungsvollzug findet.[397] Bei einem zu lebenslanger Freiheitsstrafe Verurteilten, bei dem die Aussetzung der Strafe bald nur noch von einer positiven Kriminalprognose abhängen wird, berührt die Versagung von Vollzugslockerungen auch die Freiheit der Person (Art. 2 Abs. 2 Satz 2 GG).[398]

Wie in der Entscheidung *Ausführung I* (3) geht die Kammer davon aus, dass Vollzugslockerungen nicht gewährt werden dürfen, wenn zu befürchten ist, dass der Gefangene sich dem Strafvollzug entziehen oder eine Lockerung des Vollzugs für Straftaten missbrauchen würde. In diesem Zusammenhang stellt sie fest: Das Interesse eines zu lebenslanger Freiheitsstrafe Verurteilten, dessen Entlassung bald nur noch von einer positiven Kriminalprognose abhängen wird, daran, lebenstüchtig zu bleiben und die Freiheit so schnell wie möglich wiederzuerlangen, wird umso gewichtiger, je länger der Strafvollzug andauert. In „*diesen Fällen*" kann die Justizvollzugsanstalt die Versagung von Vollzugslockerungen nicht auf eine abstrakte Flucht- oder Missbrauchsgefahr stützen. Vielmehr muss sie

---

395 BVerfG 2. Senat 2. Kammer, aaO Ziff. 24.

396 S.o. **4.2**, S. 94. Vgl. oben **3.2**, S. 88.

397 S.o. **4.2**, S. 94.

398 S.o. **4.2**, S. 94.

Anhaltspunkte darlegen, die die angenommene Flucht- oder Missbrauchsgefahr konkretisieren und das Flucht- oder Missbrauchsrisiko unvertretbar erscheinen lassen.[399]

Weitere verfassungsrechtliche Anforderungen an die Entscheidung über Vollzugslockerungen entwickelt die Kammer mit Blick auf den Beschluss *Aussetzung einer lebenslangen Freiheitsstrafe II* (Erstes Kapitel, II.4): Die Tatsachengrundlage für die Kriminalprognose wird verbreitert, wenn dem Gefangenen Vollzugslockerungen gewährt werden. Denn Vollzugslockerungen geben ihm Gelegenheit, sich zu bewähren. Sie geben ihm außerdem die Möglichkeit, Orientierung für ein Leben in Freiheit zu finden. Entsprechend werden die Chancen, dass das Strafvollstreckungsgericht zu einer positiven Kriminalprognose gelangen wird, durch die Gewährung von Vollzugslockerungen verbessert und durch deren Versagung verschlechtert. In Anbetracht dessen muss die Justizvollzugsanstalt einem zu lebenslanger Freiheitsstrafe Verurteilten, dessen Entlassung bald nur noch von einer positiven Kriminalprognose abhängen wird, soweit vertretbar, Vollzugslockerungen gewähren, damit er die Freiheit so schnell wie möglich – „*zeitgerecht*"[400] – wiedererlangen kann. Sie darf die Tatsachengrundlage für die Kriminalprognose nicht dadurch verengen, dass sie ihm Vollzugslockerungen ohne zwingenden Grund versagt.[401]

Nach den weiteren Feststellungen der Kammer darf die Justizvollzugsanstalt eine einem Ausgang entgegenstehende Flucht- oder Missbrauchsgefahr entscheidend daraus ableiten, dass der Gefangene keine Stütze finden würde, weil weder seine Angehörigen noch sonstige geeignete Kontaktpersonen in der Nähe leben.[402] Im Falle eines zu lebenslanger Freiheitsstrafe Verurteilten, dessen Entlassung bald nur noch von einer positiven Kriminalprognose abhängen wird, ist die Justizvollzugsanstalt dann allerdings dazu verpflichtet, sich um seine Verlegung in eine Justizvollzugsanstalt in der Nähe geeigneter Kontaktpersonen zu bemühen. Denn eine Vollzugsgestaltung, die die Gewährung von Vollzugslockerungen und deshalb auch eine Entlassung faktisch unmöglich macht, verletzt das Resozialisierungsinteresse (Art. 2 Abs. 1 iVm Art. 1 Abs. 1 GG), die Freiheit der Person (Art. 2 Abs. 2 Satz 2 GG) und die Menschenwürde (Art. 1 Abs. 1 GG) des Verurteilten.[403]

---

399 S.o. **4.2**, S. 95. Vgl. oben **3.2**, S. 88 f.

400 Vgl. oben Erstes Kapitel, **II.4**, S. 27.

401 S.o. **4.2**, S. 95 f.

402 S.o. **4.2**, S. 96.

403 S.o. **4.2**, S. 96 f.

Diese Entscheidung macht deutlich, was im Urteil *Lebenslange Freiheitsstrafe* (II.2) schon angedeutet ist: Bei lebenslanger Freiheitsstrafe haben Vollzugslockerungen eine Doppelfunktion. Zum einen sollen sie – wie bei zeitiger Freiheitsstrafe auch – schädlichen Auswirkungen des Freiheitsentzugs entgegenwirken und dem Verurteilten nach der Entlassung die Wiedereingliederung in die Gesellschaft erleichtern.[404] Zum anderen sollen sie – anders als bei zeitiger Freiheitsstrafe – die Voraussetzungen dafür schaffen, dass der Verurteilte *überhaupt* entlassen werden kann.[405]

Im Beschluss *Aussetzung einer lebenslangen Freiheitsstrafe II* (Erstes Kapitel, II.4), auf dessen Grundsätze die Kammer in dieser Entscheidung zurückgreift,[406] misst der Zweite Senat die Zuständigkeits- und Verfahrensregelungen für das Verfahren über die Aussetzung einer lebenslangen Freiheitsstrafe an der Freiheit der Person (Art. 2 Abs. 2 Satz 2 GG).[407] Das mag der Grund dafür sein, dass die Kammer den Freiheitsanspruch des zu lebenslanger Freiheitsstrafe Verurteilten nicht nur auf Art. 1 Abs. 1 GG[408] stützt, sondern auch und in erster Linie auf Art. 2 Abs. 2 Satz 2 GG[409]. Dass eine Distanzierung von der Dogmatik des Urteils *Lebenslange Freiheitsstrafe* (Erstes Kapitel, II.1) beabsichtigt wäre, wonach die dem zu lebenslanger Freiheitsstrafe Verurteilten garantierte Aussicht auf Freiheit ihren Grund in Art. 1 Abs. 1 GG hat[410], lässt weder die Entscheidung des Senats[411] noch die der Kammer[412] erkennen.

5. Ausgang II

Die folgende Kammerentscheidung betreffend Vollzugslockerungen ist ein stattgebender Beschluss aus dem Jahr 1998. Grundlage war auch hier die Verfassungsbeschwerde eines Strafgefangenen gegen die Versagung eines Ausgangs.

---

404 S.o. **4.2**, S. 94 f. Vgl. oben **II.2**, S. 73 f.
405 S.o. **4.2**, S. 95 ff. Vgl. oben **II.2**, S. 74.
406 S.o. S. 98.
407 S.o. Erstes Kapitel, **II.4**, S. 25 ff.
408 S.o. **4.2**, S. 96 f.
409 S.o. **4.2**, S. 94 ff.
410 S.o. Erstes Kapitel, **II.1**, S. 19.
411 S.o. Erstes Kapitel, **II.4**, S. 25.
412 S.o. **4.2**, S. 96 f.

5.1 Gegenstand des Verfahrens

Der Beschwerdeführer verbüßte eine Freiheitsstrafe von zehn Jahren, unter anderem wegen einer Betäubungsmittel-Straftat.[413] Nach etwa fünf Jahren Haft beantragte er einen dreistündigen Ausgang in Begleitung zweier von ihm als zuverlässig bezeichneter Bezugspersonen.[414] Diesen Antrag lehnte die Justizvollzugsanstalt mit folgender Begründung ab:

> *„Ihr Antrag wurde in der Vollzugskonferenz am 21. 2. 1996 besprochen und abschlägig beschieden. Sie sind derzeit nicht für die Gewährung von Besuchsausgang geeignet, weil sie noch im geschlossenen Vollzug untergebracht sind und sich vor der Gewährung von Ausgang im offenen Vollzug bewährt haben müssen. Im Hinblick auf das Strafende bestehen Sicherheitsbedenken. Außerdem ist ihnen bekannt, daß aus dem geschlossenen Vollzug weder Urlaub noch Ausgang gewährt wird“.*[415]

Strafvollstreckungskammer und Oberlandesgericht bestätigten die Entscheidung der Anstalt als rechtmäßig.[416]

Mit seiner Verfassungsbeschwerde rügte der Beschwerdeführer eine Verletzung seiner Rechte aus Art. 2 Abs. 1 iVm Art. 1 Abs. 1 GG. Vollzugslockerungen sollten gerade den schädlichen Auswirkungen eines langjährigen Freiheitsentzugs im geschlossenen Vollzug entgegenwirken. Entsprechend gelte § 11 StVollzG für den geschlossenen Vollzug in gleicher Weise wie für den offenen Vollzug. Eine vorherige Bewährung im offenen Vollzug verlange das Gesetz nicht. Auch die von der Justizvollzugsanstalt angeführten Sicherheitsbedenken seien kein Versagungsgrund. Flucht- oder/und Missbrauchsbefürchtungen habe die Anstalt nicht geäußert.[417]

5.2 Entscheidung der Kammer

Die 2. Kammer des Zweiten Senats hielt die Verfassungsbeschwerde für offensichtlich begründet.[418] Erstrebe ein Gefangener Vollzugslockerungen, so werde er durch deren Versagung in seinem Resozialisierungsinteresse aus Art. 2 Abs. 1 iVm Art. 1 Abs. 1 GG berührt. Dieses sei nicht nur darauf gerichtet, den Gefangenen im Rahmen des Möglichen vor schädlichen Auswirkungen des Freiheitsentzugs zu bewahren, sondern auch auf die Rahmenbedingungen, die einer

---

413 BVerfG 2. Senat 2. Kammer, Beschl. v. 01.04.1998 – 2 BvR 1951/96 – juris, Ziff. 2.
414 BVerfG 2. Senat 2. Kammer, aaO Ziff. 3.
415 BVerfG 2. Senat 2. Kammer, aaO Ziff. 4 f.
416 BVerfG 2. Senat 2. Kammer, aaO Ziff. 8 f.
417 BVerfG 2. Senat 2. Kammer, aaO Ziff. 10 ff.
418 BVerfG 2. Senat 2. Kammer, aaO Ziff. 17.

Bewährung und Wiedereingliederung förderlich seien. Diesen Zielen dienten ein Ausgang oder eine Ausführung genauso wie der Urlaub.[419]

Der Gewährung von Vollzugslockerungen seien Schranken gesetzt, wo zu befürchten sei, dass der Gefangene sich dem Strafvollzug entziehen oder eine Vollzugslockerung zu Straftaten missbrauchen werde. In *„diesen Fällen"* dürfe die Justizvollzugsanstalt es aber nicht mit pauschalen Wertungen oder dem abstrakten Hinweis auf eine Flucht- oder Missbrauchsgefahr bewenden lassen. Vielmehr habe sie Anhaltspunkte darzulegen, die geeignet sind, die Annahme einer Flucht- oder Missbrauchsgefahr zu konkretisieren. Das Flucht- oder Missbrauchsrisiko müsse unvertretbar erscheinen.[420]

In den Augen der 2. Kammer des Zweiten Senats genügte die Entscheidung der Strafvollstreckungskammer den verfassungsrechtlichen Anforderungen nicht.[421] Die Strafvollstreckungskammer habe unbeanstandet gelassen, dass die Justizvollzugsanstalt nur solche Gefangene als für Ausgang geeignet erachte, die sich im offenen Vollzug bewährt hätten, die Gewährung von Ausgang für den geschlossenen Vollzug also generell ausschließe. Das aber entspreche *„weder einer ausdrücklichen Anordnung des Gesetzes noch dessen irgendwie ermittelbarem Willen"*. Der gesetzlichen Regelung entspreche vielmehr das Gegenteil. Die Vollzugslockerungen nach § 11 StVollzG stünden *„für alle Gefangenen zur Verfügung"*. Auch sei *„dort keine Rangfolge bestimmt"*, wonach die Vollzugslockerungen gemäß § 11 Abs. 1 Nr. 2 StVollzG[422] nur Gefangenen vorbehalten wären, die sich im Freigang[423] bewährt haben.[424]

Die Strafvollstreckungskammer verkenne das Gewicht des Resozialisierungsprinzips auch insoweit, als sie die Erwägung der Justizvollzugsanstalt hinnehme, dass die zeitliche Ferne des Strafendes Sicherheitsbedenken begründe. *„Eine derart allgemeine Erwägung"* könne *„nicht in die Gesamtwürdigung einfließen, die der Entscheidung über die Gewährung einer Vollzugslockerung zugrunde liegt"*. Nach § 11 Abs. 2 StVollzG dürften Vollzugslockerungen gewährt werden, wenn nicht zu befürchten sei, dass der Gefangene sich dem Vollzug der Freiheitsstrafe entziehen oder eine Lockerung des Vollzugs zu Straftaten missbrauchen werde. Diese Regelung schließe aus, *„daß bloß allgemein geäußerte Sicherheitsbedenken*

419 BVerfG 2. Senat 2. Kammer, aaO Ziff. 18.
420 BVerfG 2. Senat 2. Kammer, aaO Ziff. 19.
421 BVerfG 2. Senat 2. Kammer, aaO Ziff. 22.
422 S.o. **I**, S. 70.
423 S.o. **I**, S. 70.
424 BVerfG 2. Senat 2. Kammer, aaO Ziff. 23.

in die Ermessensentscheidung über die Gewährung der Vollzugslockerung einfließen".[425]

Die Strafvollstreckungskammer habe „*es unternommen, die von der Justizvollzugsanstalt geäußerten Sicherheitsbedenken in eine Befürchtung von Flucht umzudeuten und damit ihre eigene Einschätzung an die Stelle*" der Wertung der Anstalt treten lassen. Die Äußerung, es gebe Sicherheitsbedenken, sei „*viel zu allgemein, als daß es vertretbar wäre*", sie als Fluchtbefürchtung zu verstehen. Indem die Strafvollstreckungskammer „*eigene Erwägungen eingeführt*" habe, habe sie die Grenzen „*der ihr zustehenden gerichtlichen Überprüfung in einer nicht nachvollziehbaren Weise überschritten*".[426]

Schließlich habe die Strafvollstreckungskammer übergangen, dass die Justizvollzugsanstalt sich nicht zum Behandlungsbedarf des Beschwerdeführers geäußert und sich weder mit dessen Zuverlässigkeit noch mit der seiner Begleitpersonen befasst habe.[427]

5.3 Wesentlicher Inhalt, Einordnung und Würdigung der Entscheidung

In dieser Entscheidung befasst sich die 2. Kammer des Zweiten Senats ein weiteres Mal mit der Entscheidung der Justizvollzugsanstalt über Vollzugslockerungen. Unter Rückgriff auf die Grundsätze ihrer Entscheidungen *Einsicht in den Vollzugsplan* (1) und *Ausgang I* (4) hält sie fest: Begehrt ein Strafgefangener Vollzugslockerungen, so berührt deren Versagung sein Resozialisierungsinteresse (Art. 2 Abs. 1 iVm Art. 1 Abs. 1 GG).[428] Dieses ist nicht nur auf die Verhinderung schädlicher Auswirkungen des Freiheitsentzugs gerichtet, sondern auch auf die Schaffung von Bedingungen, die seine Bewährung und seine Wiedereingliederung in die Gesellschaft fördern.[429] Beiden Zielen dienen Ausführung, Ausgang und Hafturlaub.[430]

Die in § 11 StVollzG geregelten Vollzugslockerungen – so die Feststellungen der Kammer – sind für alle Gefangenen vorgesehen, also nicht nur für Gefangene im offenen Vollzug, sondern auch für die im geschlossenen Vollzug untergebrachten Gefangenen. Die Gewährung von Vollzugslockerungen nach § 11 Abs. 1 Nr. 2 StVollzG – Ausführung und Ausgang – setzt nicht voraus, dass der

425 BVerfG 2. Senat 2. Kammer, aaO Ziff. 25.
426 BVerfG 2. Senat 2. Kammer, aaO Ziff. 26.
427 BVerfG 2. Senat 2. Kammer, aaO Ziff. 27.
428 S.o. **5.2**, S. 100. Vgl. oben **4.2**, S. 94.
429 S.o. **5.2**, S. 100 f. Vgl. oben **1.2**, S. 80.
430 S.o. **5.2**, S. 100 f.

Gefangene sich unter Vollzugslockerungen nach § 11 Abs. 1 Nr. 1 StVollzG – Außenbeschäftigung und Freigang – bewährt hat.[431]

Wie in den Entscheidungen *Ausführung I* (3) und *Ausgang I* (4) geht die Kammer davon aus, dass Vollzugslockerungen zu versagen sind, wenn zu befürchten ist, dass der Gefangene fliehen oder eine Lockerung des Vollzugs für Straftaten missbrauchen würde.[432] Wie in den genannten Entscheidungen stellt sie fest, dass die Justizvollzugsanstalt sich in „*diesen Fällen*" nicht auf einen Verweis auf eine abstrakte Flucht- oder Missbrauchsgefahr beschränken darf, sondern die angenommene Flucht- oder Missbrauchsgefahr durch Anhaltspunkte konkretisieren muss.[433] Anders als in den Entscheidungen *Ausführung I* (3) und *Ausgang I* (4) bezieht sich diese Feststellung aber weder auf langjährig Inhaftierte[434] noch auf zu lebenslanger Freiheitsstrafe Verurteilte, deren Entlassung fast nur noch von einer positiven Kriminalprognose abhängt[435]. Sprachlich bezieht sie sich vielmehr allgemein auf Fälle einer Flucht- oder Missbrauchsgefahr.[436]

Wörtlich genommen sagt diese Entscheidung also aus, dass die in der Entscheidung *Ausführung I* (3) entwickelten Anforderungen an die Annahme einer Flucht- oder Missbrauchsgefahr[437] nicht nur bei langjährig Inhaftierten, sondern bei allen Gefangenen gelten. Dass die Kammer eine Aussage dieses Inhalts treffen, die Grundsätze der Entscheidung *Ausführung I* (3) also modifizieren will, erscheint dennoch zweifelhaft. Dagegen spricht, dass sie sich in dieser Entscheidung – mangels eines entsprechenden Vorbringens der Justizvollzugsanstalt – überhaupt nicht damit befassen muss, ob eine Flucht- oder Missbrauchsgefahr gegeben ist. Sie hat also gar keine Veranlassung, sich mit dem Begriff der Flucht- oder Missbrauchsgefahr auseinanderzusetzen. Das spricht dafür, dass sie die in der Entscheidung *Ausführung I* (3) entwickelten Anforderungen an die Annahme einer Flucht- oder Missbrauchsgefahr nicht modifizieren, sondern vielmehr unverändert übernehmen will.

Aus dem Versagungsgrund der Flucht- oder Missbrauchsgefahr (§ 11 Abs. 2 StVollzG) folgt für die Kammer, dass „*Sicherheitsbedenken*", etwa im Hinblick auf die zeitliche Ferne des Strafendes, die Versagung von Vollzugslockerungen nicht rechtfertigen können. Begründet die Justizvollzugsanstalt die Versagung

---

431 S.o. **5.2**, S. 101.

432 S.o. **5.2**, S. 101. Vgl. oben **3.2**, S. 88, und **4.2**, S. 95.

433 S.o. **5.2**, S. 101. Vgl. oben **3.2**, S. 89, und **4.2**, S. 95.

434 S.o. **3.2**, S. 88 f.

435 S.o. **4.2**, S. 95.

436 S.o. **5.2**, S. 101.

437 S.o. **3.2**, S. 88 f.

von Vollzugslockerungen mit „*Sicherheitsbedenken*“, darf das Strafvollstreckungsgericht diese Begründung nicht als Flucht- oder Missbrauchsbefürchtung auslegen.[438]

6. Ausführung II

Die folgende Kammerentscheidung betreffend Vollzugslockerungen ist ein stattgebender Beschluss aus dem Jahr 2011. Grundlage war die Verfassungsbeschwerde eines Strafgefangenen gegen die Versagung einer Ausführung.

6.1 Gegenstand des Verfahrens

Der Beschwerdeführer verbüßte seit dem Jahr 1993 eine lebenslange Freiheitsstrafe wegen Mordes. Die unter dem Gesichtspunkt der besonderen Schwere der Schuld gebotene Vollstreckungsdauer war auf 20 Jahre festgesetzt worden.[439] Im Jahr 2007 beantragte der Beschwerdeführer eine gefesselte Ausführung. Das lehnte die Justizvollzugsanstalt ab.[440] Bei einer gefesselten Ausführung könne eine Flucht- oder Missbrauchsgefahr zwar mit hinreichender Sicherheit ausgeschlossen werden. Die Personallage zwinge allerdings dazu, bei der Gewährung von Ausführungen Prioritäten zu setzen. Zu lebenslanger Freiheitsstrafe Verurteilten würden Ausführungen gewährt, um mit dem Lockerungsprozess zu beginnen oder um schädlichen Auswirkungen des Freiheitsentzugs entgegenzuwirken. Der Beschwerdeführer gehöre weder zu der einen noch zu der anderen Gruppe. Ein Beginn des Lockerungsprozesses sei derzeit nicht vorgesehen. Auch lasse sich weder ein Verlernen autonomer Lebenstechniken noch ein erhöhtes Maß an Unselbstständigkeit feststellen.[441]

Strafvollstreckungskammer und Oberlandesgericht bestätigten die Entscheidung der Justizvollzugsanstalt als rechtmäßig.[442]

Mit seiner Verfassungsbeschwerde rügte der Beschwerdeführer eine Verletzung seines Resozialisierungsinteresses (Art. 2 Abs. 1 iVm Art. 1 Abs. 1 GG). Nach der Rechtsprechung des BVerfG müssten zu lebenslanger Freiheitsstrafe Verurteilte die Chance haben, die Freiheit wiederzuerlangen. Vollzugslockerungen hätten so früh einzusetzen, dass die Grundlage für eine Prognoseentscheidung zum frühestmöglichen Entlassungszeitpunkt geschaffen werde.[443]

---

438 S.o. **5.2**, S. 101 f.

439 BVerfG 2. Senat 3. Kammer, Beschl. v. 26.10.2011 – 2 BvR 1539/09 – juris, Ziff. 1.

440 BVerfG 2. Senat 3. Kammer, aaO Ziff. 2 f.

441 BVerfG 2. Senat 3. Kammer, aaO Ziff. 5.

442 BVerfG 2. Senat 3. Kammer, aaO Ziff. 7, 9.

443 BVerfG 2. Senat 3. Kammer, aaO Ziff. 10.

6.2 Entscheidung der Kammer

Die 3. Kammer des Zweiten Senats hielt die Verfassungsbeschwerde für offensichtlich begründet.[444] Die Entscheidung der Strafvollstreckungskammer verletze den Beschwerdeführer in seinen Rechten aus Art. 2 Abs. 1 iVm Art. 1 Abs. 1 GG.[445] Das Grundrecht aus Art. 2 Abs. 1 iVm Art. 1 Abs. 1 GG verpflichte den Staat, den Strafvollzug auf das Ziel auszurichten, dem Inhaftierten ein zukünftig straffreies Leben in Freiheit zu ermöglichen. Besonders bei langjährig Inhaftierten erfordere das, aktiv den schädlichen Auswirkungen des Freiheitsentzugs entgegenzuwirken und ihre Lebenstüchtigkeit zu erhalten und zu festigen. Das gelte auch bei lebenslanger Freiheitsstrafe. Dementsprechend habe der Gesetzgeber im StVollzG auch dem Vollzug der lebenslangen Freiheitsstrafe ein Behandlungs- und Resozialisierungskonzept zu Grunde gelegt. Der Wiedereingliederung des Delinquenten dienten unter anderem die Bestimmungen über Vollzugslockerungen. Erstrebe ein Gefangener Vollzugslockerungen, werde er deshalb durch deren Versagung in seinem Resozialisierungsinteresse berührt.[446]

Verfassungsrechtliche Anforderungen an die Vollzugsgestaltung gälten nicht nur nach Maßgabe dessen, was an Justizeinrichtungen tatsächlich oder üblicherweise vorhanden sei.[447] Zwar könnten sich aus der räumlichen und personellen Ausstattung einer Justizvollzugsanstalt Grenzen für die Möglichkeit der Durchführung von Behandlungsmaßnahmen ergeben.[448] Der Strafgefangene könne nicht verlangen, dass unbegrenzt personelle und sonstige Mittel aufgewendet werden, um Beschränkungen seiner Grundrechte zu verhindern. Jedoch könne der Staat grund- und einfachrechtliche Ansprüche Gefangener nicht nach Belieben dadurch verkürzen, dass er Justizvollzugsanstalten nicht so ausstatte, wie zur Wahrung der Rechte der Gefangenen erforderlich wäre. Die Grundrechte setzten vielmehr auch Maßstäbe für die Beschaffenheit staatlicher Einrichtungen. Der Staat sei verpflichtet, Justizvollzugsanstalten in der zur Wahrung der Grundrechte der Gefangenen erforderlichen Weise auszustatten.[449]

---

444 BVerfG 2. Senat 3. Kammer, aaO Ziff. 13.

445 BVerfG 2. Senat 3. Kammer, aaO Ziff. 15.

446 BVerfG 2. Senat 3. Kammer, aaO Ziff. 16 f.

447 BVerfG 2. Senat 3. Kammer, aaO Ziff. 18, mit Verweis – unter anderem – auf einen Beschluss des Ersten Senats (BVerfG 1. Senat, Beschl. v. 19.02.1963 – 1 BvR 610/62 – E 15, 288 (296)) betreffend das Recht des Untersuchungsgefangenen auf Rundfunkempfang.

448 BVerfG 2. Senat 3. Kammer, aaO, mit Verweis auf einen Beschluss des Zweiten Senats (BVerfG 2. Senat, Beschl. v. 06.04.1976 – 2 BvR 61/76 – E 42, 95 (100 f)) betreffend das Recht des Untersuchungsgefangenen auf Besuch.

449 BVerfG 2. Senat 3. Kammer, aaO.

Sei die Ausstattung einer Justizvollzugsanstalt so beschaffen, *„dass Rechte der Gefangenen nicht gewahrt werden können, ohne dass dadurch Rechte anderer Gefangener […] beeinträchtigt werden“*, folge *„auch hieraus“* nicht, dass die Beeinträchtigungen auf der einen oder anderen Seite ohne Weiteres und unabhängig von Bemühungen um kurzfristige Abhilfe als rechtmäßig hinzunehmen wären. Drohten auf Grund *„unzureichender Ausstattung“* einer Justizvollzugsanstalt Beeinträchtigungen, die normalerweise von Rechts wegen nicht hinzunehmen wären, so seien – unbeschadet der Verpflichtung, *„für eine dauerhafte Verbesserung der Ausstattung zu sorgen“* – besondere Anstrengungen der Anstalt im Hinblick auf einen Ausgleich des Mangels und zügige Abhilfe erforderlich. Das *„Niveau der ‚zumutbaren Anstrengungen‘“* bemesse sich *„insoweit nach der staatlichen Verantwortung für die Ausstattung des Vollzuges mit den für die rechtmäßige Erfüllung seiner Aufgaben erforderlichen Mitteln“*.[450]

In den Augen der 3. Kammer des Zweiten Senats genügte die Entscheidung der Strafvollstreckungskammer den verfassungsrechtlichen Anforderungen nicht.[451] Soweit die Strafvollstreckungskammer dem Beschwerdeführer entgegenhalte, er selbst behaupte nicht, dass er autonome Lebenstechniken verlernt habe oder ein erhöhtes Maß an Unselbstständigkeit zeige, verfehle sie den Sinn des Gebots, einem Verlust der Lebenstüchtigkeit des Gefangenen nach Möglichkeit entgegenzuwirken. Als *„Element der staatlichen Verpflichtung, den Haftvollzug am Resozialisierungsziel auszurichten“*, beziehe sich dieses Gebot *„offensichtlich nicht nur auf den Verlust von für das Leben in Haft bedeutsamen Fähigkeiten, sondern gerade auch auf die Erhaltung der Tüchtigkeit für ein Leben in Freiheit“*. Mit der Annahme, das Gebot *„greife erst ein, wenn der Gefangene Anzeichen einer haftbedingten Depravation aufweist, die sich bereits als Einschränkungen seiner Lebenstüchtigkeit unter den Verhältnissen der Haft bemerkbar machen“*, werde es *„grundlegend missverstanden“*. Dem *„hohen Gewicht, das dem Resozialisierungsinteresse des Beschwerdeführers nach mehr als zehnjähriger Haftverbüßung für die Ermessensentscheidung der Justizvollzugsanstalt“* zugekommen sei, habe die Strafvollstreckungskammer so nicht einmal im Ansatz Rechnung getragen.[452]

---

450 BVerfG 2. Senat 3. Kammer, aaO Ziff. 19, mit Verweis auf eine Entscheidung der 2. Kammer des Zweiten Senats (BVerfG 2. Senat 2. Kammer, Beschl. v. 05.05.2008 – 2 BvR 2111/06 – juris, Ziff. 20) betreffend die Ablehnung der Überstellung eines Strafgefangenen in eine andere Justizvollzugsanstalt (§ 8 Abs. 2 StVollzG) wegen Überbelegung dieser Anstalt.

451 BVerfG 2. Senat 3. Kammer, aaO Ziff. 21.

452 BVerfG 2. Senat 3. Kammer, aaO Ziff. 23.

Die Entscheidung der Strafvollstreckungskammer verfehle die verfassungsrechtlichen Anforderungen auch insoweit, als sie sich mit den „*Grenzen der Möglichkeit, Versagungen durch Personalknappheit zu rechtfertigen*“, nicht auseinandersetze. Angesichts des Gewichts der betroffenen grundrechtlichen Belange sei das „*offensichtlich angezeigt*“ gewesen. Weder habe die Strafvollstreckungskammer Feststellungen über „*Art und Dauer der von der Justizvollzugsanstalt angeführten Mangellage*“ getroffen noch geprüft, „*ob und welche Abhilfemaßnahmen*“ die Anstalt ergriffen habe sowie „*ob und welche besonderen Anstrengungen ihr zumindest vorübergehend zumutbar*“ seien, um sicherzustellen, dass die Möglichkeit der Gewährung von Vollzugslockerungen „*nicht in einer mit dem dahinterstehenden Resozialisierungsziel unvereinbaren Weise leerläuft*“.[453]

6.3 Wesentlicher Inhalt, Einordnung und Würdigung der Entscheidung

Auch in dieser Entscheidung der 3. Kammer des Zweiten Senats geht es um die Entscheidung der Justizvollzugsanstalt über Vollzugslockerungen. Darüber hinaus und in erster Linie geht es um die personelle Ausstattung der Justizvollzugsanstalt im Hinblick auf Vollzugslockerungen. Die Kammer stellt fest: Das Resozialisierungsgebot verlangt insbesondere bei langjährig Inhaftierten, schädlichen Auswirkungen des Freiheitsentzugs entgegenzuwirken und sie lebenstüchtig zu erhalten.[454] Entsprechend ist im StVollzG auch dem Vollzug der lebenslangen Freiheitsstrafe ein Behandlungs- und Resozialisierungskonzept zu Grunde gelegt. Der Wiedereingliederung des Delinquenten dienen unter anderem Vollzugslockerungen.[455] Begehrt ein Gefangener Vollzugslockerungen, wird er deshalb durch deren Versagung in seinem Resozialisierungsinteresse (Art. 2 Abs. 1 iVm Art. 1 Abs. 1 GG) berührt.[456] Auch die 3. Kammer des Zweiten Senats greift also auf den Beschluss *Hafturlaub* (II.3) und die Entscheidung *Ausgang I* (4) zurück. Darüber hinaus legt sie ihrer Entscheidung die Grundsätze des zwischenzeitlich ergangenen Beschlusses *Aussetzung einer lebenslangen Freiheitsstrafe III* (II.4) zu Grunde. Eine Modifizierung des Prüfungsmaßstabs folgt daraus nicht. Denn der Beschluss *Aussetzung einer lebenslangen Freiheitsstrafe III* (II.4) weicht nicht von den Grundsätzen der Senatsentscheidungen *Lebach* (II.1), *Lebenslange Freiheitsstrafe* (II.2) und *Hafturlaub* (II.3) ab.[457]

---

453 BVerfG 2. Senat 3. Kammer, aaO Ziff. 24.

454 S.o. **6.2**, S. 105. Vgl. oben **II.3**, S. 75.

455 S.o. **6.2**, S. 105. Vgl. oben **II.4**, S. 76 f.

456 S.o. **6.2**, S. 105. Vgl. oben **4.2**, S. 94.

457 S.o. **II.4**, S. 76 f. Vgl. oben **II.1**, S. 72 f, **II.2**, S. 73 f, und **II.3**, S. 74 f.

Hinsichtlich der Entscheidung der Justizvollzugsanstalt über Vollzugslockerungen trifft die Kammer folgende Feststellungen: Die Verpflichtung der Justizvollzugsanstalt, den Gefangenen lebenstüchtig zu erhalten, ist nicht nur auf das Leben in Haft bezogen, sondern – als Element des Resozialisierungsgebots – auch und vor allem auf ein Leben in Freiheit. Entsprechend kommt diese Verpflichtung nicht erst dann zum Tragen, wenn der Gefangene Anzeichen einer Persönlichkeitsveränderung zeigt, die seine Lebenstüchtigkeit schon unter Haftbedingungen einschränkt.[458]

Hinsichtlich der personellen Ausstattung der Justizvollzugsanstalt im Hinblick auf Vollzugslockerungen trifft die Kammer folgende Feststellungen: Die Justizvollzugsanstalt ist so auszustatten, dass die Grundrechte, insbesondere das Resozialisierungsinteresse des Gefangenen (Art. 2 Abs. 1 iVm Art. 1 Abs. 1 GG), gewahrt werden können. Aus der personellen Ausstattung der Justizvollzugsanstalt können sich zwar Grenzen für die Möglichkeit der Durchführung von Behandlungsmaßnahmen ergeben. Denn der Gefangene hat keinen Anspruch darauf, dass unbegrenzt Mittel aufgewendet werden, um Behandlungsmaßnahmen – insbesondere Vollzugslockerungen – durchführen zu können. Ist die personelle Ausstattung der Justizvollzugsanstalt aber so beschaffen, dass die Rechte eines Gefangenen nur dadurch gewahrt werden können, dass die Rechte eines anderen Gefangenen beeinträchtigt werden, so ist sie unzureichend. Dann muss die Justizvollzugsanstalt besondere Anstrengungen im Hinblick auf einen kurzfristigen Ausgleich des Mangels unternehmen. Langfristig hat sie darüber hinaus für eine Verbesserung der Ausstattung zu sorgen.[459]

Diesen Feststellungen lässt sich Folgendes – eigentlich Selbstverständliches – entnehmen: Dem Gefangenen müssen nicht unbegrenzt Vollzugslockerungen gewährt werden. Deshalb muss die Justizvollzugsanstalt personell nicht so ausgestattet sein, dass ihm unbegrenzt Vollzugslockerungen gewährt werden könnten. Die damit noch offene Frage, in welchem Maße dem Gefangenen Vollzugslockerungen gewährt werden müssen, beantwortet die Kammer nicht. Unbeantwortet bleibt auch die entsprechende Frage, wie die Justizvollzugsanstalt personell ausgestattet sein muss, wann also die personelle Ausstattung der Justizvollzugsanstalt die Grundrechte, insbesondere das Resozialisierungsinteresse des Gefangenen (Art. 2 Abs. 1 iVm Art. 1 Abs. 1 GG), verletzt. Der Verlauf der Grenze der Möglichkeit, die Versagung von Vollzugslockerungen durch Personalknappheit zu rechtfertigen[460], ergibt sich auch nicht aus der *„staatlichen Verantwortung für*

---

458 S.o. **6.2**, S. 106.
459 S.o. **6.2**, S. 105 f.
460 S.o. **6.2**, S. 107.

die Ausstattung des Vollzuges mit den für die rechtmäßige Erfüllung seiner Aufgaben erforderlichen Mitteln"[461]. Denn welches Maß an personeller Ausstattung für einen rechtmäßigen Strafvollzug erforderlich ist, ist gerade fraglich.

7. Vollzugsplan und Vollzugslockerungen

Die Verfassungsbeschwerde eines Strafgefangenen gegen den Inhalt des Vollzugsplans in Bezug auf Vollzugslockerungen war Grundlage eines stattgebenden Beschlusses aus dem Jahr 2010.

7.1 Gegenstand des Verfahrens

Der Beschwerdeführer verbüßte seit dem Jahr 1994 eine lebenslange Freiheitsstrafe wegen Mordes. Das Schwurgericht hatte eine besondere Schwere der Schuld festgestellt.[462] Im Jahr 2007 wurde eine Vollzugsplanfortschreibung vorgenommen, unter anderem mit folgendem Inhalt:

> *„Inzwischen wurde [...] zur Festsetzung der Mindestverbüßungsdauer Stellung genommen. Mit der Festlegung der Mindestverbüßungsdauer wird zum Ende des Jahres gerechnet. Erst im Anschluss daran können konkrete Planungen im Hinblick auf Vollzugslockerungen erfolgen. [...] Bevor der Beschluss zur Mindestverbüßungszeit nicht eingegangen ist, können keine Entscheidungen hinsichtlich der Lockerungsgewährung getroffen werden".*[463]

Der Beschwerdeführer stellte Antrag auf gerichtliche Entscheidung gegen den Inhalt der Vollzugsplanfortschreibung.[464] Die Strafvollstreckungskammer wies den Antrag zurück.[465] Das Oberlandesgericht verwarf seine Rechtsbeschwerde.[466]

Mit seiner Verfassungsbeschwerde rügte der Beschwerdeführer eine Verletzung seiner Rechte aus Art. 1 Abs. 1 und Art. 2 Abs. 1 GG. Die Versagung von Vollzugslockerungen verletze ihn in seinem Resozialisierungsinteresse. Die Strafvollstreckungskammer habe verkannt, dass Vollzugslockerungen, ausgenommen Hafturlaub, auch zu lebenslanger Freiheitsstrafe Verurteilten zu jeder Zeit gewährt werden können. Die Praxis der Justizvollzugsanstalt laufe darauf hinaus, dass zu lebenslanger Freiheitsstrafe Verurteilte, bei denen das

---

461 S.o. **6.2**, S. 106.
462 BVerfG 2. Senat 3. Kammer, Beschl. v. 05.08.2010 – 2 BvR 729/08 – juris, Ziff. 1.
463 BVerfG 2. Senat 3. Kammer, aaO Ziff. 2, 6, 12.
464 BVerfG 2. Senat 3. Kammer, aaO Ziff. 14.
465 BVerfG 2. Senat 3. Kammer, aaO Ziff. 18.
466 BVerfG 2. Senat 3. Kammer, aaO Ziff. 21.

Schwurgericht eine besondere Schwere der Schuld festgestellt habe, bis zur Festsetzung der Vollstreckungsdauer von Vollzugslockerungen generell ausgeschlossen seien.[467]

7.2 Entscheidung der Kammer

Die 3. Kammer des Zweiten Senats hielt die Verfassungsbeschwerde für offensichtlich begründet.[468] Die Entscheidung der Strafvollstreckungskammer verletze den Beschwerdeführer in seinen Rechten aus Art. 2 Abs. 1 iVm Art. 1 Abs. 1 GG.[469] Der Strafvollzug sei nicht nur auf Grund einfachen Rechts, sondern auch von Verfassungs wegen dem Ziel der Resozialisierung verpflichtet. Der Vollzugsplan diene der Konkretisierung des Vollzugsziels für den einzelnen Gefangenen. Mit Grundentscheidungen zum Vollzugs- und Behandlungsablauf solle er dem Gefangenen und den Vollzugsbediensteten Orientierung geben. Im Hinblick darauf müsse er in Orientierung ermöglichender Weise auf die Entwicklung des Gefangenen und die in Betracht kommenden Behandlungsansätze eingehen. Das gelte auch bei lebenslanger Freiheitsstrafe. Hier müsse die Vollzugsplanung jedenfalls nach längerem Strafvollzug unabhängig davon, ob ein Entlassungszeitpunkt sich schon abzeichne, besonders auf die Verhinderung schädlicher Auswirkungen des Freiheitsentzugs ausgerichtet sein. Die Bestimmungen über den Vollzugsplan begründeten eigenständige Rechte und Pflichten, die gegenüber den Rechten und Pflichten betreffend einzelne Vollzugsmaßnahmen verselbstständigt seien. Die *„Möglichkeit einer Rechtsverletzung durch lockerungsbezogene Lücken oder Inhalte des Vollzugsplans“* sei deshalb unabhängig davon, ob der Gefangene Vollzugslockerungen beantragt hat.[470]

Erstrebe ein Gefangener Vollzugslockerungen, so werde er durch deren Versagung in seinem Resozialisierungsinteresse (Art. 2 Abs. 1 iVm Art. 1 Abs. 1 GG) berührt. Das gelte auch für einen zu lebenslanger Freiheitsstrafe Verurteilten. Denn die lebenslange Freiheitsstrafe finde ihre verfassungsrechtlich notwendige Ergänzung in einem sinnvollen Behandlungsvollzug. Vollzugslockerungen machten es dem Gefangenen möglich, nach langem Freiheitsentzug Orientierung für ein normales Leben zu suchen und zu finden. Auch die Chancen, dass das Strafvollstreckungsgericht zu einer positiven Kriminalprognose (§ 57a Abs. 1 iVm § 57 Abs. 1 StGB) gelangen werde, würden durch die Gewährung

---

467 BVerfG 2. Senat 3. Kammer, aaO Ziff. 22.
468 BVerfG 2. Senat 3. Kammer, aaO Ziff. 25.
469 BVerfG 2. Senat 3. Kammer, aaO Ziff. 29.
470 BVerfG 2. Senat 3. Kammer, aaO Ziff. 31.

von Vollzugslockerungen verbessert und durch deren Versagung verschlechtert. Vollzugslockerungen könnten „*danach nicht auf die Funktion der unmittelbaren Vorbereitung einer konkret absehbaren Entlassung beschränkt werden. Bei langjährig Inhaftierten*“ könne, „*auch wenn eine konkrete Entlassungsperspektive sich noch nicht abzeichnet, geboten sein, zumindest Lockerungen in Gestalt von Ausführungen dadurch zu ermöglichen, dass die Justizvollzugsanstalt einer von ihr angenommenen Flucht- oder Missbrauchsgefahr durch geeignete Sicherheitsvorkehrungen entgegenwirkt*“.[471]

Die Strafvollstreckungskammer habe zwar erkannt, „*dass nach diesen verfassungsrechtlichen Grundsätzen einem zu lebenslanger Freiheitsstrafe Verurteilten nicht jegliche Lockerungsperspektive allein mit der Begründung versagt werden kann, die Festlegung der Mindestverbüßungsdauer für seine Strafe stehe noch aus*“. Diese Erkenntnis habe sie auf den konkreten Fall aber nicht angewendet. In Bezug auf Vollzugslockerungen beinhalte die Vollzugsplanfortschreibung nur zwei Aussagen, nämlich dass „*keine Entscheidungen hinsichtlich der Lockerungsgewährung getroffen werden*“ könnten, solange „*der Beschluss zur Mindestverbüßungszeit nicht eingegangen*“ sei, und dass auch „*konkrete Planungen im Hinblick auf Vollzugslockerungen*“ erst „*im Anschluss*“ an die Festsetzung der Mindestverbüßungsdauer möglich seien. Diese Aussagen seien nach den dargestellten verfassungsrechtlichen Vorgaben nicht geeignet, „*die Versagung von Lockerungen oder eine entsprechende Vorprägung konkreter Lockerungsentscheidungen durch den Vollzugsplan zu tragen*“.[472]

Im gerichtlichen Verfahren habe die Justizvollzugsanstalt ergänzende Ausführungen gemacht. Ob und inwieweit diese Ausführungen nicht mehr zulässige nachgeschobene Ermessenserwägungen seien, könne offen bleiben. Denn auch diese Ausführungen beruhten „*nicht auf der von Verfassungs wegen gebotenen Gesamtwürdigung der für die Frage der Lockerungseignung erheblichen Umstände [...], sondern auf der unhaltbaren Annahme, dass über die Lockerungseignung des Beschwerdeführers erst nach Festlegung der Mindestverbüßungsdauer befunden werden könne*“. In den ergänzenden Ausführungen der Justizvollzugsanstalt finde sich auch kein Wort zu der Frage, ob die Lockerungsvoraussetzungen in § 11 Abs. 2 StVollzG nicht ungeachtet möglicher Prognoseunsicherheiten durch Ausführungen mit entsprechenden Sicherheitsvorkehrungen gewährleistet werden könnten. „*Nachdem der Beschwerdeführer längst die Haftdauer überschritten hatte, jenseits derer einem zu lebenslanger Haft Verurteilten nach § 13 Abs. 1,*

471 BVerfG 2. Senat 3. Kammer, aaO Ziff. 32.
472 BVerfG 2. Senat 3. Kammer, aaO Ziff. 33 f.

3 StVollzG sogar Urlaub aus dem geschlossenen Vollzug gewährt werden kann“, seien „*Feststellungen dazu offensichtlich nicht entbehrlich*“ gewesen.[473]

7.3 Wesentlicher Inhalt, Einordnung und Würdigung der Entscheidung

Gegenstand dieser Entscheidung der 3. Kammer des Zweiten Senats ist die Entscheidung der Justizvollzugsanstalt über Vollzugslockerungen im Vollzugsplan. Unter Rückgriff auf die Grundsätze der Entscheidungen *Inhalt des Vollzugsplans* (2) und *Ausgang I* (4) stellt sie insoweit fest: Der Strafvollzug ist von Verfassungs wegen der Resozialisierung des Gefangenen verpflichtet. Der Vollzugsplan soll dem Gefangenen Orientierung geben. Im Hinblick darauf muss er in Orientierung ermöglichender Weise auf die Entwicklung des Gefangenen und die in Betracht kommenden weiteren Behandlungsmaßnahmen eingehen. Bei lebenslanger Freiheitsstrafe muss er darüber hinaus jedenfalls nach längerem Strafvollzug unabhängig vom Entlassungszeitpunkt insbesondere auf die Verhinderung schädlicher Auswirkungen des Freiheitsentzugs ausgerichtet sein.[474] Vollzugslockerungen geben dem Gefangenen die Möglichkeit, Orientierung für ein Leben in Freiheit zu finden, und verbessern die Chancen, dass das Strafvollstreckungsgericht zu einer positiven Kriminalprognose gelangen wird.[475]

Ausgehend davon entwickelt die Kammer weitere, für Lockerungsentscheidungen im Vollzugsplan und außerhalb des Vollzugsplans in gleicher Weise[476] geltende Grundsätze: Vollzugslockerungen haben nicht nur die Funktion, den Gefangenen auf eine schon absehbare Entlassung vorzubereiten. Bei langjährig Inhaftierten kann vielmehr auch dann, wenn eine Entlassung noch nicht absehbar ist, jedenfalls die Gewährung von Ausführungen angezeigt sein.[477] Einem zu lebenslanger Freiheitsstrafe Verurteilten dürfen Vollzugslockerungen nicht deshalb versagt werden, weil die Festsetzung der unter dem Gesichtspunkt der besonderen Schwere der Schuld gebotenen Vollstreckungsdauer noch aussteht.[478] Jedenfalls dann, wenn dem Verurteilten schon Hafturlaub gewährt werden könnte – also nach zehn Jahren Haft –, muss die Justizvollzugsanstalt

473 BVerfG 2. Senat 3. Kammer, aaO Ziff. 35 f. Vgl. BVerfG 2. Senat 3. Kammer v. 29.02.2012 – 2 BvR 368/10 – und v. 23.05.2013 – 2 BvR 2129/11 – sowie BVerfG 2. Senat 2. Kammer v. 04.05.2015 – 2 BvR 1753/14 –, v. 15.05.2018 – 2 BvR 287/17 – und v. 21.09.2018 – 2 BvR 1649/17 – juris.

474 S.o. **7.2**, S. 110. Vgl. oben **2.2**, S. 83 f.

475 S.o. **7.2**, S. 110 f. Vgl. oben **4.2**, S. 95.

476 S.o. **7.2**, S. 111.

477 S.o. **7.2**, S. 111.

478 S.o. **7.2**, S. 111.

erwägen, ob nicht wenigstens die Voraussetzungen für Ausführungen geschaffen werden können, indem einer eventuellen Flucht- oder Missbrauchsgefahr durch geeignete Sicherheitsvorkehrungen begegnet wird.[479]

8. Verlegung

Die Verfassungsbeschwerde eines Strafgefangenen gegen die Ablehnung seiner Verlegung in eine andere Justizvollzugsanstalt war Grundlage eines stattgebenden Beschlusses aus dem Jahr 2006.

8.1 Gegenstand des Verfahrens

Der Beschwerdeführer verbüßte eine lebenslange Freiheitsstrafe in der Justizvollzugsanstalt Straubing. Der frühestmögliche Entlassungszeitpunkt lag im Dezember 2009.[480] Im Juli 2004 beantragte der Beschwerdeführer, ihn abweichend vom Vollstreckungsplan in eine Justizvollzugsanstalt in Sachsen, vorzugsweise in die Justizvollzugsanstalt Torgau, zu verlegen. Sämtliche seiner Bezugspersonen – seine Verlobte, seine Eltern, seine Geschwister sowie seine Nichten und Neffen – lebten in Ostdeutschland. In Bayern habe er keine sozialen Kontakte. Seine Angehörigen wollten ihn bei seiner Wiedereingliederung unterstützen. In der Justizvollzugsanstalt Straubing könnten sie ihn aus beruflichen, finanziellen bzw. gesundheitlichen Gründen nicht besuchen.[481] Die Justizvollzugsanstalt lehnte den Antrag ab.[482]

Der vom Beschwerdeführer gegen die Entscheidung der Justizvollzugsanstalt gestellte Antrag auf gerichtliche Entscheidung wurde von der Strafvollstreckungskammer zurückgewiesen.[483] Das Oberlandesgericht verwarf seine dagegen eingelegte Rechtsbeschwerde.[484]

Mit seiner Verfassungsbeschwerde rügte der Beschwerdeführer eine Verletzung seiner Rechte aus Art. 2 Abs. 1 iVm Art. 1 Abs. 1 GG. Ihm drohe der Verlust von Vertrauenspersonen, die ihn während des Strafvollzugs und nach seiner Entlassung unterstützen wollten. Das gefährde seine Resozialisierung.[485]

---

479 S.o. **7.2**, S. 111 f.

480 BVerfG 2. Senat 2. Kammer, Beschl. v. 19.04.2006 – 2 BvR 818/05 – juris, Ziff. 2.

481 BVerfG 2. Senat 2. Kammer, aaO Ziff. 4.

482 BVerfG 2. Senat 2. Kammer, aaO Ziff. 6.

483 BVerfG 2. Senat 2. Kammer, aaO Ziff. 7.

484 BVerfG 2. Senat 2. Kammer, aaO Ziff. 8.

485 BVerfG 2. Senat 2. Kammer, aaO Ziff. 9.

8.2 Entscheidung der Kammer

Die 2. Kammer des Zweiten Senats hielt die Verfassungsbeschwerde für offensichtlich begründet. Die angegriffenen Entscheidungen verletzten den Beschwerdeführer in seinen Rechten aus Art. 2 Abs. 1 iVm Art. 1 Abs. 1 GG.[486] Für das Resozialisierungsziel, auf das der Strafvollzug von Verfassungs wegen auszurichten sei, hätten *„die familiären Beziehungen des Gefangenen wesentliche Bedeutung"*. In der Regel erhöhten der Bestand und die Stärkung dieser Beziehungen die Chancen für seine Wiedereingliederung.[487] Intakte Familienbeziehungen seien auch deshalb *„von großem Belang, weil resozialisierungs- und freiheitserhebliche Entscheidungen von ihnen abhängen können"*. Ein stabiler sozialer Empfangsraum fließe *„als positiver Faktor in zu treffende Prognoseentscheidungen – sei es im Rahmen von Entscheidungen über die Gewährung von Vollzugslockerungen oder über die Frage einer Entlassung auf Bewährung – ein"*. Umgekehrt könne als Gesichtspunkt, der für eine ungünstige Prognose spricht, *„ins Gewicht fallen, wenn eine Stützung durch Angehörige nicht oder nicht an dem Ort, an dem sie benötigt würde, verfügbar ist"*.[488]

Den Belastungen und Gefährdungen, die der Vollzug einer Freiheitsstrafe für diese Beziehungen naturgemäß bedeute, müsse die Vollzugsgestaltung deshalb nicht nur mit Rücksicht auf das Grundrecht aus Art. 6 Abs. 1 GG, sondern auch im Hinblick auf das Resozialisierungsinteresse des Gefangenen entgegenwirken. Der Resozialisierungsgrundsatz verpflichte die Justizvollzugsanstalt dazu, schädlichen Auswirkungen des Freiheitsentzugs zu begegnen. Das Resozialisierungsinteresse erstrecke sich auch auf die Rahmenbedingungen, die einer Bewährung und Wiedereingliederung förderlich seien.[489]

Die Regelung in § 8 Abs. 1 Nr. 1 StVollzG trage dem Rechnung, indem sie ermögliche, den Gefangenen zu verlegen, wenn seine Behandlung oder seine Wiedereingliederung nach der Entlassung dadurch gefördert würde. Bei Verlegungsentscheidungen habe der Gefangene *„Anspruch auf eine fehlerfreie Ermessensausübung, die dem verfassungsrechtlichen Gewicht des Resozialisierungsziels und der für die Erreichbarkeit dieses Ziels maßgebenden Umstände Rechnung trägt"*.[490]

---

486 BVerfG 2. Senat 2. Kammer, aaO Ziff. 11.

487 BVerfG 2. Senat 2. Kammer, aaO Ziff. 12, mit Verweis auf BVerfG 2. Senat, Beschl. v. 08.12.1993 – 2 BvR 736/90 – E 89, 315 (322).

488 BVerfG 2. Senat 2. Kammer, aaO.

489 BVerfG 2. Senat 2. Kammer, aaO Ziff. 13.

490 BVerfG 2. Senat 2. Kammer, aaO Ziff. 14. Vgl. BVerfG 2. Senat 2. Kammer v. 20.06.2017 – 2 BvR 345/17 – juris.

In den Augen der 2. Kammer des Zweiten Senats genügten die angegriffenen Entscheidungen den verfassungsrechtlichen Anforderungen nicht.[491] Wie schon die Justizvollzugsanstalt sei auch die Strafvollstreckungskammer davon ausgegangen, dass ein Anstaltswechsel zur Aufrechterhaltung familiärer Beziehungen nur dann in Betracht komme, wenn er als Behandlungsmaßnahme oder für die Resozialisierung auf Grund besonderer Umstände unerlässlich erscheine. Sofern das als Umschreibung der gesetzlichen Voraussetzungen einer Verlegung zu verstehen sei, werde der gerichtliche Entscheidungsspielraum schon im Ansatz überschritten. Denn nach dem eindeutigen Wortlaut von § 8 Abs. 1 Nr. 1 StVollzG komme die Verlegung eines Gefangenen nicht erst dann in Betracht, wenn sie unerlässlich ist, sondern schon dann, wenn sie seine Behandlung oder seine Wiedereingliederung nach der Entlassung fördert.[492]

Die Entscheidung der Strafvollstreckungskammer genüge aber auch dann nicht den verfassungsrechtlichen Anforderungen, wenn das Gericht das Erfordernis der Unerlässlichkeit nicht als gesetzliche Voraussetzung einer Verlegung, sondern als Ermessensleitlinie der Justizvollzugsanstalt aufgefasst und die darauf beruhende Ermessenausübung als rechtmäßig bestätigt habe. Trage der Gesetzgeber durch eine Bestimmung wie § 8 Abs. 1 Nr. 1 StVollzG grundrechtlichen Belangen Rechnung, so sei schon fraglich, *„ob es sich um eine grundrechtskonforme Ausfüllung des eingeräumten Ermessenspielraums handeln kann, wenn die Behörden ihrer Ermessensausübung eine Leitlinie zugrundelegen, die gleichbedeutend ist mit einer regelförmigen Verschärfung der gesetzlichen Voraussetzungen“*. Sofern das zulässig, das Kriterium der Unerlässlichkeit als solches also nicht zu beanstanden sein sollte, könnten Behörden und Gerichte sich dadurch jedenfalls nicht der Verpflichtung entziehen, die grundrechtlichen Belange des Betroffenen *„unter Berücksichtigung der Umstände des Einzelfalles angemessen zu würdigen“*.[493]

Das sei hier nicht geschehen. Die Entscheidung der Justizvollzugsanstalt setze sich mit dem Vorbringen des Beschwerdeführers nicht im Einzelnen auseinander. Die gewünschten Besuche seiner Eltern, die Bedeutung seiner Verlegung für zukünftige Entscheidungen über Vollzugslockerungen, die fehlenden Kontakte in Westdeutschland und seine Absicht, nach seiner Entlassung zusammen mit seiner Verlobten in der Nähe seiner Schwester in Sachsen zu leben, fänden *„nicht einmal Erwähnung“*. Andere Argumente des Beschwerdeführers wie die

491 BVerfG 2. Senat 2. Kammer, aaO Ziff. 15.

492 BVerfG 2. Senat 2. Kammer, aaO Ziff. 16 f.

493 BVerfG 2. Senat 2. Kammer, aaO Ziff. 18.

gesundheitsbedingt eingeschränkte Reisefähigkeit seiner Verlobten und die berufsbedingt eingeschränkten Reisemöglichkeiten seiner Schwester würden *„ohne nähere Würdigung angesprochen"*. Die Anstalt stütze ihre Entscheidung allein auf die *„allgemeine Erwägung"*, dass – sofern eine Verlegung nicht auf Grund besonderer Umstände unerlässlich erscheine – die räumliche Trennung von den Angehörigen als zwangsläufige Folge einer Freiheitsstrafe hingenommen werden müsse, weil sonst der Vollstreckungsplan mit der Zeit unterlaufen würde und ein reibungsloser Strafvollzug dann nicht mehr möglich wäre. Die Anwendung dieser Kriterien auf den konkreten Fall beschränke sich auf *„die nicht näher begründete Feststellung, eine Unerlässlichkeit sei nicht erkennbar"*.[494]

Die Strafvollstreckungskammer habe das von der Justizvollzugsanstalt zu Grunde gelegte Kriterium der Unerlässlichkeit in der Weise präzisiert, dass es mit Blick auf den Vollstreckungsplan im Einzelfall besonderer, vom Durchschnittsfall abweichender Erschwerungen des Kontakts zu den Angehörigen bedürfe, um eine Verlegung rechtfertigen zu können. Die dem zu Grunde liegende Erwägung, dass die Entscheidung über eine Verlegung *„nicht nach Grundsätzen getroffen werden darf, die mit den Erfordernissen eines geordneten Strafvollzuges nicht vereinbar wären"*, sei *„verfassungsrechtlich tragfähig"*. Zu einem geordneten Strafvollzug gehöre allerdings nicht nur, dass der Vollstreckungsplan seine planerische Funktion erfüllen kann, sondern auch, *„dass sowohl in der Vollstreckungsplanung selbst […] als auch bei davon abweichenden Verlegungsentscheidungen […] auf den Gesichtspunkt der Förderung des Kontakts zu Angehörigen die verfassungsrechtlich gebotene Rücksicht genommen wird"*. Sofern die Praxis diesen Erfordernissen entspreche, *„sollten Schwierigkeiten des beiderseits erwünschten Kontakts zu den Angehörigen, wie sie im Falle des Beschwerdeführers bestehen, gerade nicht den Durchschnittsfall bilden"*. Vor diesem Hintergrund sei die Feststellung der Strafvollstreckungskammer, dass besondere, vom Durchschnittsfall abweichende Erschwerungen im Fall des Beschwerdeführers nicht gegeben seien, nicht nachvollziehbar. Die Erwägung des Gerichts, dass gesundheits- oder finanziell bedingte Kontaktschwierigkeiten keine überdurchschnittlichen, sondern typische Erschwerungen seien, sei *„offensichtlich unhaltbar"*.[495]

8.3 Wesentlicher Inhalt, Einordnung und Würdigung der Entscheidung

In dieser Entscheidung befasst sich die 2. Kammer des Zweiten Senats mit der Entscheidung der Justizvollzugsanstalt über Verlegungen (§ 8 Abs. 1 StVollzG).

494 BVerfG 2. Senat 2. Kammer, aaO Ziff. 19 f.
495 BVerfG 2. Senat 2. Kammer, aaO Ziff. 21 ff.

Die einschlägigen verfassungsrechtlichen Maßstäbe entnimmt sie ihren Entscheidungen *Ausführung I* (3), *Ausgang I* (4) sowie *Ausgang II* (5) und stellt fest: Das Resozialisierungsinteresse des Strafgefangenen (Art. 2 Abs. 1 iVm Art. 1 Abs. 1 GG) ist auf die Schaffung von Bedingungen gerichtet, die seine Bewährung und seine Wiedereingliederung in die Gesellschaft fördern.[496] Die familiären Beziehungen des Gefangenen sind in diesem Zusammenhang von wesentlicher Bedeutung. Intakte familiäre Beziehungen erhöhen die Chancen für seine Wiedereingliederung und sind bei Entscheidungen über Vollzugslockerungen oder die Aussetzung der Strafe als positiver Faktor zu berücksichtigen.[497] Umgekehrt kann negativ ins Gewicht fallen, wenn Angehörige nicht oder jedenfalls nicht vor Ort zur Verfügung stehen.[498]

Ausgehend davon stellt die Kammer weiter fest: Bei Entscheidungen über Verlegungen hat die Justizvollzugsanstalt dem Gewicht des Resozialisierungsinteresses des Gefangenen (Art. 2 Abs. 1 iVm Art. 1 Abs. 1 GG) und der für die Verwirklichung dieses Interesses maßgebenden Umstände Rechnung zu tragen.[499] Insbesondere der Gesichtspunkt der Förderung des Kontakts zu Angehörigen ist hinreichend zu berücksichtigen.[500] Die Justizvollzugsanstalt darf nicht davon ausgehen, dass eine Verlegung zum Zwecke der Aufrechterhaltung familiärer Beziehungen nur dann in Betracht kommt, wenn sie für die Resozialisierung des Gefangenen auf Grund besonderer Umstände unerlässlich erscheint.[501]

IV. Zusammenfassung

Hinsichtlich der Kammerrechtsprechung in Bezug auf Vollzugsgestaltung und Menschenwürde ist zusammenfassend Folgendes festzuhalten:

1. Grundsätze der einschlägigen Kammerrechtsprechung

1.1 Vollzugsplan (§ 7 StVollzG)

Das Resozialisierungsinteresse des Gefangenen (Art. 2 Abs. 1 iVm Art. 1 Abs. 1 GG) ist auf die Schaffung von Bedingungen gerichtet, die seine Bewährung und seine Wiedereingliederung in die Gesellschaft fördern.[502] Der Vollzugsplan der

496 S.o. **8.2**, S. 114. Vgl. oben **5.2**, S. 100 f.
497 S.o. **8.2**, S. 114. Vgl. oben **3.2**, S. 90.
498 S.o. **8.2**, S. 114. Vgl. oben **4.2**, S. 96.
499 S.o. **8.2**, S. 114.
500 S.o. **8.2**, S. 116.
501 S.o. **8.2**, S. 115.
502 S.o. **III.1.3**, S. 81.

Justizvollzugsanstalt ist ein wesentliches Element des dem Ziel der Resozialisierung des Gefangenen verpflichteten Strafvollzugs.[503] Er soll dem Gefangenen Orientierung geben, sodass dieser sein Verhalten auf die Erreichung des Vollzugsziels ausrichten kann.[504]

Der Vollzugsplan muss Grundentscheidungen über die Vollzugsgestaltung beinhalten. Er muss Orientierung ermöglichende Aussagen über die Entwicklung des Gefangenen und die in Betracht kommenden weiteren Behandlungsmaßnahmen treffen.[505] Bei lebenslanger Freiheitsstrafe muss er darüber hinaus jedenfalls nach längerem Strafvollzug unabhängig vom Entlassungszeitpunkt insbesondere darauf ausgerichtet sein, schädliche Auswirkungen des Freiheitsentzugs zu verhindern.[506]

Eine der Rechtsschutzgarantie (Art. 19 Abs. 4 GG) genügende gerichtliche Überprüfung der Aufstellung und der Fortschreibungen des Vollzugsplans muss möglich sein. Im Hinblick darauf sind die entsprechenden Vorgänge und Erwägungen hinreichend zu dokumentieren. Dieses Erfordernis bezieht sich insbesondere auf die Gründe für oder gegen bestimmte Behandlungsmaßnahmen sowie auf Zeit, Ort, Teilnehmer und den wesentlichen Inhalt der Vollzugsplankonferenz.[507]

Auf Antrag hat die Justizvollzugsanstalt dem Gefangenen Einsicht in den Vollzugsplan zu gewähren. Er darf nicht auf mündliche Auskünfte verwiesen werden.[508]

1.2 Vollzugslockerungen (§ 11 StVollzG)

Das Resozialisierungsinteresse des Gefangenen (Art. 2 Abs. 1 iVm Art. 1 Abs. 1 GG) ist auf die Verhinderung schädlicher Auswirkungen des Freiheitsentzugs[509] und auf die Schaffung von Bedingungen gerichtet, die eine Bewährung des Gefangenen und seine Wiedereingliederung in die Gesellschaft fördern.[510] Diesen Zielen dienen die Vollzugslockerungen Ausführung und Ausgang genauso wie der Hafturlaub.[511] Anders als Hafturlaub können eine Ausführung oder ein

503 S.o. **III.1.3**, S. 81 f, und **III.2.3**, S. 86.
504 S.o. **III.1.3**, S. 82, **III.2.3**, S. 86, und **III.7.3**, S. 112.
505 S.o. **III.2.3**, S. 86, und **III.7.3**, S. 112.
506 S.o. **III.2.3**, S. 86, und **III.7.3**, S. 112.
507 S.o. **III.2.3**, S. 86.
508 S.o. **III.1.3**, S. 82.
509 S.o. **III.3.3**, S. 91, **III.4.3**, S. 97, und **III.5.3**, S. 102.
510 S.o. **III.5.3**, S. 102.
511 S.o. **III.3.3**, S. 91 f, **III.4.3**, S. 97, und **III.5.3**, S. 102.

Ausgang einem zu lebenslanger Freiheitsstrafe Verurteilten schon nach weniger als zehn Jahren Haft gewährt werden.[512] Begehrt ein Gefangener Vollzugslockerungen, so berührt deren Versagung sein Resozialisierungsinteresse.[513] Bei einem zu lebenslanger Freiheitsstrafe Verurteilten, bei dem die Strafaussetzung bald nur noch von einer positiven Kriminalprognose abhängen wird, berührt die Versagung von Vollzugslockerungen auch die Freiheit der Person (Art. 2 Abs. 2 Satz 2 GG).[514]

Vollzugslockerungen sind nicht nur für Gefangene im offenen Vollzug vorgesehen, sondern auch für die im geschlossenen Vollzug untergebrachten Gefangenen. Die Gewährung einer Ausführung oder eines Ausgangs (§ 11 Abs. 1 Nr. 2 StVollzG) setzt nicht voraus, dass der Gefangene sich in einer Außenbeschäftigung oder unter Freigang (§ 11 Abs. 1 Nr. 1 StVollzG) bewährt hat.[515]

Vollzugslockerungen dürfen nicht gewährt werden, wenn zu befürchten ist, dass der Gefangene fliehen oder eine Lockerung des Vollzugs für Straftaten missbrauchen würde. Das Interesse des Gefangenen daran, vor schädlichen Auswirkungen einer langjährigen Inhaftierung bewahrt zu werden und die Freiheit so schnell wie möglich wiederzuerlangen, aber gewinnt zunehmend an Gewicht. Nach langjähriger Inhaftierung kann die Justizvollzugsanstalt die Versagung von Vollzugslockerungen nicht auf generelle Erwägungen oder eine abstrakte Flucht- oder Missbrauchsgefahr stützen. Vielmehr muss sie Anhaltspunkte darlegen, die die Annahme einer Flucht- oder Missbrauchsgefahr konkretisieren und das Flucht- oder Missbrauchsrisiko unvertretbar erscheinen lassen.[516]

Die Chancen, dass das Strafvollstreckungsgericht zu einer positiven Kriminalprognose gelangen wird, werden durch die Gewährung von Vollzugslockerungen verbessert und durch deren Versagung verschlechtert.[517] Denn Vollzugslockerungen geben dem Gefangenen die Möglichkeit, sich zu bewähren. In Anbetracht dessen muss die Justizvollzugsanstalt einem zu lebenslanger Freiheitsstrafe Verurteilten, bei dem die Strafaussetzung bald nur noch von einer positiven Kriminalprognose abhängen wird, soweit vertretbar, Vollzugslockerungen gewähren, damit er die Freiheit so schnell wie möglich wiedererlangen kann.[518]

---

512 S.o. **III.3.3**, S. 91 f.

513 S.o. **III.4.3**, S. 97, **III.5.3**, S. 102, und **III.6.3**, S. 107.

514 S.o. **III.4.3**, S. 97.

515 S.o. **III.5.3**, S. 102 f.

516 S.o. **III.3.3**, S. 92, und **III.4.3**, S. 97 f.

517 S.o. **III.4.3**, S. 98, und **III.7.3**, S. 112.

518 S.o. **III.4.3**, S. 98.

Einem zu lebenslanger Freiheitsstrafe Verurteilten dürfen Vollzugslockerungen jedenfalls dann, wenn ihm schon Hafturlaub gewährt werden könnte – also nach zehn Jahren Haft -, nicht mit der Begründung versagt werden, dass die Festsetzung der gebotenen Vollstreckungsdauer noch ausstehe und die voraussichtlich noch lange Inhaftierung einen zu hohen Fluchtanreiz begründe.[519] Vielmehr muss die Justizvollzugsanstalt dann erwägen, ob nicht wenigstens die Voraussetzungen für Ausführungen geschaffen werden können, indem einer eventuellen Flucht- oder Missbrauchsgefahr durch geeignete Sicherheitsvorkehrungen begegnet wird.[520] Die Verpflichtung, den Gefangenen lebenstüchtig zu erhalten, ist nicht nur auf das Leben in Haft bezogen, sondern auch und vor allem auf ein Leben in Freiheit. Deshalb kommt sie nicht erst dann zum Tragen, wenn der Gefangene Anzeichen einer Persönlichkeitsveränderung zeigt, die seine Lebenstüchtigkeit schon unter Haftbedingungen einschränkt.[521]

Der Umstand, dass ein Gefangener bei einem Ausgang keine Stütze finden würde, weil weder seine Angehörigen noch sonstige geeignete Kontaktpersonen in der Nähe leben, trägt die Annahme einer Flucht- oder Missbrauchsgefahr. Bei einem zu lebenslanger Freiheitsstrafe Verurteilten, bei dem die Strafaussetzung bald nur noch von einer positiven Kriminalprognose abhängen wird, ist die Justizvollzugsanstalt dann allerdings dazu verpflichtet, sich um seine Verlegung in eine Justizvollzugsanstalt in der Nähe geeigneter Kontaktpersonen zu bemühen.[522]

Die Justizvollzugsanstalt ist so auszustatten, dass das Resozialisierungsinteresse des Gefangenen (Art. 2 Abs. 1 iVm Art. 1 Abs. 1 GG) gewahrt werden kann. Aus der personellen Ausstattung der Justizvollzugsanstalt können sich Grenzen für die Möglichkeit der Gewährung von Vollzugslockerungen ergeben. Ist die personelle Ausstattung der Justizvollzugsanstalt allerdings so beschaffen, dass die Rechte eines Gefangenen nur gewahrt werden können, indem die Rechte eines anderen Gefangenen beeinträchtigt werden, so ist sie unzureichend.[523]

1.3 Verlegungen (§ 8 StVollzG)

Die familiären Beziehungen des Gefangenen sind von wesentlicher Bedeutung für seine Bewährung und seine Wiedereingliederung in die Gesellschaft. Intakte

519 S.o. **III.3.3**, S. 92 f, und **III.7.3**, S. 112 f.

520 S.o. **III.7.3**, S. 112 f.

521 S.o. **III.6.3**, S. 108.

522 S.o. **III.4.3**, S. 98.

523 S.o. **III.6.3**, S. 108.

familiäre Beziehungen erhöhen die Chancen für seine Wiedereingliederung. Bei Entscheidungen über Vollzugslockerungen oder die Aussetzung der Strafe sind intakte familiäre Beziehungen zu Gunsten des Gefangenen zu berücksichtigen, während negativ ins Gewicht fallen kann, dass Angehörige nicht oder nicht vor Ort zur Verfügung stehen.[524]

Bei Entscheidungen über Verlegungen hat die Justizvollzugsanstalt dem Resozialisierungsinteresse des Gefangenen (Art. 2 Abs. 1 iVm Art. 1 Abs. 1 GG) Rechnung zu tragen. Sie darf insbesondere nicht davon ausgehen, dass eine Verlegung zur Aufrechterhaltung familiärer Beziehungen nur dann in Betracht kommt, wenn sie für die Resozialisierung des Gefangenen auf Grund besonderer Umstände unerlässlich erscheint.[525]

2. Würdigung der einschlägigen Kammerrechtsprechung mit Blick auf die zu Grunde liegende Senatsrechtsprechung

In Bezug auf den Vollzugsplan fehlt es an spezieller Senatsrechtsprechung. Den einschlägigen verfassungsrechtlichen Maßstab entnimmt die Kammerrechtsprechung dem Urteil *Lebenslange Freiheitsstrafe* (II.2). Danach kann der Strafvollzug auch bei lebenslanger Freiheitsstrafe die Voraussetzungen für eine Entlassung schaffen und dem Verurteilten die Wiedereingliederung in die Gesellschaft erleichtern. Ausgehend von diesem aus dem Resozialisierungsinteresse des Gefangenen (Art. 2 Abs. 1 iVm Art. 1 GG) abgeleiteten Grundsatz[526] entwickelt die Kammerrechtsprechung konkrete verfassungsrechtliche Anforderungen an den Vollzugsplan.[527] Die Grundsätze der Entscheidung *Inhalt des Vollzugsplans* (III.2) schließen an die Grundsätze der Entscheidung *Einsicht in den Vollzugsplan* (III.1) an.[528]

Auch in Bezug auf Vollzugslockerungen fehlt es an spezieller Senatsrechtsprechung. Die einschlägigen verfassungsrechtlichen Maßstäbe entnimmt die Kammerrechtsprechung im Wesentlichen dem Beschluss *Hafturlaub* (II.3). Dessen Grundsätze überträgt sie – soweit passend – auf die Ausführung und den Ausgang.[529] Die 3. Kammer des Zweiten Senats legt ihrer Entscheidung *Ausführung II* (III.6) zusätzlich die Grundsätze des Beschlusses *Aussetzung einer*

524 S.o. **III.8.3**, S. 117.

525 S.o. **III.8.3**, S. 117.

526 S.o. **II.2**, S. 74.

527 S.o. **III.1.3**, S. 81 f, und **III.2.3**, S. 86 f.

528 S.o. **III.2.3**, S. 86 f. Vgl. oben **III.1.3**, S. 81 f.

529 S.o. **III.3.3**, S. 91 f.

lebenslangen Freiheitsstrafe III (II.4) zu Grunde, ohne dass das eine Modifizierung des Prüfungsmaßstabs zur Folge hätte.[530]

Konkrete verfassungsrechtliche Anforderungen an die Entscheidung über Vollzugslockerungen entwickelt die Kammerrechtsprechung mit Blick auf die Senatsentscheidungen *Hafturlaub* (II.3),[531] *Aussetzung einer lebenslangen Freiheitsstrafe II* (Erstes Kapitel, II.4)[532] und *Aussetzung einer Unterbringung* (Erstes Kapitel, II.6).[533] In der Entscheidung *Vollzugsplan und Vollzugslockerungen* (III.7) verbindet die 3. Kammer des Zweitens Senats die Grundsätze der Entscheidungen *Inhalt des Vollzugsplans* (III.2) und *Ausgang I* (III.4) und entwickelt ausgehend davon weitere Grundsätze für Entscheidungen über Vollzugslockerungen.[534]

In den Entscheidungen *Ausführung I* (III.3), *Ausgang I* (III.4) und *Ausgang II* (III.5) stellt die 2. Kammer des Zweiten Senats fest, dass die Justizvollzugsanstalt Vollzugslockerungen in *„diesen Fällen"* nicht unter Verweis auf eine abstrakte Flucht- oder Missbrauchsgefahr versagen kann, sondern die Annahme einer Flucht- oder Missbrauchsgefahr durch Anhaltspunkte konkretisieren muss.[535] Der Bezugspunkt dieser Feststellung aber ist in jeder der drei Entscheidungen ein anderer: In der Entscheidung *Ausführung I* (III.3) sind mit *„diesen Fällen"* langjährig Inhaftierte gemeint. Offen bleibt allerdings, ob Gefangene erst nach zehn Jahren Haft oder schon nach kürzerer Inhaftierung als langjährig Inhaftierte zu betrachten sind.[536] Die Entscheidung *Ausgang II* (III.5) meint mit *„diesen Fällen"* sprachlich nicht nur langjährig Inhaftierte, sondern alle Gefangenen. Allein aus dem Zusammenhang ergibt sich, dass die Kammer eine von der Entscheidung *Ausführung I* (III.3) abweichende Aussage wahrscheinlich gar nicht treffen, sondern deren Grundsätze unverändert übernehmen will.[537] Eindeutig ist der Bezugspunkt der Feststellung nur in der Entscheidung *Ausgang I* (III.4). Hier sind mit *„diesen Fällen"* zu lebenslanger Freiheitsstrafe Verurteilte gemeint, bei denen die Strafaussetzung bald nur noch von einer positiven Kriminalprognose abhängen wird.[538]

530 S.o. **III.6.3**, S. 107.
531 S.o. **III.3.3**, S. 92.
532 S.o. **III.4.3**, S. 98.
533 S.o. **III.3.3**, S. 92.
534 S.o. **III.7.3**, S. 112 f.
535 S.o. **III.3.3**, S. 92, **III.4.3**, S. 97 f, und **III.5.3**, S. 103.
536 S.o. **III.3.3**, S. 92 f.
537 S.o. **III.5.3**, S. 103.
538 S.o. **III.4.3**, S. 97 f.

Ausweislich der Entscheidung *Ausführung II* (III.6) muss die Justizvollzugsanstalt personell nicht so ausgestattet sein, dass dem Gefangenen unbegrenzt Vollzugslockerungen gewährt werden könnten, weil ihm nicht unbegrenzt Vollzugslockerungen gewährt werden müssen. Die damit noch offene Frage, in welchem Maße Vollzugslockerungen gewährt werden müssen, bleibt offen. Unbeantwortet bleibt auch die entsprechende Frage, wie die Justizvollzugsanstalt im Hinblick auf Vollzugslockerungen personell ausgestattet sein muss, wann also die personelle Ausstattung der Justizvollzugsanstalt das Resozialisierungsinteresse des Gefangenen (Art. 2 Abs. 1 iVm Art. 1 Abs. 1 GG) verletzt.[539]

Aus der einschlägigen Kammerrechtsprechung wird deutlich, dass Vollzugslockerungen bei lebenslanger Freiheitsstrafe eine Doppelfunktion haben: Wie bei zeitiger Freiheitsstrafe auch sollen sie schädlichen Auswirkungen des Freiheitsentzugs entgegenwirken und dem Verurteilten nach der Entlassung die Wiedereingliederung in die Gesellschaft erleichtern. Anders als bei zeitiger Freiheitsstrafe sollen sie darüber hinaus die Voraussetzungen dafür schaffen, dass der Verurteilte *überhaupt* entlassen werden kann.[540]

In Bezug auf Verlegungen kann die Kammerrechtsprechung gleichfalls nicht auf spezielle Senatsrechtsprechung zurückgreifen. Die einschlägigen verfassungsrechtlichen Maßstäbe entnimmt die 2. Kammer des Zweiten Senats den Entscheidungen *Ausführung I* (III.3), *Ausgang I* (III.4) und *Ausgang II* (III.5). Ausgehend von deren Grundsätzen entwickelt sie konkrete verfassungsrechtliche Anforderungen an die Entscheidung über Verlegungen.[541]

---

539 S.o. **III.6.3**, S. 108 f.

540 S.o. **III.4.3**, S. 99.

541 S.o. **III.8.3**, S. 117.

Drittes Kapitel: Haftraum

Das StVollzG beinhaltet auch Regelungen betreffend den Haftraum des Strafgefangenen (I). Die Kammerrechtsprechung in Bezug auf Haftraum und Menschenwürde (II) beginnt im Jahr 1993.

I. Überblick über die gesetzliche Regelung

Gefangene werden während der Ruhezeit allein in ihren Hafträumen untergebracht. Eine gemeinsame Unterbringung ist zulässig, sofern ein Gefangener hilfsbedürftig ist oder eine Gefahr für Leben oder Gesundheit eines Gefangenen besteht (§ 18 Abs. 1 StVollzG). Im offenen Vollzug dürfen Gefangene mit ihrer Zustimmung während der Ruhezeit gemeinsam untergebracht werden, wenn eine schädliche Beeinflussung nicht zu befürchten ist (§ 18 Abs. 2 Satz 1 StVollzG). Im geschlossenen Vollzug ist eine gemeinschaftliche Unterbringung zur Ruhezeit außer in den Fällen von § 18 Abs. 1 StVollzG nur vorübergehend und aus zwingenden Gründen zulässig (§ 18 Abs. 2 Satz 2 StVollzG). Räume für den Aufenthalt während der Ruhezeit sind wohnlich auszugestalten. Sie müssen hinreichend Luftinhalt haben und für eine gesunde Lebensführung ausreichend mit Heizung und Lüftung, Boden- und Fensterfläche ausgestattet sein (§ 144 Abs. 1 StVollzG).

II. Kammerrechtsprechung

Gegenstand der Kammerrechtsprechung in Bezug auf Haftraum und Menschenwürde sind Beschaffenheit und Größe des Haftraums.

1. Überschwemmungen im Haftraum

Die erste Kammerentscheidung in Bezug auf den Haftraum ist ein stattgebender Beschluss aus dem Jahr 1993. Grundlage war die Verfassungsbeschwerde eines Strafgefangenen gegen seine Unterbringung in einem Haftraum, in dem er Überschwemmungen aus Abflüssen ausgesetzt war.

1.1 Gegenstand des Verfahrens

Gegen den Beschwerdeführer, der eine mehrjährige Freiheitsstrafe verbüßte, wurde in anderer Sache Untersuchungshaft angeordnet. Im Hinblick darauf wurde er auf die Sicherheitsstation einer anderen Justizvollzugsanstalt verlegt.

Dort kam es des Öfteren zu Überschwemmungen seines Haftraums aus Toiletten und anderen Abflüssen. Grund für diese Überschwemmungen waren ein defektes Rohrleitungssystem und der Umstand, dass Gefangene in höheren Stockwerken größere Gegenstände in die Toiletten ihrer Hafträume warfen.[542]

Der Beschwerdeführer beantragte bei der Justizvollzugsanstalt, die Zustände in seiner Zelle entweder zu beseitigen oder ihn in eine andere Zelle zu verlegen. Das lehnte die Anstalt ab.[543] Daraufhin beantragte er bei der Strafvollstreckungskammer, die Justizvollzugsanstalt im Wege einer einstweiligen Anordnung zu verpflichten, ihn in einem Haftraum außerhalb der Sicherheitsstation unterzubringen.[544] Die Strafvollstreckungskammer wies den Antrag zurück.[545]

Mit seiner Verfassungsbeschwerde rügte der Beschwerdeführer eine Verletzung seiner Rechte aus Art. 2 Abs. 1 iVm Art. 1 Abs. 1 GG. Er werde in einer „*Kloake*" gefangen gehalten. Worauf die Zustände in seiner Zelle beruhten, sei gleichgültig. Eine Verletzung von Art. 1 Abs. 1 GG verpflichte die Justizvollzugsanstalt unabhängig davon zum Handeln, ob sie die letzte Ursache dafür gesetzt habe oder nicht.[546]

1.2 Entscheidung der Kammer

Die 2. Kammer des Zweiten Senats hielt die Verfassungsbeschwerde für offensichtlich begründet. Die Entscheidung der Strafvollstreckungskammer verletze den Beschwerdeführer in seinen Rechten aus Art. 2 Abs. 1 iVm Art. 1 Abs. 1 und Art. 20 Abs. 3 GG.[547] Mit der Auffassung, dass weder eine Vereitelung von Rechten des Beschwerdeführers drohe noch sonstige Umstände ein sofortiges Eingreifen erforderlich machten, lasse das Gericht eine grundsätzlich unrichtige Anschauung von der Bedeutung der Grundrechte des Beschwerdeführers erkennen.[548] Die Würde des Menschen zu achten und zu schützen, sei Verpflichtung aller staatlichen Gewalt (Art. 1 Abs. 1 GG). Für den Strafvollzug bedeute das, dass die grundlegenden Voraussetzungen individueller und sozialer Existenz des Menschen auch in der Haft erhalten bleiben müssten. Nichts anderes gelte unter den Bedingungen zusätzlicher Freiheitsbeschränkungen auf Grund von

542 BVerfG 2. Senat 2. Kammer, Beschl. v. 16.03.1993 – 2 BvR 202/93 – juris, Ziff. 2 f.
543 BVerfG 2. Senat 2. Kammer, aaO Ziff. 4.
544 BVerfG 2. Senat 2. Kammer, aaO Ziff. 5.
545 BVerfG 2. Senat 2. Kammer, aaO Ziff. 7.
546 BVerfG 2. Senat 2. Kammer, aaO Ziff. 10 f.
547 BVerfG 2. Senat 2. Kammer, aaO Ziff. 13.
548 BVerfG 2. Senat 2. Kammer, aaO Ziff. 19.

Untersuchungshaft.[549] Denn auch solche Maßnahmen fänden *„ihre unüberwindliche Schranke“* in den Forderungen der Menschenwürde (Art. 1 Abs. 1 GG). Das gelte nicht nur für ihren Inhalt, sondern auch für die Art und Weise ihrer Durchführung. Der Staat könne sich nicht auf eine nach dem Vollstreckungsplan vorgenommene Einweisung des Gefangenen in die Justizvollzugsanstalt berufen, wenn die im Hinblick auf den Zweck der Untersuchungshaft angeordneten Beschränkungen dort *„nur unter Außerachtlassung der grundlegenden Voraussetzungen menschlicher Existenz eingehalten werden“* könnten. Sei in einem solchen Fall Abhilfe innerhalb der Anstalt nicht möglich, so sei der Gefangene von Amts wegen in eine andere Anstalt zu verlegen.[550]

Für die Kammer stand fest, dass der Boden des Haftraums des Beschwerdeführers innerhalb kurzer Zeit mehrfach durch Fäkalien verunreinigt worden war. Solange durchgreifende Abhilfemaßnahmen nicht vorgebracht würden, sei davon auszugehen, dass Derartiges sich wiederholen werde. Solche Zustände könnten nicht als gesunde Unterbringung gewertet werden und gefährdeten das menschenwürdige Dasein des Gefangenen. Dieser könne nicht mehr *„unbeeinträchtigt von Gestank und von in ihm aufkommenden Ekelgefühlen leben“*. Es liege auf der Hand, *„daß das tägliche Dasein unter solchen Bedingungen Qual“* sei *„und der Voraussetzungen menschenwürdiger Existenz“* entbehre.[551]

Bis zur Klärung der Sache im Hauptsacheverfahren drohten dem Beschwerdeführer weitere nicht wiedergutzumachende tiefgreifende Beeinträchtigungen seiner Menschenwürde. Der Zweck der angeordneten Beschränkungen indessen erscheine ohne Weiteres auch bei anderweitiger Unterbringung des Beschwerdeführers erreichbar. Vor diesem Hintergrund werde die Strafvollstreckungskammer einstweilen eine anderweitige Unterbringung des Beschwerdeführers anzuordnen haben. Sie dürfe ihn nicht darauf verweisen, dass die Einweisungskommission ermessensfehlerfrei entsprechend ihren Einweisungsrichtlinien entschieden habe. Unerheblich sei auch, dass seine Beeinträchtigungen nicht allein der Justizvollzugsanstalt, sondern auch anderen Gefangenen zuzurechnen seien.[552]

549 Der bis zum 31. Dezember 2009 geltende § 122 StVollzG lautete auszugsweise: „Wird [...] gegen einen Strafgefangenen in anderer Sache Untersuchungshaft angeordnet, so unterliegt der Gefangene [...] auch denjenigen Beschränkungen seiner Freiheit, die der Zweck der Untersuchungshaft erfordert“ (juris, Gesamtausgaben-Liste StVollzG).

550 BVerfG 2. Senat 2. Kammer, aaO Ziff. 20.

551 BVerfG 2. Senat 2. Kammer, aaO Ziff. 21.

552 BVerfG 2. Senat 2. Kammer, aaO.

1.3 Wesentlicher Inhalt, Einordnung und Würdigung der Entscheidung

In dieser Entscheidung befasst sich die 2. Kammer des Zweiten Senats mit der Beschaffenheit des Haftraums. Den einschlägigen verfassungsrechtlichen Maßstab entnimmt sie dem Urteil *Lebenslange Freiheitsstrafe* (Erstes Kapitel, II.1) und hält fest: Die Würde des Menschen zu achten und zu schützen, ist Verpflichtung aller staatlichen Gewalt (Art. 1 Abs. 1 GG). Die grundlegenden Voraussetzungen individueller und sozialer Existenz des Menschen müssen deshalb auch in der Haft erhalten bleiben.[553] Ausgehend davon stellt die Kammer fest: Der Staat kann sich nicht auf den Vollstreckungsplan berufen, wenn der Haftraum des Gefangenen in der danach zuständigen Justizvollzugsanstalt die grundlegenden Voraussetzungen menschlicher Existenz nicht erfüllt. Ist Abhilfe innerhalb der Justizvollzugsanstalt nicht möglich, ist der Gefangene von Amts wegen in eine andere Anstalt zu verlegen.[554] Die Unterbringung eines Gefangenen in einem Haftraum, dessen Boden immer wieder mit Fäkalien überschwemmt wird, verletzt seine Menschenwürde.[555] Auf die Ursache der Überschwemmungen kommt es nicht an.[556]

2. Gemeinschaftshaftraum

Die nächste Kammerentscheidung in Bezug auf den Haftraum ist ein Nichtannahmebeschluss aus dem Jahr 2007. Grundlage war die Verfassungsbeschwerde eines – zwischenzeitlich entlassenen – Strafgefangenen gegen die Größe seines Gemeinschaftshaftraums.

2.1 Gegenstand des Verfahrens

Der Beschwerdeführer hatte eine Freiheitsstrafe von zwei Jahren und neun Monaten wegen Betrugs verbüßt. In der Justizvollzugsanstalt, in der er untergebracht gewesen war, wurde auf Grund begrenzter Kapazitäten von allen für den offenen Vollzug geeigneten Gefangenen eine Erklärung darüber eingeholt, ob sie mit einer gemeinschaftlichen Unterbringung im Freigängerhaus einverstanden seien. Gefangene, die damit nicht einverstanden waren, konnten entweder auf einen frei werdenden Einzelhaftraum im Freigängerhaus warten oder sich um

553 S.o. **1.2**, S. 126. Vgl. oben Erstes Kapitel, **II.1**, S. 19.
554 S.o. **1.2**, S. 127.
555 S.o. **1.2**, S. 127.
556 S.o. **1.2**, S. 127.

eine Verlegung in das Freigängerhaus einer anderen Justizvollzugsanstalt bemühen.

Der Beschwerdeführer hatte sich mit einer gemeinschaftlichen Unterbringung im Freigängerhaus einverstanden erklärt.[557] Daraufhin war er zusammen mit einem weiteren Gefangenen in einem Haftraum des offenen Vollzugs untergebracht worden. Der Raum hatte eine Grundfläche von 11,7 m^2 und ein Luftvolumen von 27,2 m^3. Er war mit je zwei Stahlschränken, Betten, Regalen und Tischen, einem Kühlschrank sowie einem Waschtisch ausgestattet und blieb Tag und Nacht unverschlossen. Auf derselben Etage gab es einen gesonderten Toiletten-, Wasch- und Duschraum.[558]

Der Beschwerdeführer beantragte die gerichtliche Feststellung, dass seine Unterbringung in dem Gemeinschaftshaftraum rechtswidrig gewesen sei.[559] Die Strafvollstreckungskammer wies seinen Antrag zurück.[560] Das Oberlandesgericht verwarf seine dagegen eingelegte Rechtsbeschwerde.[561]

Mit seiner Verfassungsbeschwerde rügte der Beschwerdeführer eine Verletzung seiner Rechte aus Art. 1 Abs. 1 GG. Die Größe des Haftraums gewährleiste keine menschenwürdige Unterbringung, weil eine wirkliche Intimsphäre nicht gegeben sei.[562]

2.2 Entscheidung der Kammer

Die 2. Kammer des Zweiten Senats nahm die Verfassungsbeschwerde nicht zur Entscheidung an.[563] Die Annahme der Strafvollstreckungskammer, dass die Unterbringung des Beschwerdeführers in dem 11,7 m^2 großen, mit zwei Gefangenen belegten Haftraum seine Menschenwürde (Art. 1 Abs. 1 GG) nicht verletze, sei von Verfassungs wegen nicht zu beanstanden.[564] Bei der Belegung und Ausgestaltung der Hafträume seien dem Ermessen der Justizvollzugsanstalt Grenzen durch das Recht des Gefangenen auf Achtung seiner Menschenwürde gesetzt. Die Würde des Menschen zu achten und zu schützen, sei Verpflichtung aller staatlichen Gewalt (Art. 1 Abs. 1 GG). Für den Strafvollzug bedeute das,

---

557 BVerfG 2. Senat 2. Kammer, Beschl. v. 13.11.2007 – 2 BvR 2201/05 – juris, Ziff. 1 ff.
558 BVerfG 2. Senat 2. Kammer, aaO Ziff. 3.
559 BVerfG 2. Senat 2. Kammer, aaO Ziff. 4.
560 BVerfG 2. Senat 2. Kammer, aaO Ziff. 6.
561 BVerfG 2. Senat 2. Kammer, aaO Ziff. 7.
562 BVerfG 2. Senat 2. Kammer, aaO Ziff. 8.
563 BVerfG 2. Senat 2. Kammer, aaO Ziff. 9.
564 BVerfG 2. Senat 2. Kammer, aaO Ziff. 11.

dass die Voraussetzungen eines menschenwürdigen Daseins auch in der Haft erhalten bleiben müssten und der Staat zu den dafür erforderlichen Leistungen verpflichtet sei. Könne auf Grund der besonderen Verhältnisse in einer bestimmten Anstalt den Anforderungen der Menschenwürde einem Gefangenen gegenüber nicht entsprochen werden, so sei dieser in eine andere Anstalt zu verlegen. Die Frage der Standards, deren Unterschreitung eine Missachtung des Werts des Menschen um seiner selbst willen bedeuten und die Menschenwürde verletzen würde, könne, *„soweit es um die Sicherung eines Minimums an materiellen Voraussetzungen menschenwürdiger Existenz"* gehe, *„hier wie sonst nicht ohne Berücksichtigung der allgemeinen – auch wirtschaftlichen – Verhältnisse beantwortet werden"*.[565]

Angesichts der *„Besonderheiten der Unterbringungssituation im Freigängerhaus"* der Justizvollzugsanstalt hielt die Kammer die verfassungsrechtlichen Anforderungen für *„offenkundig gewahrt"*. Durch den Verzicht auf eine Unterverschlussnahme der Gefangenen habe der Beschwerdeführer den Haftraum zu jeder Zeit verlassen und die sanitären Anlagen auf der Etage nutzen können. Nach den Feststellungen der Strafvollstreckungskammer hätten außerdem hinreichende Rückzugsmöglichkeiten außerhalb des Haftraums zur Verfügung gestanden.[566]

Zwar hätten die Abmessungen des Haftraums die in Rechtsprechung[567] und Schrifttum[568] verschiedentlich geforderten Mindestmaße von 6 bis 7 m^2 Bodenfläche und 16 m^3 Luftvolumen pro Gefangenem geringfügig unterschritten. Die Strafvollstreckungskammer habe jedoch zutreffend darauf hingewiesen, dass dahingehende Forderungen sich üblicherweise auf den geschlossenen Vollzug bezögen und auf die Situation des Beschwerdeführers nicht übertragbar seien. Angesichts der Bewegungsfreiheit und der Rückzugsmöglichkeiten im Freigängerhaus der Justizvollzugsanstalt sei *„offensichtlich"*, dass *„die Probleme einer gemeinschaftlichen und beengten Unterbringung im Haftraum sich in deutlich geringerer Schärfe"* stellten *„als bei dauerndem Zwangszusammenschluss auf engstem Raum ohne Möglichkeit des Ausweichens bei aufkommenden inneren und äußeren Spannungen"*.[569] In der

565 BVerfG 2. Senat 2. Kammer, aaO Ziff. 12 ff.

566 BVerfG 2. Senat 2. Kammer, aaO Ziff. 15.

567 Insoweit verweist die Kammer unter anderem auf die Entscheidung der Kammer vom 19.10.1993 – 2 BvR 1778/93 – juris, Ziff. 9, und die dortigen weiteren Nachweise.

568 Insoweit verweist die Kammer auf *Nitsch, Alexandra*, Die Unterbringung von Gefangenen nach dem Strafvollzugsgesetz, Berlin / Münster 2006, S. 114 ff.

569 BVerfG 2. Senat 2. Kammer, aaO Ziff. 16.

Rechtsprechung[570] werde eine Verletzung der Menschenwürde wegen Unterschreitung der genannten Bodenflächenmaße im Übrigen in der Regel erst dann angenommen, wenn es zusätzlich an einer hinreichend abgetrennten und gesondert entlüfteten Toilette fehle.[571]

Zwar sei *„nicht zu leugnen, dass die dargestellte Belegungssituation ungeachtet der Entschärfung durch die gegebene Bewegungsfreiheit und gewisse Rückzugsmöglichkeiten für die Betroffenen belastend und objektiv unbefriedigend“* bleibe. *„Die Schwelle einer Missachtung des Eigenwerts der Person“* aber sei *„durch die Zumutung solcher Bedingungen der Haftraumunterbringung noch nicht erreicht“*.[572]

2.3 Wesentlicher Inhalt, Einordnung und Würdigung der Entscheidung

In dieser Entscheidung befasst sich die 2. Kammer des Zweiten Senats mit der Größe des Haftraums bei gemeinschaftlicher Unterbringung. Den einschlägigen verfassungsrechtlichen Maßstab entnimmt sie dem Urteil *Lebenslange Freiheitsstrafe* (Erstes Kapitel, II.1) sowie ihrer Entscheidung *Überschwemmungen im Haftraum* (1) und stellt fest: Bei Belegung und Gestaltung des Haftraums sind dem Ermessen der Justizvollzugsanstalt Grenzen durch die Menschenwürde (Art. 1 Abs. 1 GG) des Gefangenen gesetzt. Die Voraussetzungen eines menschenwürdigen Daseins müssen auch in der Haft erhalten bleiben.[573] Kann auf Grund der Verhältnisse in der Justizvollzugsanstalt der Menschenwürde des Gefangenen nicht genügt werden, so ist er in eine andere Anstalt zu verlegen.[574]

Die Anwendung dieser Grundsätze führt die Kammer zu folgenden Ergebnissen: Die gemeinschaftliche Unterbringung zweier Strafgefangener in einem 11,7 m² großen Haftraum verletzt jedenfalls dann nicht die Menschenwürde (Art. 1 Abs. 1 GG), wenn die Gefangenen den Haftraum zu jeder Tages- und Nachtzeit verlassen können, Rückzugsmöglichkeiten außerhalb des Haftraums haben und sanitäre Anlagen außerhalb des Haftraums nutzen können.[575]

---

570 Insoweit verweist die Kammer unter anderem auf BGH, Beschl. v. 11.10.2005 – 5 ARs (Vollz) 54/05 – BGHSt 50, 234 (239 f).

571 BVerfG 2. Senat 2. Kammer, aaO Ziff. 17.

572 BVerfG 2. Senat 2. Kammer, aaO Ziff. 19.

573 S.o. **2.2**, S. 129 f. Vgl. oben Erstes Kapitel, **II.1**, S. 19.

574 S.o. **2.2**, S. 130. Vgl. oben **1.2**, S. 127.

575 S.o. **2.2**, S. 130 f.

3. Einzelhaftraum

Die nächste Kammerentscheidung in Bezug auf den Haftraum ist ein stattgebender Beschluss aus dem Jahr 2016. Grundlage war die Verfassungsbeschwerde eines Strafgefangenen gegen die Größe seines Einzelhaftraums.

3.1 Gegenstand des Verfahrens

Der Beschwerdeführer, der eine lebenslange Freiheitsstrafe verbüßte, wurde aus organisatorischen Gründen in einen anderen Haftraum verlegt. Dagegen beantragte er gerichtliche Entscheidung mit dem Begehren, ihn in einen größeren Haftraum zu verlegen. Sein Haftraum sei 2,48 m lang und 1,81 m breit, weise also eine Grundfläche von 4,49 m^2 auf. Die Unterbringung in dieser *„Schlauchzelle"* verletze ihn in seiner Menschenwürde. Etwa drei Wochen später wurde er in einen größeren Haftraum verlegt.[576]

Die Justizvollzugsanstalt beantragte, den Antrag auf gerichtliche Entscheidung für erledigt zu erklären und dem Beschwerdeführer die Kosten des Verfahrens aufzuerlegen. Der in Rede stehende Haftraum habe eine Grundfläche von etwa 6 m^2 und genüge noch den gesetzlichen Anforderungen. Daraufhin beantragte der Beschwerdeführer die gerichtliche Feststellung, dass seine Unterbringung in der *„Schlauchzelle"* rechtswidrig gewesen sei. Die Angaben der Anstalt über die Haftraumgröße seien falsch. Auf entsprechende Aufforderung durch die Strafvollstreckungskammer hin übermittelte die Justizvollzugsanstalt Fotografien, die den Haftraum zeigen sollten, und trug vor, dass dieser 1,94 m breit und 3,18 m lang sei und damit eine Grundfläche von 6,16 m^2 aufweise.[577]

Die Strafvollstreckungskammer wies den Feststellungsantrag des Beschwerdeführers zurück.[578] Seine dagegen eingelegte Rechtsbeschwerde wurde vom Oberlandesgericht verworfen.[579]

Mit seiner Verfassungsbeschwerde rügte der Beschwerdeführer, dass seine Unterbringung in der *„Schlauchzelle"* mit Art. 1 Abs. 1 GG nicht vereinbar gewesen sei. Von Montag bis Freitag habe er zwar zwölf Stunden am Tag außerhalb des Haftraums verbringen können. Samstags und sonntags jedoch sei er nahezu 20 Stunden am Tag eingeschlossen gewesen. Darüber hinaus habe er nicht absehen können, wie lange die Unterbringung in dem Haftraum andauern würde,

576 BVerfG 2. Senat 2. Kammer, Beschl. v. 22.03.2016 – 2 BvR 566/15 – juris, Ziff. 2 f.

577 BVerfG 2. Senat 2. Kammer, aaO Ziff. 3.

578 BVerfG 2. Senat 2. Kammer, aaO Ziff. 4.

579 BVerfG 2. Senat 2. Kammer, aaO Ziff. 6.

sodass er in Hoffnungslosigkeit verfallen sei. Die Strafvollstreckungskammer habe ihre Aufklärungspflicht verletzt, weil sie von einer Haftraumgröße von etwa 6 m^2 ausgegangen sei, obwohl er den entsprechenden Vortrag der Justizvollzugsanstalt bestritten und die Haftraumgröße mit 4,49 m^2 angegeben habe.[580]

3.2 Entscheidung der Kammer

Die 2. Kammer des Zweiten Senats hielt die Verfassungsbeschwerde für offensichtlich begründet. Die angegriffenen Gerichtsentscheidungen verletzten den Beschwerdeführer in seinen Rechten aus Art. 19 Abs. 4 iVm Art. 1 Abs. 1 GG.[581] Die gerichtliche Überprüfung grundrechtsbeschränkender Maßnahmen könne einen effektiven Schutz der berührten materiellen Rechte nur gewährleisten, wenn sie auf *„zureichender Aufklärung des jeweiligen Sachverhalts“* beruhe. Das gelte auch für die gerichtliche Überprüfung von Maßnahmen im Strafvollzug. Die berührten materiellen Grundrechte und das Grundrecht aus Art. 19 Abs. 4 GG seien verletzt, *„wenn grundrechtseingreifende Maßnahmen im Strafvollzug von den Gerichten ohne zureichende Sachverhaltsaufklärung als rechtmäßig bestätigt werden“*. Werde die Sachverhaltsdarstellung der Justizvollzugsanstalt vom Gefangenen bestritten, so dürfe das Gericht seiner Entscheidung nicht ohne Weiteres die Ausführungen der Anstalt zu Grunde legen. Zwar könnten weitere Ermittlungen entbehrlich sein. Die Annahme, es könne ohne weitere Sachverhaltsaufklärung von der Richtigkeit der behördlichen Darstellung ausgegangen werden, bedürfe aber konkreter, auf die Umstände des Falls bezogener Gründe.[582]

Den daraus sich ergebenden Anforderungen werde die Entscheidung der Strafvollstreckungskammer nicht gerecht. Ihren Feststellungen nach habe der in Rede stehende Haftraum eine Grundfläche von etwa 6 m^2, obwohl der Beschwerdeführer das nachdrücklich bestritten und die Größe des Haftraums mit 4,49 m^2 beziffert habe. Zwar habe das Gericht Fotografien eingeholt und *„eine Schlauchzelle“* in Augenschein genommen. Maßnahmen zur Feststellung der genauen Größe des Haftraums habe es jedoch nicht veranlasst. Vielmehr habe es die Angaben der Justizvollzugsanstalt ungeprüft übernommen. Die Entscheidung der Strafvollstreckungskammer beruhe auf der Aufklärungspflichtverletzung. Denn es liege nahe, dass sie bei Zugrundelegung einer Haftraumgröße von 4,49 m^2 die Rechtswidrigkeit der Unterbringung festgestellt hätte. Die Rechtmäßigkeit der Unterbringung habe sie nämlich insbesondere damit begründet, dass

580 BVerfG 2. Senat 2. Kammer, aaO Ziff. 9 f.

581 BVerfG 2. Senat 2. Kammer, aaO Ziff. 16 f.

582 BVerfG 2. Senat 2. Kammer, aaO Ziff. 19.

nach einer Entscheidung des Oberlandesgerichts Frankfurt ein Einzelhaftraum mit einer Grundfläche von 6,11 m² *„gerade noch hinnehmbar“* sei.[583]

Bei der Belegung und Ausgestaltung der Hafträume seien dem Ermessen der Justizvollzugsanstalt durch das Recht des Gefangenen auf Achtung seiner Menschenwürde Grenzen gesetzt. Ob die Art und Weise der Unterbringung eines Strafgefangenen die Menschenwürde verletze, sei *„von einer Gesamtschau der tatsächlichen, die Haftsituation bestimmenden Umstände abhängig“*. Als *„Faktoren, die eine aus den räumlichen Haftbedingungen resultierende Verletzung der Menschenwürde indizieren“* könnten, kämen in erster Linie die Bodenfläche pro Gefangenem und die Beschaffenheit der sanitären Anlagen, insbesondere Abtrennung und Belüftung der Toilette, in Betracht, wobei die Verkürzung der täglichen Einschlusszeiten als die Haftsituation mildernder Faktor berücksichtigt werden könne. Auch die Dauer der Unterbringung könne maßgeblich sein, sofern die Unterbringung für eine Übergangszeit zumutbar erscheine. In Fällen einer nur vorübergehenden Unterbringung sei außerdem zu berücksichtigen, ob die begrenzte Dauer der Unterbringung für den Betroffenen von vornherein absehbar gewesen sei.[584] Im Einzelfall könnten weitere Umstände von Bedeutung sein, etwa Lage und Größe des Fensters, Ausstattung und Belüftung des Haftraums sowie die hygienischen Verhältnisse.[585]

Mit Blick auf die Mindestgröße von Einzelhafträumen habe die 3. Kammer des Zweiten Senats festgestellt, dass eine Grundfläche von nur wenig mehr als 6 m² an der unteren Grenze des Hinnehmbaren liege. Die 3. Kammer des Ersten Senats habe die Auffassung des Verfassungsgerichtshofs des Landes Berlin bestätigt, dass eine Unterbringung in einem Einzelhaftraum mit einer Grundfläche von 5,25 m² für einen Zeitraum von knapp drei Monaten bei einer Gesamtschau der Umstände die Menschenwürde verletze.[586]

„Eine dauerhafte Unterbringung in einem Haftraum mit einer Größe [...] von etwa 4,5 m² wäre mit Art. 1 Abs. 1 GG unvereinbar“. Bei einer Unterbringung von mehreren Wochen liege *„ein Verfassungsverstoß nahe, weshalb eine umfassende*

583 BVerfG 2. Senat 2. Kammer, aaO Ziff. 20 f, mit Verweis auf OLG Frankfurt, Beschl. v. 28.10.2003 – 3 Ws 957/03 (StVollz) – juris.

584 BVerfG 2. Senat 2. Kammer, aaO Ziff. 27, mit Verweis auf VerfGH Berlin, Beschl. v. 03.11.2009 – VerfGH 184/07 – LVerfGE 20, 70 (80).

585 BVerfG 2. Senat 2. Kammer, aaO.

586 BVerfG 2. Senat 2. Kammer, aaO, mit Verweis auf BVerfG 2. Senat 3. Kammer, Beschl. v. 07.11.2012 – 2 BvR 1567/11 – juris, Ziff. 2, und BVerfG 1. Senat 3. Kammer, Beschl. v. 14.07.2015 – 1 BvR 1127/14 – juris, Ziff. 18.

Aufklärung der für die Bewertung der Unterbringung bedeutsamen Umstände in besonderem Maße geboten“ sei.[587]

3.3 *Wesentlicher Inhalt, Einordnung und Würdigung der Entscheidung*

In dieser Entscheidung befasst sich die 2. Kammer des Zweiten Senats mit der Größe des Haftraums bei Einzelunterbringung und stellt fest: Bei der gerichtlichen Überprüfung grundrechtsrelevanter Maßnahmen im Strafvollzug ist ein effektiver Schutz der berührten Rechte nur gewährleistet, wenn sie auf hinreichender Aufklärung des Sachverhalts beruht. Die berührten Rechte sind verletzt, wenn die Strafvollstreckungsgerichte grundrechtsrelevante Maßnahmen im Strafvollzug ohne hinreichende Sachverhaltsaufklärung als rechtmäßig bestätigen. Bestreitet der Gefangene die Sachverhaltsdarstellung der Justizvollzugsanstalt, darf das Strafvollstreckungsgericht seiner Entscheidung nicht ohne Weiteres das Vorbringen der Anstalt zu Grunde legen. Die Annahme, dass ohne weitere Sachverhaltsaufklärung von der Richtigkeit der Sachverhaltsdarstellung der Anstalt ausgegangen werden kann, bedarf auf den Einzelfall bezogener Gründe.[588]

Darüber hinaus stellt die Kammer wie in der Entscheidung *Gemeinschaftshaftraum* (2) fest, dass dem Ermessen der Justizvollzugsanstalt bei Belegung und Gestaltung des Haftraums Grenzen durch die Menschenwürde (Art. 1 Abs. 1 GG) des Gefangenen gesetzt sind.[589] Ob die Art und Weise der Unterbringung die Menschenwürde des Gefangenen verletzt, ist – so ihre weiteren Feststellungen – von einer Gesamtschau der die Haftsituation bestimmenden Umstände abhängig. Maßgebende Faktoren sind insbesondere die Bodenfläche pro Gefangenem und die Beschaffenheit der sanitären Anlagen, vor allem Abtrennung und Belüftung der Toilette. Auch die Dauer der Unterbringung kann entscheidend sein. Bei nur vorübergehender Unterbringung ist insbesondere zu berücksichtigen, ob die Begrenzung der Dauer der Unterbringung für den Gefangenen von Anfang an erkennbar war. Eine Verkürzung der täglichen Einschlusszeiten kann als die Haftsituation mildernder Faktor berücksichtigt werden. Im Einzelfall kann es auch auf Lage und Größe des Fensters, Ausstattung und Belüftung des Haftraums und die hygienischen Verhältnisse ankommen.[590]

---

587 BVerfG 2. Senat 2. Kammer, aaO Ziff. 28.

588 S.o. **3.2**, S. 133.

589 S.o. **3.2**, S. 134. Vgl. oben **2.2**, S. 129.

590 S.o. **3.2**, S. 134.

Die Anwendung dieser Kriterien führt die Kammer zu folgenden Ergebnissen: Eine dauerhafte Unterbringung in einem Haftraum mit einer Größe von etwa 4,5 m² verletzt die Menschenwürde (Art. 1 Abs. 1 GG) des Gefangenen. Bei einer nur vorübergehenden Unterbringung von mehreren Wochen liegt eine Verletzung der Menschenwürde nahe; in so einem Fall hat das Strafvollstreckungsgericht die für die Bewertung der Haftsituation maßgebenden Umstände umfassend aufzuklären.[591]

III. Zusammenfassung

Hinsichtlich der Kammerrechtsprechung in Bezug auf Haftraum und Menschenwürde ist zusammenfassend Folgendes festzuhalten:

1. Grundsätze der einschlägigen Kammerrechtsprechung

Wegen der Würde des Menschen (Art. 1 Abs. 1 GG) müssen die grundlegenden Voraussetzungen individueller und sozialer Existenz des Menschen auch in der Haft erhalten bleiben.[592] Erfüllt der Haftraum des Gefangenen in der nach dem Vollstreckungsplan zuständigen Justizvollzugsanstalt diese Voraussetzungen nicht, ist der Gefangene von Amts wegen in eine andere Anstalt zu verlegen, wenn Abhilfe innerhalb der Anstalt nicht möglich ist.[593] Die Unterbringung eines Gefangenen in einem Haftraum, der immer wieder mit Fäkalien überschwemmt wird, verletzt seine Menschenwürde.[594]

Die Menschenwürde (Art. 1 Abs. 1 GG) setzt dem Ermessen der Justizvollzugsanstalt in Bezug auf Belegung und Gestaltung des Haftraums des Gefangenen Grenzen.[595] Ob der Haftraum die Menschenwürde des Gefangenen verletzt, ist von einer Gesamtschau der die Haftsituation bestimmenden Umstände abhängig. Maßgebend sind insbesondere die Fläche des Bodens und die Beschaffenheit der sanitären Anlagen, vor allem Abtrennung und Belüftung der Toilette. Darüber hinaus kann es auf Lage und Größe des Fensters, Ausstattung und Belüftung des Haftraums und die hygienischen Verhältnisse ankommen. Auch die Dauer der Unterbringung kann maßgebend sein. Ist der Gefangene nur vorübergehend in einem bestimmten Haftraum untergebracht, ist insbesondere zu

---

591 S.o. **3.2**, S. 134 f.
592 S.o. **II.1.3**, S. 128, und **II.2.3**, S. 131.
593 S.o. **II.1.3**, S. 128, und **II.2.3**, S. 131.
594 S.o. **II.1.3**, S. 128.
595 S.o. **II.2.3**, S. 131, und **II.3.3**, S. 135.

berücksichtigen, ob das für ihn von Anfang an erkennbar war. Eine Verkürzung der Einschlusszeiten mildert die Haftsituation.[596]

Eine dauerhafte Unterbringung in einem etwa 4,5 m^2 großen Einzelhaftraum verletzt die Menschenwürde (Art. 1 Abs. 1 GG) des Gefangenen. Im Falle einer nur vorübergehenden Unterbringung in einem solchen Haftraum von mehreren Wochen liegt eine Verletzung der Menschenwürde nahe, sodass es auf die weiteren Umstände ankommt, die die Haftsituation bestimmen.[597]

Die gemeinschaftliche Unterbringung zweier Strafgefangener in einem 11,7 m^2 großen Haftraum verletzt jedenfalls dann nicht die Menschenwürde (Art. 1 Abs. 1 GG), wenn die Gefangenen den Haftraum zu jeder Zeit verlassen können, Rückzugsmöglichkeiten außerhalb des Haftraums haben und sanitäre Anlagen außerhalb des Haftraums nutzen können.[598]

2. Würdigung der einschlägigen Kammerrechtsprechung mit Blick auf die zu Grunde liegende Senatsrechtsprechung

In Bezug auf den Haftraum fehlt es an spezieller Senatsrechtsprechung. Den einschlägigen verfassungsrechtlichen Maßstab entnimmt die Kammerrechtsprechung im Wesentlichen dem Urteil *Lebenslange Freiheitsstrafe* (Erstes Kapitel, II.1). Danach müssen die grundlegenden Voraussetzungen individueller und sozialer Existenz des Menschen im Strafvollzug erhalten bleiben. Ausgehend von diesem aus der Menschenwürde (Art. 1 Abs. 1 GG) abgeleiteten Grundsatz[599] entwickelt die Kammerrechtsprechung konkrete verfassungsrechtliche Anforderungen an den Haftraum.[600] Die einzelnen Kammerentscheidungen nehmen aufeinander Bezug.[601] Sie sind für sich genommen überzeugend und als Gesamtheit konsistent.

596 S.o. **II.3.3**, S. 135.
597 S.o. **II.3.3**, S. 136.
598 S.o. **II.2.3**, S. 131.
599 S.o. Erstes Kapitel, **II.1**, S. 19.
600 S.o. **II.1.3**, S. 128, **II.2.3**, S. 131, und **II.3.3**, S. 135 f.
601 S.o. **II.2.3**, S. 131, und **II.3.3**, S. 135.

Viertes Kapitel: Briefüberwachung im Strafvollzug

Der Schriftwechsel des Strafgefangenen kann überwacht werden (I). In einem Beschluss aus dem Jahr 1994 setzt sich der Erste Senat mit der Anwendung der Regelungen betreffend die Briefüberwachung im Strafvollzug auseinander. Dieser Beschluss und ein in einem ganz anderen Zusammenhang ergangener Beschluss des Ersten Senats aus dem Jahr 1969 (II) sind die Basis der Kammerrechtsprechung in Bezug auf Briefüberwachung im Strafvollzug und Menschenwürde (III), die im Jahr 1994 beginnt.

I. Überblick über die gesetzliche Regelung

Der Gefangene hat das Recht, unbeschränkt Schreiben abzusenden und zu empfangen (§ 28 Abs. 1 StVollzG). Der Schriftwechsel des Gefangenen darf überwacht werden, soweit das aus Gründen der Behandlung oder der Sicherheit oder Ordnung der Anstalt erforderlich ist (§ 29 Abs. 3 StVollzG).[602]

Der Anstaltsleiter kann Schreiben anhalten, wenn das Ziel des Vollzugs oder die Sicherheit oder Ordnung der Anstalt gefährdet würde (§ 31 Abs. 1 Nr. 1 StVollzG), wenn die Weitergabe in Kenntnis ihres Inhalts einen Straf- oder Bußgeldtatbestand verwirklichen würde (§ 31 Abs. 1 Nr. 2 StVollzG), wenn sie grob unrichtige oder erheblich entstellende Darstellungen von Anstaltsverhältnissen enthalten (§ 31 Abs. 1 Nr. 3 StVollzG), wenn sie grobe Beleidigungen enthalten (§ 31 Abs. 1 Nr. 4 StVollzG), wenn sie die Eingliederung eines anderen Gefangenen gefährden können (§ 31 Abs. 1 Nr. 5 StVollzG) oder wenn sie in Geheimschrift, unlesbar, unverständlich oder ohne zwingenden Grund in einer fremden Sprache abgefasst sind (§ 31 Abs. 1 Nr. 6 StVollzG).

---

602 Der Schriftwechsel des Gefangenen mit seinem Verteidiger wird nicht überwacht, § 29 Abs. 1 Satz 1 StVollzG. Nicht überwacht werden ferner Schreiben des Gefangenen an Volksvertretungen des Bundes und der Länder sowie an deren Mitglieder, § 29 Abs. 2 Satz 1 StVollzG. Entsprechendes gilt für Schreiben an das Europäische Parlament und dessen Mitglieder, den Europäischen Gerichtshof für Menschenrechte, die Europäische Kommission für Menschenrechte, den Europäischen Ausschuss zur Verhütung von Folter und unmenschlicher oder erniedrigender Behandlung oder Strafe und die Datenschutzbeauftragten des Bundes und der Länder, § 29 Abs. 2 Satz 2 StVollzG.

Ausgehenden Schreiben, die unrichtige Darstellungen enthalten, kann ein Begleitschreiben beigefügt werden, wenn der Gefangene auf der Absendung besteht (§ 31 Abs. 2 StVollzG). Ist ein Schreiben angehalten worden, wird das dem Gefangenen mitgeteilt (§ 31 Abs. 3 Satz 1 StVollzG). Angehaltene Schreiben werden an den Absender zurückgegeben (§ 31 Abs. 3 Satz 2 StVollzG).

II. Senatsrechtsprechung

Basis der Kammerrechtsprechung in Bezug auf Briefüberwachung im Strafvollzug und Menschenwürde sind im Wesentlichen zwei Senatsentscheidungen. In der früheren dieser Entscheidungen geht es um die Erhebung von Daten für statistische Zwecke durch den Staat. Die spätere Entscheidung betrifft eine strafgerichtliche Verurteilung wegen Beleidigung auf Grund eines Briefs an einen Angehörigen.

1. Mikrozensus

Im schon genannten Beschluss aus dem Jahr 1969 entwickelt der Erste Senat Grundsätze des Schutzes der Privatsphäre gegenüber dem Staat.

Im zu Grunde liegenden Verfahren – einem Vorlageverfahren nach Art. 100 Abs. 1 GG – hatte der Senat darüber zu entscheiden, ob § 2 Nr. 3 des Gesetzes über die Durchführung einer Repräsentativstatistik der Bevölkerung und des Erwerbslebens (MikrozensusG) in der Fassung vom 5. Dezember 1960 verfassungsgemäß sei.[603] Das MikrozensusG hatte auszugsweise folgenden Wortlaut:

> „§ 1
> Im Geltungsbereich dieses Gesetzes wird in den Jahren 1956 bis einschließlich 1962 eine Statistik der Bevölkerung und des Erwerbslebens auf repräsentativer Grundlage (Mikrozensus) vierteljährlich als Bundesstatistik durchgeführt, [...].
> § 2
> Für diese Statistik werden folgende Tatbestände erfaßt:
> [...]
> 3. Urlaubs- und Erholungsreisen, [...].“

Die Beantwortung von Fragen, die auf der Grundlage des MikrozensusG gestellt wurden, war verpflichtend. Die Nichtbeantwortung solcher Fragen war eine Ordnungswidrigkeit, die mit einem Bußgeld geahndet werden konnte.[604]

Der Senat erklärte § 1 und § 2 Nr. 3 MikrozensusG für mit dem Grundgesetz vereinbar.[605] Nach Art. 1 Abs. 1 GG sei die Würde des Menschen unantastbar.

603 BVerfG 1. Senat, Beschl. v. 16.07.1969 – 1 BvL 19/63 – E 27, 1 (1 ff).
604 BVerfG 1. Senat, aaO (2).
605 BVerfG 1. Senat, aaO (1).

Das Bekenntnis des Grundgesetzes zur Würde des Menschen beherrsche *„auch den Art. 2 Abs. 1 GG"*. Der Staat dürfe durch keine Maßnahme *„die Würde des Menschen verletzen oder sonst über die in Art. 2 Abs. 1 GG gezogenen Schranken hinaus die Freiheit der Person in ihrem Wesensgehalt antasten. Damit"* gewähre *„das Grundgesetz dem einzelnen Bürger einen unantastbaren Bereich privater Lebensgestaltung, der der Einwirkung der öffentlichen Gewalt entzogen ist"*.[606]

Die in Rede stehende Befragung über Urlaubs- und Erholungsreisen verstoße *„nicht gegen Art. 1 Abs. 1, Art. 2 Abs. 1 GG"*. Zwar betreffe sie einen *„Bereich privaten Lebens"*. Sie zwinge den Befragten *„jedoch weder zu einer Offenlegung seiner Intimsphäre noch"* gewähre sie *„dem Staat Einsicht in einzelne Beziehungen, die der Außenwelt nicht zugänglich sind und deshalb von Natur aus ‚Geheimnischarakter' haben"*. Sämtliche Angaben über das Ziel und die Dauer der Reisen, die Art der Unterkünfte und die benutzten Verkehrsmittel ließen sich, *„wenn auch unter erheblich größeren Schwierigkeiten, auch ohne eine Befragung ermitteln"*. Mithin gehörten sie *„nicht jenem innersten (Intim-)Bereich an"*, in den der Staat nicht *„ohne Verletzung der Menschenwürde und des Selbstbestimmungsrechts des Einzelnen eingreifen könnte"*.[607]

2. Briefüberwachung

Ausgehend vom Beschluss *Mikrozensus* (1) entwickelt der Erste Senat im schon genannten Beschluss aus dem Jahr 1994 Grundsätze des Schutzes der Kommunikation in der Privatsphäre gegenüber dem Staat.

Grundlage dieses Beschlusses war die Verfassungsbeschwerde der Schwester eines Strafgefangenen gegen ihre strafgerichtliche Verurteilung wegen Beleidigung auf Grund eines Briefs an ihren Bruder. Der Brief – den die Justizvollzugsanstalt angehalten hatte – beinhaltete Folgendes:

> *„Vergiß auch nicht, daß Du fast ausschließlich mit Kretins (Schwachsinnigen) zu tun hast, die auf Beförderung geil sind oder ganz einfach Perverse sind. Denk dabei an die KZ-Aufseher und Du weißt, welche Menschengruppe Dich umgibt. Versuche damit, Dein doch sonst immer lebensbejahendes Denken und Dein fröhliches Wesen aufrecht zu erhalten"*.[608]

Der Erste Senat hielt die Verfassungsbeschwerde für begründet. Die angegriffenen strafgerichtlichen Entscheidungen verletzten die Beschwerdeführerin in ihrem Grundrecht auf Meinungsfreiheit (Art. 5 Abs. 1 Satz 1 GG) in Verbindung

606 BVerfG 1. Senat, aaO (6). Ähnlich schon BVerfG 1. Senat, Urt. v. 16.01.1957 – 1 BvR 253/56 – E 6, 32 (41) – „Elfes".

607 BVerfG 1. Senat, aaO (8).

608 BVerfG 1. Senat, Beschl. v. 26.04.1994 – 1 BvR 1968/88 – E 90, 255 (256).

mit dem allgemeinen Persönlichkeitsrecht (Art. 2 Abs. 1 iVm Art. 1 Abs. 1 GG).[609] Die verfassungsrechtlichen Maßstäbe für Äußerungen und die Zulässigkeit von Beschränkungen ergäben sich aus dem Grundrecht auf Meinungsfreiheit. Da es sich um *„eine Äußerung in der von Art. 2 Abs. 1 in Verbindung mit Art. 1 Abs. 1 GG geschützten Privatsphäre"* handle, trete *„dieses Grundrecht jedoch ergänzend hinzu"*.[610] Die Äußerung der Beschwerdeführerin genieße den Schutz der Meinungsfreiheit, die allerdings den Schranken der Vorschriften zum Schutz der persönlichen Ehre – unter anderem § 185 StGB – unterliege. Auslegung und Anwendung dieser Vorschriften wiederum müssten Bedeutung und Tragweite von Art. 5 Abs. 1 Satz 1 GG Rechnung tragen. Das erfordere eine fallbezogene Abwägung. Jedenfalls bei schweren und haltlosen Kränkungen im privaten Bereich beanspruche der Ehrschutz regelmäßig Vorrang vor der Meinungsfreiheit.[611]

Diese Abwägungsregel gelte *„aber nicht ausnahmslos"*. Sie beruhe *„auf der unausgesprochenen Voraussetzung"*, dass die kränkende Äußerung gegenüber dem Betroffenen oder Dritten falle und ihre herabsetzende Wirkung dort entfalte. An dieser Voraussetzung fehle es, *„wenn die Äußerung in einer Sphäre fällt, die gegen Wahrnehmung durch den Betroffenen oder Dritte gerade abgeschirmt ist"*. Das allgemeine Persönlichkeitsrecht begründe eine *„solche Sphäre"*. Zu den Bedingungen der Persönlichkeitsentfaltung gehöre, *„daß der Einzelne einen Raum besitzt, in dem er unbeobachtet sich selbst überlassen ist oder mit Personen seines besonderen Vertrauens ohne Rücksicht auf gesellschaftliche Verhaltenserwartungen und ohne Furcht vor staatlichen Sanktionen verkehren kann"*. Aus der *„Bedeutung einer solchen Rückzugsmöglichkeit für die Persönlichkeitsentfaltung"* folge, dass der Schutz des Art. 2 Abs. 1 iVm Art. 1 Abs. 1 GG *„auch die Privatsphäre umfaßt"*.[612]

Am Schutz der Privatsphäre nehme auch *„die vertrauliche Kommunikation teil"*. Nur unter den Bedingungen besonderer Vertraulichkeit sei dem Einzelnen *„ein rückhaltloser Ausdruck seiner Emotionen, die Offenbarung geheimer Wünsche oder Ängste, die freimütige Kundgabe des eigenen Urteils über Verhältnisse und Personen oder eine entlastende Selbstdarstellung möglich"*. Unter solchen Umständen könne es *„auch zu Äußerungsinhalten oder -formen kommen, die sich der Einzelne gegenüber Außenstehenden oder in der Öffentlichkeit nicht gestatten*

609 BVerfG 1. Senat, aaO (259).
610 BVerfG 1. Senat, aaO.
611 BVerfG 1. Senat, aaO.
612 BVerfG 1. Senat, aaO (259 f), mit Verweis auf BVerfGE 27, 1 (6) – *Mikrozensus* (1), S. 140 f.

würde", die *„als Ausdruck der Persönlichkeit und Bedingung ihrer Entfaltung"* aber grundrechtlichen Schutz verdienten.[613] Die strafrechtliche Rechtsprechung und Literatur trage dem Rechnung, indem bei ehrverletzenden Äußerungen über nicht anwesende Dritte in besonders engen Lebenskreisen eine beleidigungsfreie Sphäre zugestanden werde, wenn die Äußerung Ausdruck des besonderen Vertrauens sei und es keine begründete Möglichkeit ihrer Weitergabe gebe. Auf die Frage, ob es sich insoweit um einen Tatbestandsausschluss oder um einen Rechtfertigungsgrund handle, komme es *„für die verfassungsrechtliche Beurteilung nicht an"*.[614]

Anders als die Strafgerichte angenommen hätten, gehe der Schutz der Vertrauenssphäre *„nicht verloren, wenn sich der Staat Kenntnis von vertraulich gemachten Äußerungen verschafft"*. Das gelte auch für die Briefkontrolle bei Strafgefangenen. Zwar sei diese *„zum Schutz anderer bedeutsamer Rechtsgüter verfassungsrechtlich grundsätzlich zulässig"*. Sie solle *„Gefahren für das Vollzugsziel und die Sicherheit und Ordnung der Anstalt abwehren sowie die Vertuschung begangener und die Begehung neuer Straftaten verhindern"*. Auch sei *„unvermeidlich, daß der Vollzugsbeamte bei Gelegenheit einer solchen Kontrolle Kenntnis vom gesamten Inhalt des überprüften Schriftstücks erlangt"*. Die Kenntnisnahme von einer vertraulichen Äußerung ändere *„aber nichts an deren Zugehörigkeit zu der grundrechtlich geschützten Privatsphäre"*. Durch die Kontrollbefugnis könne diese *„zwar rechtmäßig durchbrochen, nicht aber in eine öffentliche Sphäre umdefiniert werden"*. Der Grundrechtsschutz wirke sich vielmehr dahingehend aus, dass der vertrauliche Charakter der Äußerung trotz staatlicher Überwachung gewahrt bleibe. Er entfalle auch nicht schon deshalb, weil der Verfasser von der Briefkontrolle wisse. Etwas anderes gelte nur dann, *„wenn der sich Äußernde selber die Vertraulichkeit aufhebt, so daß die Gelegenheit für Dritte, seine Äußerungen wahrzunehmen, ihm zuzurechnen ist und nicht erst durch den staatlichen Eingriff geschaffen wird"*.[615]

Die entwickelten Grundsätze – so der Senat weiter – gälten *„unabhängig davon"*, ob eine Äußerung in der Justizvollzugsanstalt eingehe oder sie verlasse. Der *„Kreis möglicher Vertrauenspersonen"* sei nicht auf Ehegatten oder Eltern beschränkt. Angesichts der *„Funktion des Persönlichkeitsschutzes"* sei vielmehr *„die Übertragung auf ähnlich enge Vertrauensverhältnisse geboten"*.[616]

---

613 BVerfG 1. Senat, aaO (260).
614 BVerfG 1. Senat, aaO (261).
615 BVerfG 1. Senat, aaO (261 f).
616 BVerfG 1. Senat, aaO (262).

Gemessen an diesen Grundsätzen – so das Ergebnis des Senats – hielten die angegriffenen Entscheidungen einer verfassungsrechtlichen Nachprüfung nicht stand. Dass die Strafgerichte im Brief der Beschwerdeführerin eine schwere Kränkung der Vollzugsbeamten der Justizvollzugsanstalt gesehen hätten, sei von Verfassungs wegen nicht zu beanstanden. Allerdings beruhe die Verurteilung der Beschwerdeführerin auf der Annahme, dass die Briefüberwachung die Vertraulichkeit von Äußerungen aufhebe, weil damit gerechnet werden müsse, dass getroffene Äußerungen Dritten zur Kenntnis gelangen. Das sei *„mit dem die Meinungsfreiheit ergänzenden Grundrechtsschutz der Privatsphäre aus Art. 2 Abs. 1 in Verbindung mit Art. 1 Abs. 1 GG unvereinbar"*.[617]

3. Wesentliche Grundsätze der Entscheidungen

Den dargestellten Senatsentscheidungen lassen sich im Wesentlichen folgende Grundsätze entnehmen:

Art. 2 Abs. 1 iVm Art. 1 Abs. 1 GG gewährleistet dem Einzelnen einen unantastbaren Bereich privater Lebensgestaltung, der der Einwirkung durch den Staat entzogen ist[618] (*Mikrozensus* (1)).

Das allgemeine Persönlichkeitsrecht (Art. 2 Abs. 1 iVm Art. 1 Abs. 1 GG) schützt die Privatsphäre, nämlich einen Raum, in dem der Einzelne unbeobachtet sich selbst überlassen ist und mit Personen seines besonderen Vertrauens ohne Furcht vor staatlichen Sanktionen umgehen und kommunizieren kann. In der Privatsphäre darf es zu Äußerungen kommen, die gegenüber Außenstehenden oder in der Öffentlichkeit nicht zulässig wären. Der Schutz der Kommunikation in der Privatsphäre geht nicht verloren, wenn der Staat sich Kenntnis von vertraulichen Äußerungen verschafft. Das gilt auch für die Briefüberwachung im Strafvollzug. Die Kenntnisnahme des Staats von einer vertraulichen Äußerung ändert nichts an deren Zugehörigkeit zur grundrechtlich geschützten Privatsphäre[619] (*Briefüberwachung* (2)).

III. Kammerrechtsprechung

Gegenstand der Kammerrechtsprechung in Bezug auf Briefüberwachung im Strafvollzug und Menschenwürde ist die Sanktionierung von Gefangenenpost.

617 BVerfG 1. Senat, aaO (262 f).
618 S.o. **1**, S. 140 f.
619 S.o. **2**, S. 142 f.

Im Einzelnen geht es um das Anhalten von Briefen durch die Justizvollzugsanstalten und Verurteilungen wegen Beleidigung durch die Strafgerichte.

1. Brief an die Verlobte

Die erste Kammerentscheidung in Bezug auf die Sanktionierung von Gefangenenpost ist ein stattgebender Beschluss aus dem Jahr 1994. Grundlage war die Verfassungsbeschwerde eines Strafgefangenen gegen das Anhalten eines Briefs an seine Verlobte.

1.1 Gegenstand des Verfahrens

Der Beschwerdeführer, der eine mehrjährige Freiheitsstrafe verbüßte, schrieb einen Brief an seine Verlobte, der Folgendes beinhaltete:

> *„Eine neue mechanische [Schreibmaschine] wäre zwar auch nicht teuer, doch in gewisser Weise eine unnütze Anschaffung. Denn wer schreibt draußen schon mit einem derartigen Gerät, und auch ich habe ja eine Elektrische. Die sind aber verboten, zumindest in Bayern. Sagt jedenfalls das ‚Reichsparteitags-OLG' in Nürnberg.“*[620]

Die Justizvollzugsanstalt hielt den Brief an. Der Brief gefährde das Vollzugsziel und beinhalte grobe Beleidigungen.[621]

Das Oberlandesgericht bestätigte das Anhalten des Briefs als rechtmäßig.[622] Diese Entscheidung hob die 2. Kammer des Zweiten Senats auf die Verfassungsbeschwerde des Beschwerdeführers hin mit der Begründung auf, dass das Gericht „*Bedeutung und Reichweite des Art. 5 GG im konkreten Falle offensichtlich verkannt*“ habe. Die Kammer verwies die Sache zurück,[623] woraufhin das Oberlandesgericht das Anhalten des Briefs wiederum als rechtmäßig bestätigte.[624]

Mit seiner Verfassungsbeschwerde gegen die erneute Entscheidung des Oberlandesgerichts rügte der Beschwerdeführer eine Verletzung seiner Rechte aus Art. 5 Abs. 1 Satz 1 GG. Als er den Brief geschrieben habe, seien sämtliche Besuche akustisch überwacht worden. Nur Briefe hätten ihm deshalb die Möglichkeit

---

620 BVerfG 2. Senat 2. Kammer, Beschl. v. 08.07.1993 – 2 BvR 1576/92 – juris, Ziff. 2 f, und v. 12.09.1994 – 2 BvR 291/94 – juris, Ziff. 2.

621 BVerfG 2. Senat 2. Kammer, Beschl. v. 08.07.1993 – 2 BvR 1576/92 – juris, Ziff. 4, und v. 12.09.1994 – 2 BvR 291/94 – juris, Ziff. 2.

622 BVerfG 2. Senat 2. Kammer, Beschl. v. 08.07.1993 – 2 BvR 1576/92 – juris, Ziff. 4, und v. 12.09.1994 – 2 BvR 291/94 – juris, Ziff. 2.

623 BVerfG 2. Senat 2. Kammer, Beschl. v. 08.07.1993 – 2 BvR 1576/92 – juris, Ziff. 17 f, und v. 12.09.1994 – 2 BvR 291/94 – juris, Ziff. 2.

624 BVerfG 2. Senat 2. Kammer, Beschl. v. 12.09.1994 – 2 BvR 291/94 – juris, Ziff. 3.

gegeben, sich seiner Verlobten gegenüber zu äußern und Wut und Verärgerung zum Ausdruck zu bringen.[625]

1.2 Entscheidung der Kammer

Die 2. Kammer des Zweiten Senats hielt die Verfassungsbeschwerde für offensichtlich begründet. Die Entscheidung des Oberlandesgerichts verletze den Beschwerdeführer in seinem Grundrecht auf Meinungsfreiheit (Art. 5 Abs. 1 Satz 1 GG) in Verbindung mit dem allgemeinen Persönlichkeitsrecht (Art. 2 Abs. 1 iVm Art. 1 Abs. 1 GG).[626]

„*Maßstäblich*" sei „*nunmehr*" vom Beschluss des Ersten Senats vom 26. April 1994 – *Briefüberwachung* (II.2) – auszugehen. Danach genieße die Äußerung des Beschwerdeführers den Schutz der Meinungsfreiheit, die allerdings durch die Vorschriften zum Schutz der persönlichen Ehre beschränkt werde. Bei der Bestimmung dieser Schranken wiederum sei zu beachten, dass Art. 2 Abs. 1 iVm Art. 1 Abs. 1 GG dem Einzelnen einen Raum gewährleiste, in dem er unbeobachtet sich selbst überlassen sei oder mit Personen seines besonderen Vertrauens ohne Rücksicht auf gesellschaftliche Verhaltenserwartungen verkehren könne. Unter den Bedingungen besonderer Vertraulichkeit könne es auch zu Äußerungsinhalten oder -formen kommen, die der Einzelne sich gegenüber Außenstehenden oder in der Öffentlichkeit nicht gestatten würde, die als Ausdruck der Persönlichkeit und Bedingung ihrer Entfaltung aber grundrechtlichen Schutz verdienten.[627]

Der Vertrauensschutz gehe nicht verloren, wenn der Staat sich Kenntnis von vertraulichen Äußerungen verschaffe. Das gelte auch für die Briefkontrolle bei Strafgefangenen nach den §§ 29 Abs. 3, 31 Abs. 1 StVollzG. Diese Vorschriften erlaubten das Anhalten von Schreiben von Strafgefangenen unter anderem bei Gefährdung des Vollzugsziels (§ 31 Abs. 1 Nr. 1 StVollzG) und groben Beleidigungen (§ 31 Abs. 1 Nr. 4 StVollzG). Zwar sei die Briefüberwachung verfassungsrechtlich grundsätzlich zulässig. Sie solle Gefahren für das Vollzugsziel und die Sicherheit und Ordnung der Anstalt abwehren sowie die Vertuschung begangener und die Begehung neuer Straftaten verhindern. Auch sei „*unvermeidlich*", dass der Vollzugsbeamte bei der Briefkontrolle Kenntnis vom gesamten Inhalt des kontrollierten Briefs erlange. Die Kenntnisnahme ändere aber, wenn der Adressat dem Verfasser nahestehe, nichts an der Zugehörigkeit

625 BVerfG 2. Senat 2. Kammer, aaO Ziff. 6 f.
626 BVerfG 2. Senat 2. Kammer, aaO Ziff. 10.
627 BVerfG 2. Senat 2. Kammer, aaO Ziff. 11.

einer vertraulichen Äußerung zur grundrechtlich geschützten Privatsphäre. Diese könne durch die Kontrollbefugnis zwar *„durchbrochen“*, nicht aber in eine öffentliche Sphäre umdefiniert werden.[628]

Nichts anderes gelte mit Blick auf das Ziel des Strafvollzugs, den Gefangenen zu befähigen, künftig in sozialer Verantwortung ein Leben ohne Straftaten zu führen. Das allgemeine Persönlichkeitsrecht garantiere *„jedermann, auch dem Gefangenen und später Entlassenen, einen Freiraum, in dem er seinen Emotionen und Wertungen rückhaltlos Ausdruck verleihen kann, ohne sich damit staatlichen Sanktionen auszusetzen“*. Ziel des Strafvollzugs könne *„deshalb nicht sein, den Gefangenen während der Strafhaft und künftig an vertraulicher Kommunikation im Rahmen der grundrechtlich geschützten Privatsphäre in jenen Formen zu hindern, die jedem anderen Bürger straflos zugestanden werden“*.[629]

„Bereits diesem Maßstab“ – so die 2. Kammer des Zweiten Senats – werde die Entscheidung des Oberlandesgerichts nicht gerecht. Deshalb könne dahinstehen, ob die Wertung der Äußerung des Beschwerdeführers als grobe Beleidigung, gemessen an Art. 5 Abs. 1 Satz 1 GG, haltbar sei.[630] Da der Brief des Beschwerdeführers an seine Verlobte nur unter Inkaufnahme der angeordneten Kontrolle, *„nicht jedoch darüber hinaus mit Zutun seines Verfassers einem Dritten zur Kenntnis gelangt“* sei, könnten *„aus den darin enthaltenen Äußerungen unter dem rechtlichen Gesichtspunkt der groben Beleidigung im Sinne des § 31 Abs. 1 Nr. 4 StVollzG keine für den Beschwerdeführer belastenden Folgerungen gezogen werden“*. Da die *„notwendige Kenntnisnahme“* durch den kontrollierenden Vollzugsbeamten die Zugehörigkeit der Äußerung des Beschwerdeführers zur grundrechtlich geschützten Privatsphäre nicht aufhebe, könne die Weiterleitung des Briefs durch die Anstalt in Kenntnis seines Inhalts auch keinen Straf- oder Bußgeldtatbestand erfüllen (§ 31 Abs. 1 Nr. 2 StVollzG).[631]

Etwas anderes könne auch nicht gelten, wenn man – wie das Oberlandesgericht – das Vollzugsziel bei der Auslegung von § 31 Abs. 1 Nr. 4 StVollzG mitberücksichtige. Schon der Ansatz sei verfehlt, wenn das Gericht ausführe, dass es mit dem Vollzugsziel nicht zu vereinbaren wäre, einem Strafgefangenen Verhaltensweisen zuzugestehen, die außerhalb des Strafvollzugs zivil- und strafrechtliche Reaktionen des Betroffenen nach sich ziehen würden. Denn diese Erwägung verkenne, *„daß nach den dargestellten Grundsätzen Äußerungen im vertraulichen*

---

628 BVerfG 2. Senat 2. Kammer, aaO Ziff. 12.
629 BVerfG 2. Senat 2. Kammer, aaO Ziff. 13.
630 BVerfG 2. Senat 2. Kammer, aaO Ziff. 14.
631 BVerfG 2. Senat 2. Kammer, aaO Ziff. 15.

Kommunikationsbereich gerade ohne rechtliche Folgen" blieben. Bleibe der Brief des Beschwerdeführers unbeanstandet, so würden diesem nicht, wie das Oberlandesgericht meine, „*‚nur weil und solange er sich im Vollzug befindet, Freiheiten‘ zugestanden, die andere nicht haben*". Vielmehr ermögliche überhaupt nur der Umstand, dass der Beschwerdeführer sich im Strafvollzug befinde und deshalb der Briefüberwachung unterliege, „*den Einblick in die Sphäre privater Kommunikation, die bei […] in Freiheit Befindlichen regelmäßig gerade gegen die Wahrnehmung durch Dritte abgeschirmt ist*".[632]

1.3 Wesentlicher Inhalt, Einordnung und Würdigung der Entscheidung

In dieser Entscheidung befasst sich die 2. Kammer des Zweiten Senats mit dem Anhalten von Briefen (§ 31 Abs. 1 StVollzG) durch die Justizvollzugsanstalt. Die einschlägigen verfassungsrechtlichen Maßstäbe entnimmt sie dem Beschluss *Briefüberwachung* (II.2) und stellt fest: Das allgemeine Persönlichkeitsrecht (Art. 2 Abs. 1 iVm Art. 1 Abs. 1 GG) gewährleistet dem Einzelnen einen Raum, in dem er unbeobachtet sich selbst überlassen ist und mit Personen seines besonderen Vertrauens kommunizieren kann, ohne sich der Gefahr staatlicher Sanktionen auszusetzen. Unter den Bedingungen besonderer Vertraulichkeit dürfen Äußerungen fallen, die gegenüber Außenstehenden oder in der Öffentlichkeit nicht zulässig wären. Durch die Briefüberwachung im Strafvollzug geht der Schutz vertraulicher Äußerungen nicht verloren. Die Kenntnisnahme des Staats von einer vertraulichen Äußerung ändert nichts daran, dass die Äußerung der durch Art. 2 Abs. 1 iVm Art. 1 Abs. 1 GG geschützten Privatsphäre unterfällt.[633]

Der Schutz vertraulicher Gefangenenpost – so die weiteren Feststellungen der Kammer – steht in Einklang mit dem Vollzugsziel. Denn Ziel des Strafvollzugs kann nicht sein, Kommunikationsinhalte zu sanktionieren, die auf Grund des Schutzes der Kommunikation in der Privatsphäre außerhalb des Strafvollzugs nicht sanktioniert würden.[634]

Nach diesen Grundsätzen – so das Ergebnis der Kammer – kann vertrauliche Gefangenenpost wegen Beleidigungen nicht sanktioniert werden. Insbesondere kann ein vertraulicher Brief wegen Beleidigungen nicht angehalten werden, auch dann nicht, wenn der Verfasser die Kontrolle des Briefs in Kauf genommen hat.[635]

---

632 BVerfG 2. Senat 2. Kammer, aaO Ziff. 16.

633 S.o. **1.2**, S. 146 f. Vgl. oben **II.2**, S. 142 f.

634 S.o. **1.2**, S. 147 f.

635 S.o. **1.2**, S. 147. Vgl. oben **II.2**, S. 143.

Wie der Senat im Beschluss *Briefüberwachung* (II.2) ist die Kammer der Auffassung, dass die Privatsphäre durch die Briefkontrolle „*durchbrochen*" werden kann und die Justizvollzugsanstalt sich Kenntnis vom gesamten Inhalt des kontrollierten Briefs verschaffen darf.[636] Diese Auffassung erscheint keinesfalls zwingend:

Nach dem Beschluss *Mikrozensus* (II.1), auf den der Beschluss *Briefüberwachung* (II.2) verweist[637], gewährleistet Art. 2 Abs. 1 iVm Art. 1 Abs. 1 GG dem Einzelnen „*einen unantastbaren Bereich privater Lebensgestaltung*".[638] Sofern die Privatsphäre dasselbe ist wie der unantastbare Bereich privater Lebensgestaltung – was sich dem Beschluss *Briefüberwachung* (II.2) nicht eindeutig entnehmen lässt –, müsste die Kenntnisnahme vom Inhalt vertraulicher Gefangenenpost sich für Senat und Kammer eigentlich verbieten. Denn wenn Senat und Kammer der Auffassung sind, dass die Privatsphäre durch die Briefkontrolle „*durchbrochen*" wird, gehen sie offenbar davon aus, dass schon die Kenntnisnahme vom Inhalt vertraulicher Gefangenenpost – und nicht erst deren Sanktionierung – in die Privatsphäre eingreift. In den unantastbaren Bereich privater Lebensgestaltung aber darf der Staat nicht eingreifen.[639] Ein Eingriff in den unantastbaren Bereich privater Lebensgestaltung kann verfassungsrechtlich nicht gerechtfertigt werden,[640] insbesondere auch nicht durch das Vollzugsziel, die Sicherheit und Ordnung der Anstalt oder die Verhinderung der Begehung und der Verschleierung von Straftaten.[641]

Sofern die Privatsphäre nicht dasselbe ist wie der unantastbare Bereich privater Lebensgestaltung, hätte es vor dem Hintergrund des Beschlusses *Mikrozensus* (II.1) jedoch nahegelegen, die Kenntnisnahme vom Inhalt vertraulicher Gefangenenpost als Eingriff in den unantastbaren Bereich privater Lebensgestaltung zu betrachten. Jedenfalls die Frage hätte sich aufdrängen können, ob die Justizvollzugsanstalt sich durch die Kenntnisnahme vom Inhalt vertraulicher Gefangenenpost nicht Einsicht in Gegebenheiten verschafft, „*die der Außenwelt nicht zugänglich sind und deshalb von Natur aus ‚Geheimnischarakter' haben*".[642]

Unabhängig davon, ob die Privatsphäre dasselbe ist wie der unantastbare Bereich privater Lebensgestaltung, gehen Senat und Kammer davon aus, dass

636 S.o. **1.2**, S. 146 f. Vgl. oben **II.2**, S. 143.
637 S.o. **II.2**, Fn 612.
638 S.o. **II.1**, S. 140 f.
639 S.o. **II.1**, S. 141.
640 S.o. **II.1**, S. 141.
641 Vgl. oben **1.2**, S. 146, und **II.2**, S. 143.
642 Vgl. oben **II.1**, S. 141.

sie außerhalb des Strafvollzugs ein Raum ist, der gegen *„Wahrnehmung“* durch Dritte *„abgeschirmt“* ist.[643] Wäre die Kommunikation in der Privatsphäre im Strafvollzug in gleichem Maße geschützt wie außerhalb des Strafvollzugs, müsste, entsprechend, schon die Kenntnisnahme vom Inhalt vertraulicher Gefangenenpost – und nicht erst deren Sanktionierung – ausgeschlossen sein. Die Auffassung, dass die Justizvollzugsanstalt sich Kenntnis vom gesamten Inhalt eines kontrollierten vertraulichen Briefs verschaffen darf, läuft also darauf hinaus, dass die Kommunikation in der Privatsphäre im Strafvollzug in geringerem Maße geschützt ist als außerhalb des Strafvollzugs. Dieser Unterschied versteht sich verfassungsrechtlich nicht von selbst. Für Senat und Kammer machen das Vollzugsziel, die Sicherheit und Ordnung der Anstalt sowie die Verhinderung der Begehung und der Verschleierung von Straftaten nicht nur zulässig, sondern sogar *„unvermeidlich“*, dass der Staat im Strafvollzug Einsicht in die Kommunikation in der Privatsphäre nimmt.[644] Angesichts der von der Kammer wie vom Senat angenommenen Bedeutung der Privatsphäre für die Persönlichkeitsentfaltung[645] vermag diese Sichtweise jedenfalls nicht ohne Weiteres zu überzeugen.

2. Brief an einen befreundeten Strafgefangenen

Die folgende Kammerentscheidung in Bezug auf die Sanktionierung von Gefangenenpost ist ein stattgebender Beschluss aus dem Jahr 2006. Grundlage war die Verfassungsbeschwerde eines Strafgefangenen gegen seine strafgerichtliche Verurteilung wegen Beleidigung auf Grund eines Briefs an einen anderen, mit ihm befreundeten, Strafgefangenen.

2.1 Gegenstand des Verfahrens

Der Beschwerdeführer verbüßte eine mehrjährige Freiheitsstrafe wegen vielfachen sexuellen Missbrauchs von Kindern. Auf Grund von Demütigungen und Misshandlungen durch andere Gefangene war er von der Justizvollzugsanstalt M. in die Justizvollzugsanstalt L. verlegt worden. Während einer vorübergehenden erneuten Unterbringung in der Justizvollzugsanstalt M. freundete er sich mit einem anderen Gefangenen an. Als er wieder in die Justizvollzugsanstalt L. verlegt worden war, schrieb er einen Brief an seinen Freund. Darin äußerte er sich positiv über die Verhältnisse in der Justizvollzugsanstalt L. und deren

643 S.o. **1.2**, S. 148, und **II.2**, S. 142.
644 S.o. **1.2**, S. 146, und **II.2**, S. 143.
645 S.o. **1.2**, S. 146, und **II.2**, S. 142.

Vollzugsbedienstete, die er als *„echt super"* bezeichnete. Darüber hinaus beinhaltete der Brief Folgendes:

> *„Kein Vergleich mit den unfähigen Arschlöchern aus M. Du wirst hier wie ein Mensch behandelt und nicht wie ein Stück Dreck"*.[646]

Die Justizvollzugsanstalt hielt den Brief an und stellte Strafantrag wegen Beleidigung, woraufhin der Beschwerdeführer zu einer Geldstrafe verurteilt wurde.[647] Die Berufung des Beschwerdeführers wurde wegen offensichtlicher Unbegründetheit als unzulässig[648] verworfen.[649]

Mit seiner Verfassungsbeschwerde rügte der Beschwerdeführer eine Verletzung seiner Rechte aus Art. 5 Abs. 1 Satz 1 GG in Verbindung mit dem allgemeinen Persönlichkeitsrecht (Art. 2 Abs. 1 iVm Art. 1 Abs. 1 GG). Das Amtsgericht habe verkannt, dass es nicht nur bei Briefen an Angehörige, sondern auch bei Briefen an nahestehende Vertrauenspersonen an der Rechtswidrigkeit beleidigender Äußerungen fehle. Gefangene seien seine einzigen Bezugspersonen. Der angehaltene Brief lasse sein enges freundschaftliches Verhältnis zum Adressaten unschwer erkennen.[650]

2.2 Entscheidung der Kammer

Die 1. Kammer des Ersten Senats hielt die Verfassungsbeschwerde für offensichtlich begründet. Die angegriffenen Gerichtsentscheidungen verletzten den Beschwerdeführer *„in seinem Grundrecht auf Meinungsfreiheit aus Art. 5 Abs. 1 Satz 1 GG, indem sie dem aus dem allgemeinen Persönlichkeitsrecht (Art. 2 Abs. 1 in Verbindung mit Art. 1 Abs. 1 GG) folgenden Vertraulichkeitsschutz nicht hinreichend Rechnung"* trügen.[651] Die Äußerung des Beschwerdeführers genieße den Schutz der Meinungsfreiheit (Art. 5 Abs. 1 Satz 1 GG), die allerdings durch die Vorschriften zum Schutz der persönlichen Ehre beschränkt werde. Bei der Bestimmung dieser Schranken wiederum sei zu beachten, dass das durch Art. 2 Abs. 1 in Verbindung mit Art. 1 Abs. 1 GG geschützte allgemeine Persönlichkeitsrecht dem Einzelnen *„auch Schutz im Intim- und Privatbereich"* gewähre.[652]

---

646 BVerfG 1. Senat 1. Kammer, Beschl. v. 23.11.2006 – 1 BvR 285/06 – juris, Ziff. 2.

647 BVerfG 1. Senat 1. Kammer, aaO Ziff. 2 f.

648 Die Berufung wird angenommen, wenn sie nicht offensichtlich unbegründet ist. Anderenfalls wird die Berufung als unzulässig verworfen, § 313 Abs. 2 StPO.

649 BVerfG 1. Senat 1. Kammer, aaO Ziff. 4.

650 BVerfG 1. Senat 1. Kammer, aaO Ziff. 5.

651 BVerfG 1. Senat 1. Kammer, aaO Ziff. 7 f.

652 BVerfG 1. Senat 1. Kammer, aaO Ziff. 9.

Bei Äußerungen gegenüber „*Familienangehörigen und Vertrauenspersonen*" in einer gegen die Wahrnehmung durch den Betroffenen oder Dritte abgeschirmten Sphäre trete „*der Aspekt der Ehrverletzung eines von der Äußerung Betroffenen gegenüber dem einer freien Entfaltung der Persönlichkeit des sich Äußernden zurück*". Unter solchen Umständen getroffene Äußerungen, die wegen ihres ehrverletzenden Gehalts gegenüber Außenstehenden oder in der Öffentlichkeit nicht schutzwürdig wären, genössen als Ausdruck der Persönlichkeit und Bedingung ihrer Entfaltung „*verfassungsrechtlichen Schutz, der dem Schutz der Ehre des durch die Äußerung Betroffenen vor geht*".[653]

In der Rechtsprechung des BVerfG sei anerkannt, dass auch schriftliche Äußerungen von Strafgefangenen, deren Post der Briefkontrolle unterliege, dem Schutz der Vertrauensbeziehung unterfallen könnten. Der Kreis möglicher Vertrauenspersonen sei nicht auf Ehegatten oder Eltern beschränkt, sondern erstrecke sich auf ähnlich enge Vertrauensverhältnisse.[654]

In den Augen der 1. Kammer des Ersten Senats wurden die angegriffenen Gerichtsentscheidungen diesen Maßstäben nicht gerecht. Die Annahme der Gerichte, dass Vertrauensschutz bei Strafgefangenen nur gegeben sei, wenn es sich um Post zwischen Angehörigen handle, verkenne die Reichweite des verfassungsrechtlichen Schutzes gegen die Wertung einer Äußerung als Beleidigung. Zwar möge bei Post zwischen Angehörigen das Grundrecht aus Art. 6 Abs. 1 GG den Schutz verstärken. „*Der durch das allgemeine Persönlichkeitsrecht gewährte Schutz vertraulicher Äußerungen*" erstrecke sich „*jedoch darüber hinaus auf andere, in der Nähebeziehung vergleichbare Arten enger Vertrauensverhältnisse. Einer Ehe, eines Verwandtschafts- oder eines Liebesverhältnisses mit der Vertrauensperson*" bedürfe es nicht. „*Auch allein stehenden Strafgefangenen, die mit dem Adressaten oder Absender eines Briefes weder verwandt sind noch eine Liebesbeziehung mit diesem unterhalten oder anstreben, aber mit ihm ein enges Vertrauensverhältnis aufgebaut haben*", stehe der besondere Schutz gegen die Wertung von Äußerungen als Beleidigung zu.[655]

Bei der Feststellung, ob im Einzelfall ein Vertrauensverhältnis gegeben sei, müssten „*neben dem Charakter der Vertrauensbeziehung die Art und der Kontext der ehrverletzenden Äußerung*" berücksichtigt werden. Der Brief des Beschwerdeführers sei „*in einem sehr vertrauten Ton gehalten*". Der Beschwerdeführer äußere sich darin über seine Freundschaft mit dem Adressaten – „*Selten, dass*

653 BVerfG 1. Senat 1. Kammer, aaO Ziff. 10.
654 BVerfG 1. Senat 1. Kammer, aaO Ziff. 11.
655 BVerfG 1. Senat 1. Kammer, aaO Ziff. 12 f.

man einen solchen Menschen wie dich hier im Knast, aber auch draußen trifft" -, schildere seine Pläne für sein Leben nach der Haftentlassung – *„Man muss aus seinen Fehlern lernen. Man muss es in Zukunft besser machen ..."* – und spreche dem Adressaten Mut zu – *„Wenn es einmal ganz Scheiße hier im Knast ist und du denkst, es geht überhaupt nichts mehr. Dann denke daran, dass du nie alleine bist, dass immer einer bei dir ist, wenn du dich zu ihm bekennst. Gott verlässt uns nicht"*. Auf diese Umstände seien die Gerichte nicht eingegangen, weil sie angenommen hätten, dass nur die Kommunikation zwischen Angehörigen besonderen Schutz genieße.[656]

2.3 Wesentlicher Inhalt, Einordnung und Würdigung der Entscheidung

Gegenstand dieser Entscheidung der 1. Kammer des Ersten Senats ist eine strafgerichtliche Verurteilung wegen Beleidigung auf Grund eines angehaltenen Briefs. Die verfassungsrechtlichen Maßstäbe des Beschlusses *Briefüberwachung* (II.2) übernehmend, stellt die Kammer insoweit fest: Das allgemeine Persönlichkeitsrecht (Art. 2 Abs. 1 iVm Art. 1 Abs. 1 GG) gewährleistet dem Einzelnen Schutz in der Privatsphäre. Äußerungen, die wegen ihres ehrverletzenden Gehalts gegenüber Außenstehenden oder in der Öffentlichkeit nicht zulässig wären, sind geschützt, wenn sie in der Privatsphäre getroffen werden. Auch Gefangenenpost, die überwacht wird, kann dem Schutz vertraulicher Äußerungen durch Art. 2 Abs. 1 iVm Art. 1 Abs. 1 GG unterfallen.[657]

Die Kammer spricht ausdrücklich aus, dass der Schutz einer vertraulichen Äußerung dem Schutz der Ehre des von der Äußerung Betroffenen ausnahmslos vorgeht mit der Folge, dass der Gesichtspunkt der Ehrverletzung hinter dem Gesichtspunkt der Persönlichkeitsentfaltung zurücktreten muss.[658] Im Beschluss *Briefüberwachung* (II.2) kommt der Grundsatz, dass bei Äußerungen in der Privatsphäre eine Abwägung zwischen dem Schutz der persönlichen Ehre und der Meinungsfreiheit (Art. 5 Abs. 1 Satz 1 GG) nicht stattfindet, nur indirekt zum Ausdruck. Dass der Senat von diesem Grundsatz ausgeht, ergibt sich insbesondere aus der Feststellung des Beschlusses, dass der Einzelne in der durch Art. 2 Abs. 1 iVm Art. 1 Abs. 1 GG geschützten Privatsphäre *„ohne Furcht vor staatlichen Sanktionen"* kommunizieren kann.[659]

---

656 BVerfG 1. Senat 1. Kammer, aaO Ziff. 14 f.
657 S.o. **2.2**, S. 151 f. Vgl. oben **II.2**, S. 142 f.
658 S.o. **2.2**, S. 152.
659 S.o. **II.2**, S. 142.

Wie der Senat im Beschluss *Briefüberwachung* (II.2) ist die Kammer der Auffassung, dass der Kreis möglicher Vertrauenspersonen nicht auf Ehepartner oder Eltern beschränkt ist, sondern auch ähnlich enge Vertrauensverhältnisse umfasst.[660] Nach ihrem Verständnis ist ein ähnlich enges Vertrauensverhältnis ein Verhältnis, das einer Ehe oder einem Eltern-Kind-Verhältnis *„in der Nähebeziehung vergleichbar()"* ist.[661] Ausgehend davon stellt sie fest, dass auch zwei Strafgefangene, die zwar weder verheiratet noch verwandt oder durch ein Liebesverhältnis miteinander verbunden sind, aber *„ein enges Vertrauensverhältnis"* haben, am Schutz der Kommunikation in der Privatsphäre durch Art. 2 Abs. 1 iVm Art. 1 Abs. 1 GG teil haben.[662]

Diese Feststellung begegnet Bedenken. Angesichts der Bedeutung der Privatsphäre für die Persönlichkeitsentfaltung[663] mag im Ergebnis zwar richtig sein, enge Freunde in den Kreis möglicher Vertrauenspersonen einzubeziehen. Die Begründung der Kammer vermag dieses Ergebnis aber kaum zu tragen. Denn jedenfalls in der Regel sollte das Verhältnis zwischen engen Freunden einer Ehe oder einem Eltern-Kind-Verhältnis *„in der Nähebeziehung"* nicht vergleichbar sein.[664] Insbesondere im Fall des Beschwerdeführers und seines Freundes – die sich während einer vorübergehenden Unterbringung in derselben Justizvollzugsanstalt angefreundet hatten – erscheint kaum vorstellbar, dass ihr Verhältnis unter dem Gesichtspunkt der Nähe einer Ehe oder einem Eltern-Kind-Verhältnis vergleichbar gewesen sein könnte.

Nach Auffassung der Kammer kommt es für die Frage, ob im Einzelfall ein geschütztes Vertrauensverhältnis gegeben ist, nicht nur auf die Art des Verhältnisses an, sondern auch auf *„Art und […] Kontext der ehrverletzenden Äußerung"*.[665]

Auch diese Feststellung begegnet Bedenken. Denn sie setzt voraus, dass die Justizvollzugsanstalt sich im Zuge der Briefkontrolle auch dann, wenn ein Brief der Privatsphäre unterfällt, Kenntnis vom gesamten Inhalt des Briefs verschaffen darf. Zwar stimmt diese Auffassung mit dem Beschluss *Briefüberwachung* (II.2) und der Entscheidung *Brief an die Verlobte* (1) überein.[666] Ob sie mit dem Schutz

---

660 S.o. **2.2**, S. 152. Vgl. oben **II.2**, S. 143.

661 S.o. **2.2**, S. 152.

662 S.o. **2.2**, S. 152 f.

663 S.o. **II.2**, S. 142.

664 In diesem Sinne auch BVerfG 2. Senat 2. Kammer, Beschl. v. 16.05.1995 – 2 BvR 1882/92, 2 BvR 365/93 – juris, Ziff. 27.

665 S.o. **2.2**, S. 152.

666 S.o. **II.2**, S. 143, und **1.2**, S. 146 f.

der Kommunikation in der Privatsphäre (Art. 2 Abs. 1 iVm Art. 1 Abs. 1 GG) wirklich in Einklang gebracht werden kann, aber ist aus den im Zusammenhang der Entscheidung *Brief an die Verlobte* (1) angeführten Gründen[667] fraglich.

3. Brief an den Vater

Die folgende Kammerentscheidung in Bezug auf die Sanktionierung von Gefangenenpost ist ein stattgebender Beschluss aus dem Jahr 2009. Grundlage war die Verfassungsbeschwerde eines Strafgefangenen gegen das Anhalten eines Briefs an seinen Vater.

3.1 Gegenstand des Verfahrens

Der Beschwerdeführer, der eine Freiheitsstrafe verbüßte, schrieb einen Brief an seinen Vater, der Folgendes beinhaltete:

> *„(H)ier lassen die aber Gefangene in dieser Gummizelle, wie wir sie nennen teilweise wochenlang verrotten".*[668]

Die Justizvollzugsanstalt hielt den Brief wegen grob unrichtiger Darstellungen von Anstaltsverhältnissen an und gab ihn dem Beschwerdeführer zurück.[669] Die Strafvollstreckungsgerichte bestätigten das Anhalten des Briefs als rechtmäßig.[670]

Mit seiner Verfassungsbeschwerde rügte der Beschwerdeführer eine Verletzung seiner Rechte aus Art. 5 und Art. 6 GG. Die Strafvollstreckungsgerichte hätten die Tragweite der Meinungsfreiheit und des besonderen Schutzes der Familie verkannt.[671]

3.2 Entscheidung der Kammer

Die 3. Kammer des Zweiten Senats hielt die Verfassungsbeschwerde für offensichtlich begründet. Die Entscheidung der Strafvollstreckungskammer verletze den Beschwerdeführer in seinen Rechten aus Art. 5 Abs. 1 Satz 1 GG in Verbindung mit dem allgemeinen Persönlichkeitsrecht (Art. 2 Abs. 1 iVm Art. 1 Abs. 1 GG).[672] Die Äußerung des Beschwerdeführers, die als grob unrichtige Darstellung der Anstaltsverhältnisse im Sinne von § 31 Abs. 1 Nr. 3 StVollzG beurteilt

---

667 S.o. **1.3**, S. 149 f.

668 BVerfG 2. Senat 3. Kammer, Beschl. v. 29.06.2009 – 2 BvR 2279/07 – juris, Ziff. 1 f.

669 BVerfG 2. Senat 3. Kammer, aaO Ziff. 3.

670 BVerfG 2. Senat 3. Kammer, aaO Ziff. 7, 9.

671 BVerfG 2. Senat 3. Kammer, aaO Ziff. 10 f.

672 BVerfG 2. Senat 3. Kammer, aaO Ziff. 13 f.

worden sei, unterfalle – ungeachtet der in ihr enthaltenen Tatsachenbehauptung, Gefangene würden zum Teil wochenlang in einem besonders gesicherten Haftraum untergebracht – Art. 5 Abs. 1 Satz 1 GG. Die Meinungsfreiheit finde ihre Schranken in den Vorschriften der allgemeinen Gesetze, zu denen auch § 31 StVollzG gehöre.[673]

Es könne offenbleiben, ob die Strafvollstreckungskammer das Vorbringen des Beschwerdeführers hinsichtlich der Unterbringung von Gefangenen im besonders gesicherten Haftraum ohne weitere Sachverhaltsaufklärung als aus der Luft gegriffen habe betrachten dürfen. Die angegriffene Entscheidung trage der Meinungsfreiheit in Verbindung mit dem allgemeinen Persönlichkeitsrecht jedenfalls insoweit nicht hinreichend Rechnung, als sie nicht berücksichtige, *„dass die beanstandete Äußerung in einem Brief an den Vater des Beschwerdeführers und damit in einer grundrechtlich geschützten Sphäre vertraulicher Kommunikation gefallen“* sei.[674]

An der Notwendigkeit, das zu berücksichtigen, habe es nicht deshalb gefehlt, *„weil das Schreiben des Beschwerdeführers nicht wegen eines beleidigenden Inhalts, sondern gemäß § 31 Abs. 1 Nr. 3 StVollzG wegen grob unrichtiger Darstellung von Anstaltsverhältnissen angehalten“* worden sei. Den Grundsatz, dass der besondere persönlichkeitsrechtliche Schutz der Sphäre vertraulicher Kommunikation nicht dadurch entfalle, dass der Staat sich bei der Überwachung des Schriftwechsels Gefangener Kenntnis von dessen Inhalt verschaffe, habe das BVerfG *„zwar anhand von Fällen abgeleitet und wiederholt bekräftigt, die die Sanktionierung beleidigender Äußerungen oder das Anhalten von Schreiben wegen solcher Äußerungen betrafen“*. Der Grundsatz gelte aber nicht nur für diese Fallgestaltung. *„Grundlage seiner Geltung“* sei *„nicht eine Besonderheit des im Falle beleidigender Äußerungen betroffenen Rechtsguts der persönlichen Ehre, sondern der besondere persönlichkeitsrechtliche Schutz einer Sphäre vertraulicher Kommunikation“*. Dem Gefangenen, dessen Schriftwechsel der Überwachung unterliege, könne dieser Schutz nur zugute kommen, wenn an die gewonnenen Kenntnisse vom Inhalt seiner Kommunikation mit Personen seines besonderen Vertrauens *„nicht ohne weiteres in gleicher Weise, wie dies bei Äußerungen außerhalb besonderer Vertrauensbeziehungen zulässig wäre, Sanktionen oder sonstige Eingriffe geknüpft werden“*. Bei der *„notwendigen Abwägung zwischen den eingeschränkten Grundrechten des Gefangenen und dem Rechtsgut, dem das grundrechtsbeschränkende Gesetz dient“*, sei das zu berücksichtigen. Die *„in Bezug auf Einschränkungen*

673 BVerfG 2. Senat 3. Kammer, aaO Ziff. 15 f.

674 BVerfG 2. Senat 3. Kammer, aaO Ziff. 18 f.

der Meinungsfreiheit sonst geltenden Abwägungsregeln" seien „*nicht ohne weiteres anwendbar*".[675]

In den Augen der 3. Kammer des Zweiten Senats ließ die Entscheidung der Strafvollstreckungskammer nicht erkennen, „*dass das Gericht sich dieser besonderen Abwägungsnotwendigkeit bewusst*" gewesen wäre.[676] Die Strafvollstreckungskammer habe außerdem versäumt, die Beifügung eines Begleitschreibens als im Vergleich zum Anhalten des Briefs milderes Mittel in Betracht zu ziehen. Zwar sei auch das Beifügen eines Begleitschreibens ein Eingriff in die grundrechtlich besonders geschützte Sphäre vertraulicher Kommunikation. Dieser Eingriff wiege aber deutlich weniger schwer als das Unterbinden der vertraulichen Kommunikation durch Anhalten des Briefs. In Anbetracht dessen biete sich die Beifügung eines Begleitschreibens „*als Mittel der Herstellung praktischer Konkordanz zwischen den widerstreitenden Belangen auch in Fällen brieflicher Kommunikation mit Vertrauenspersonen und gerade dort an, wo das Anhalten entsprechender Schreiben im Hinblick auf den besonderen grundrechtlichen Schutz der Sphäre vertraulicher Kommunikation ausscheiden*" müsse.[677]

3.3 Wesentlicher Inhalt, Einordnung und Würdigung der Entscheidung

Gegenstand dieser Entscheidung der 3. Kammer des Zweiten Senats ist das Anhalten von Briefen durch die Justizvollzugsanstalt. Auch die 3. Kammer des Zweiten Senats geht von den verfassungsrechtlichen Maßstäben des Beschlusses *Briefüberwachung* (II.2) aus und stellt fest: Der Grundsatz, dass der Schutz vertraulicher Äußerungen durch die Briefüberwachung im Strafvollzug nicht verloren geht,[678] gilt nicht nur bei beleidigenden Äußerungen, sondern auch bei unrichtigen Darstellungen von Anstaltsverhältnissen im Sinne von § 31 Abs. 1 Nr. 3 StVollzG. Denn Grund seiner Geltung ist nicht das bei beleidigenden Äußerungen betroffene Rechtsgut der persönlichen Ehre, sondern der Schutz der Kommunikation in der Privatsphäre durch Art. 2 Abs. 1 iVm Art. 1 Abs. 1 GG.[679]

In Anbetracht dieses Grundsatzes – so die weiteren Feststellungen der Kammer – können vertrauliche Äußerungen eines Strafgefangenen „*nicht ohne weiteres in gleicher Weise*" sanktioniert werden wie Äußerungen außerhalb der Privatsphäre. Bei der erforderlichen Abwägung zwischen den Grundrechten des

675 BVerfG 2. Senat 3. Kammer, aaO Ziff. 20.
676 BVerfG 2. Senat 3. Kammer, aaO Ziff. 21.
677 BVerfG 2. Senat 3. Kammer, aaO Ziff. 22.
678 S.o. **II.2**, S. 143.
679 S.o. **3.2**, S. 155 f.

Gefangenen und den durch § 31 Abs. 1 StVollzG geschützten Rechtsgütern ist zu berücksichtigen, dass die in Bezug auf Beschränkungen der Meinungsfreiheit (Art. 5 Abs. 1 Satz 1 GG) geltenden Abwägungsregeln *„nicht ohne weiteres anwendbar"* sind.[680]

Diese Feststellungen begegnen schon mit Blick auf die Grundsätze des Beschlusses *Briefüberwachung* (II.2) Bedenken.[681] Denn danach können vertrauliche Äußerungen – auch – im Strafvollzug nicht nur *„nicht ohne weiteres"*, sondern unter keinen Umständen sanktioniert werden.[682] Eine Abwägung zwischen den durch § 31 Abs. 1 StVollzG geschützten Rechtsgütern und der Meinungsfreiheit (Art. 5 Abs. 1 Satz 1 GG) findet nicht statt, weil der Schutz der Kommunikation in der Privatsphäre durch Art. 2 Abs. 1 iVm Art. 1 Abs. 1 GG für eine derartige Abwägung keinen Raum lässt.[683]

IV. Zusammenfassung

Hinsichtlich der Kammerrechtsprechung in Bezug auf Briefüberwachung im Strafvollzug und Menschenwürde ist zusammenfassend Folgendes festzuhalten:

1. Grundsätze der einschlägigen Kammerrechtsprechung

Das allgemeine Persönlichkeitsrecht (Art. 2 Abs. 1 iVm Art. 1 Abs. 1 GG) gewährleistet dem Einzelnen eine Sphäre, in der er mit Personen seines besonderen Vertrauens kommunizieren kann, ohne sich staatlichen Sanktionen auszusetzen. In dieser Sphäre – der Privatsphäre – dürfen Äußerungen fallen, die gegenüber Außenstehenden oder in der Öffentlichkeit nicht zulässig wären. Die Kenntnisnahme des Staats von einer vertraulichen Äußerung ändert nichts daran, dass die Äußerung der Privatsphäre unterfällt. Deshalb geht der Schutz vertraulicher Äußerungen auch durch die Briefüberwachung im Strafvollzug nicht verloren.[684]

Nach den Entscheidungen *Brief an die Verlobte* (III.1) und *Brief an einen befreundeten Strafgefangenen* (III.2) kann vertrauliche Gefangenenpost auf Grund des Schutzes der Kommunikation in der Privatsphäre wegen Beleidigungen nicht sanktioniert werden. Vertrauliche Gefangenenpost, die Beleidigungen

680 S.o. **3.2**, S. 156 f.

681 S. darüber hinaus die unter **1.3**, S. 149 f, angeführten Bedenken hinsichtlich der im Beschluss *Briefüberwachung* (II.2) festgestellten Grenzen des Schutzes der Privatsphäre im Strafvollzug.

682 S.o. **II.2**, S. 142 f.

683 S.o. **II.2**, S. 142, **1.2**, S. 147, und **2.2**, S. 152.

684 S.o. **III.1.3**, S. 148, **III.2.3**, S. 153, und **III.3.3**, S. 157.

beinhaltet, kann also weder angehalten werden[685] noch Grund für eine strafgerichtliche Verurteilung sein.[686] Der Schutz einer vertraulichen Äußerung geht dem Schutz der Ehre des von der Äußerung Betroffenen ausnahmslos vor. Der Gesichtspunkt der Ehrverletzung muss also zwangsläufig hinter dem Gesichtspunkt der Persönlichkeitsentfaltung zurücktreten.[687]

Nach der Entscheidung *Brief an den Vater* (III.3) wird der Schutz der Kommunikation in der Privatsphäre unabhängig davon wirksam, ob vertrauliche Gefangenenpost Beleidigungen oder unrichtige Darstellungen von Anstaltsverhältnissen beinhaltet.[688] Nach dieser Entscheidung ist allerdings eine Abwägung zwischen den Grundrechten des Gefangenen und den Schutzgütern von § 31 Abs. 1 StVollzG vorzunehmen. Dabei ist zu berücksichtigen, dass vertrauliche Äußerungen eines Strafgefangenen nicht ohne Weiteres in gleicher Weise sanktioniert werden können wie Äußerungen außerhalb der Privatsphäre, weil die Abwägungsregeln in Bezug auf Beschränkungen der Meinungsfreiheit (Art. 5 Abs. 1 Satz 1 GG) nicht ohne Weiteres anwendbar sind.[689]

Die Justizvollzugsanstalt darf sich Kenntnis vom gesamten Inhalt eines kontrollierten vertraulichen Briefs verschaffen. Denn durch die Briefkontrolle kann die Privatsphäre durchbrochen werden.[690]

Der Kreis möglicher Vertrauenspersonen ist nicht auf Ehepartner oder Eltern beschränkt, sondern umfasst auch ähnlich enge Vertrauensverhältnisse. Ein ähnlich enges Vertrauensverhältnis ist ein Verhältnis, das einer Ehe oder einem Eltern-Kind-Verhältnis in der Nähebeziehung vergleichbar ist. Auch zwei Strafgefangene, die zwar weder verheiratet noch verwandt oder durch ein Liebesverhältnis miteinander verbunden sind, aber ein enges Vertrauensverhältnis haben, genießen den Schutz der Kommunikation in der Privatsphäre durch Art. 2 Abs. 1 iVm Art. 1 Abs. 1 GG.[691]

---

685 S.o. **III.1.3**, S. 148.

686 S.o. **III.2.3**, S. 153.

687 S.o. **III.2.3**, S. 153.

688 S.o. **III.3.3**, S. 157.

689 S.o. **III.3.3**, S. 157 f.

690 S.o. **III.1.3**, S. 149.

691 S.o. **III.2.3**, S. 154.

2. Würdigung der einschlägigen Kammerrechtsprechung mit Blick auf die zu Grunde liegende Senatsrechtsprechung

Die Kammerrechtsprechung in Bezug auf die Briefüberwachung im Strafvollzug kann auf spezielle Senatsrechtsprechung zurückgreifen. Die einschlägigen verfassungsrechtlichen Maßstäbe und Anforderungen entnimmt sie im Wesentlichen dem Urteil *Briefüberwachung* (II.2).[692]

In der Entscheidung *Brief an die Verlobte* (III.1) werden die Grundsätze des Urteils sämtlich übernommen und angewendet. Die Entscheidung vermag dennoch nicht zu überzeugen. Denn die ihr zu Grunde liegende Auffassung, dass die Privatsphäre durch die Briefkontrolle durchbrochen werden kann und die Justizvollzugsanstalt sich Kenntnis vom gesamten Inhalt des kontrollierten Briefs verschaffen darf[693], begegnet Bedenken:

Sofern die Privatsphäre dasselbe ist wie der unantastbare Bereich privater Lebensgestaltung im Sinne des Beschlusses *Mikrozensus* (II.1) – was sich dem Beschluss *Briefüberwachung* (II.2) nicht eindeutig entnehmen lässt –, müsste die Kenntnisnahme vom Inhalt vertraulicher Gefangenenpost sich eigentlich verbieten. Denn schon die Kenntnisnahme vom Inhalt vertraulicher Gefangenenpost – und nicht erst deren Sanktionierung – greift in die Privatsphäre ein. In den unantastbaren Bereich privater Lebensgestaltung aber darf der Staat – mithin auch die Justizvollzugsanstalt – nicht eingreifen.[694]

Sofern die Privatsphäre nicht dasselbe ist wie der unantastbare Bereich privater Lebensgestaltung, hätte es jedenfalls nahegelegen, die Kenntnisnahme vom Inhalt vertraulicher Gefangenenpost als Eingriff in den unantastbaren Bereich privater Lebensgestaltung zu betrachten. Denn es liegt nahe, anzunehmen, dass die Justizvollzugsanstalt sich durch die Kenntnisnahme vom Inhalt vertraulicher Gefangenenpost Einsicht in Gegebenheiten verschafft, *„die der Außenwelt nicht zugänglich sind und deshalb von Natur aus ‚Geheimnischarakter' haben"*.[695]

Unabhängig davon, ob die Privatsphäre dasselbe ist wie der unantastbare Bereich privater Lebensgestaltung, ist sie außerhalb des Strafvollzugs ein Raum, der gegen *„Wahrnehmung"* durch Dritte *„abgeschirmt"* ist. Wäre die Kommunikation in der Privatsphäre im Strafvollzug in gleichem Maße geschützt wie außerhalb des Strafvollzugs, müsste schon die Kenntnisnahme vom Inhalt vertraulicher Gefangenenpost – und nicht erst deren Sanktionierung – ausgeschlossen sein.

---

692 S.o. **III.1.3**, S. 148, **III.2.3**, S. 153, und **III.3.3**, S. 157.

693 S.o. **III.1.3**, S. 148 f. Vgl. oben **II.2**, S. 142 f.

694 S.o. **III.1.3**, S. 149.

695 S.o. **III.1.3**, S. 149.

Der Unterschied zwischen dem Schutz der Kommunikation in der Privatsphäre im Strafvollzug und außerhalb des Strafvollzugs – der aus der Sicht der Praxis sinnvoll oder sogar erforderlich erscheinen mag – versteht sich verfassungsrechtlich nicht von selbst. Der Beschluss *Briefüberwachung* (II.2) und die Entscheidung *Brief an die Verlobte* (III.1) vermögen den Unterschied nicht überzeugend zu begründen.[696]

Die Feststellungen der Entscheidung *Brief an den Vater* (III.3), wonach vertrauliche Äußerungen eines Strafgefangenen nicht ohne Weiteres in gleicher Weise sanktioniert werden können wie Äußerungen außerhalb der Privatsphäre und eine das berücksichtigende Abwägung vorzunehmen ist[697], widersprechen nicht nur den Entscheidungen *Brief an die Verlobte* (III.1)[698] und *Brief an einen befreundeten Strafgefangenen* (III.2)[699]; sie stehen auch in Widerspruch zum Beschluss *Briefüberwachung* (II.2). Nach dessen Grundsätzen kann vertrauliche Gefangenenpost unter keinen Umständen sanktioniert werden. Eine Abwägung zwischen den Schutzgütern von § 31 Abs. 1 StVollzG und der Meinungsfreiheit (Art. 5 Abs. 1 Satz 1 GG) findet nicht statt, weil der Schutz der Kommunikation in der Privatsphäre (Art. 2 Abs. 1 iVm Art. 1 Abs. 1 GG) für eine derartige Abwägung keinen Raum lässt.[700]

Bedenken begegnet auch die Feststellung der Entscheidung *Brief an einen befreundeten Strafgefangenen* (III.2), dass auch zwei Strafgefangene, die zwar weder verheiratet noch verwandt oder durch ein Liebesverhältnis miteinander verbunden sind, aber ein enges Vertrauensverhältnis haben, dem Schutz der Kommunikation in der Privatsphäre (Art. 2 Abs. 1 iVm Art. 1 Abs. 1 GG) unterfallen.[701] Sie genügt schon nicht der Prämisse der Kammer, dass das Verhältnis zwischen zwei Personen einer Ehe oder einem Eltern-Kind-Verhältnis in der Nähebeziehung vergleichbar sein muss, um als ähnlich enges Vertrauensverhältnis geschützt zu sein.[702]

696 S.o. **III.1.3**, S. 149 f.
697 S.o. **III.3.3**, S. 157 f.
698 S.o. **III.1.3**, S. 148.
699 S.o. **III.2.3**, S. 153.
700 S.o. **III.3.3**, S. 158.
701 S.o. **III.2.3**, S. 154.
702 S.o. **III.2.3**, S. 154.

Fünftes Kapitel: Krankheit im Strafvollzug

Das StVollzG und die StPO beinhalten Regelungen für den Fall der Krankheit des Strafgefangenen (I). Die Kammerrechtsprechung in Bezug auf Krankheit im Strafvollzug und Menschenwürde (II) beginnt im Jahr 1996.

I. Überblick über die gesetzliche Regelung

Für die körperliche und geistige Gesundheit des Gefangenen ist zu sorgen (§ 56 Abs. 1 Satz 1 StVollzG). Der Gefangene hat Anspruch auf Krankenbehandlung, wenn sie notwendig ist, um eine Krankheit zu erkennen, zu heilen, ihre Verschlimmerung zu verhüten oder Krankheitsbeschwerden zu lindern. Die Krankenbehandlung umfasst insbesondere ärztliche Behandlung, zahnärztliche Behandlung einschließlich der Versorgung mit Zahnersatz, Versorgung mit Arznei-, Verbands-, Heil- und Hilfsmitteln, medizinische und ergänzende Leistungen zur Rehabilitation sowie Belastungserprobung und Arbeitstherapie, soweit die Belange des Vollzugs dem nicht entgegenstehen (§ 58 StVollzG).

Ein kranker Gefangener kann in ein Anstaltskrankenhaus oder in eine für die Behandlung seiner Krankheit besser geeignete Vollzugsanstalt verlegt werden (§ 65 Abs. 1 StVollzG). Kann die Krankheit eines Gefangenen in einer Vollzugsanstalt oder einem Anstaltskrankenhaus nicht erkannt oder behandelt werden oder ist es nicht möglich, den Gefangenen rechtzeitig in ein Anstaltskrankenhaus zu verlegen, so ist er in ein Krankenhaus außerhalb des Vollzugs zu bringen (§ 65 Abs. 2 StVollzG).

Die Vollstreckungsbehörde kann die Vollstreckung einer Freiheitsstrafe unterbrechen, wenn der Verurteilte in Geisteskrankheit verfällt (§ 455 Abs. 4 Satz 1 Nr. 1 StPO), wegen einer Krankheit von der Vollstreckung eine nahe Lebensgefahr für den Verurteilten zu besorgen ist (§ 455 Abs. 4 Satz 1 Nr. 2 StPO) oder der Verurteilte sonst schwer erkrankt und die Krankheit in einer Vollzugsanstalt oder einem Anstaltskrankenhaus nicht erkannt oder behandelt werden kann (§ 455 Abs. 4 Satz 1 Nr. 3 StPO) und zu erwarten ist, dass die Krankheit voraussichtlich für eine erhebliche Zeit fortbestehen wird. Die Vollstreckung darf nicht unterbrochen werden, wenn überwiegende Gründe, namentlich der öffentlichen Sicherheit, entgegenstehen (§ 455 Abs. 4 Satz 2 StPO).

II. Kammerrechtsprechung

Gegenstand der Kammerrechtsprechung in Bezug auf Krankheit im Strafvollzug und Menschenwürde sind die Entscheidung der Justizvollzugsanstalt darüber, ob ein kranker Gefangener in ein vollzugsexternes Krankenhaus verlegt wird, die Entscheidung der Staatsanwaltschaft über eine Strafunterbrechung und die Entscheidung des Strafvollstreckungsgerichts über die Aussetzung einer lebenslangen Freiheitsstrafe zur Bewährung.

1. Vollzugsexterne psychiatrische Behandlung

Die erste Kammerentscheidung betreffend Krankheit im Strafvollzug ist ein stattgebender Beschluss aus dem Jahr 1996. Grundlage war die Verfassungsbeschwerde eines zu lebenslanger Freiheitsstrafe Verurteilten gegen die Versagung einer vollzugsexternen psychiatrischen Behandlung.

1.1 Gegenstand des Verfahrens

Der 56 Jahre alte Beschwerdeführer verbüßte seit mehr als 32 Jahren eine lebenslange Freiheitsstrafe wegen Mordes.[703] Im Jahr 1989 hatte die Strafvollstreckungskammer im Zuge eines Strafaussetzungsverfahrens ein psychiatrisches Gutachten über ihn eingeholt, das im Wesentlichen zu folgenden Ergebnissen gekommen war: Die Persönlichkeitsstruktur des Beschwerdeführers und der lange Strafvollzug hätten zu tiefgreifenden Fehlverarbeitungen des Mordgeschehens geführt. Das Krankheitsbild habe inzwischen das Ausmaß einer chronischen paranoid-halluzinatorischen Psychose. Eine weitere Vollstreckung der Strafe lasse allenfalls eine Verschlimmerung seines Zustands und schließlich Haftunfähigkeit erwarten. Es könne nur dringend empfohlen werden, ihn einer stationären psychiatrischen Behandlung zuzuführen.[704] Unter Verweis auf dieses Gutachten hatten die Strafvollstreckungskammer und das Oberlandesgericht die Aussetzung des Strafrests zur Bewährung abgelehnt.[705]

Im Jahr 1994 war die Aussetzung der Strafe ein weiteres Mal abgelehnt worden. Das im zu Grunde liegenden Verfahren eingeholte Sachverständigengutachten war unter anderem zu folgenden Ergebnissen gekommen: Wie im Gutachten aus dem Jahr 1989 ausgeführt werde, habe sich beim Beschwerdeführer eine chronische paranoid-halluzinatorische psychotische Symptomatik entwickelt.

703 BVerfG 2. Senat 2. Kammer, Beschl. v. 14.08.1996 – 2 BvR 2267/95 – juris, Ziff. 2.
704 BVerfG 2. Senat 2. Kammer, aaO Ziff. 3 ff.
705 BVerfG 2. Senat 2. Kammer, aaO Ziff. 8.

Alles deute darauf hin, dass es sich insoweit um eine Haftpsychose handle, für die die als bedrückend erlebte Haftsituation und seine Persönlichkeitsstruktur wesentlich seien. Eine Verbesserung seines Geisteszustands lasse sich in einem fachärztlich, sozialarbeiterisch und psychologisch betreuten Milieu erzielen. Im Strafvollzug sei eine Verbesserung nicht zu erwarten.[706]

Der Beschwerdeführer beantragte mehrfach, die Vollstreckung der Strafe nach § 455 Abs. 4 Satz 1 Nr. 3 StPO zu unterbrechen, was die Staatsanwaltschaft ablehnte.[707] Schließlich beantragte er, ihn nach § 65 Abs. 2 StVollzG zur Behandlung in ein vollzugsexternes Krankenhaus zu verlegen. Das lehnte die Justizvollzugsanstalt ab, was die Strafvollstreckungsgerichte als rechtmäßig bestätigten.[708]

Mit seiner Verfassungsbeschwerde rügte der Beschwerdeführer eine Verletzung seiner Rechte aus Art. 1 und Art. 2 GG. Die Versagung einer vollzugsexternen Behandlung verletze ihn in seinem Anspruch auf angemessene Heilbehandlung im Strafvollzug.[709]

1.2 Entscheidung der Kammer

Die 2. Kammer des Zweiten Senats hielt die Verfassungsbeschwerde für offensichtlich begründet. Die Entscheidung der Strafvollstreckungskammer verletze den Beschwerdeführer in seinen Rechten aus Art. 2 iVm Art. 1 Abs. 1 GG.[710] Das BVerfG vertrete *„seit jeher"* die Auffassung, dass ein menschenwürdiger Vollzug der lebenslangen Freiheitsstrafe nur dann sichergestellt sei, wenn der Verurteilte eine konkrete und grundsätzlich auch realisierbare Chance habe, die Freiheit wiederzuerlangen. Dementsprechend finde die lebenslange Freiheitsstrafe ihre verfassungsrechtlich notwendige Ergänzung in einem sinnvollen Behandlungsvollzug. Die Justizvollzugsanstalten seien auch bei zu lebenslanger Freiheitsstrafe Verurteilten verpflichtet, auf deren Resozialisierung hinzuwirken, sie lebenstüchtig zu erhalten und schädlichen Auswirkungen des Freiheitsentzugs, vor allem Persönlichkeitsveränderungen, entgegenzuwirken. Dieser Gesichtspunkt gewinne namentlich an Bedeutung, wenn es gelte, Persönlichkeitsveränderungen zu begegnen, die die Lebenstüchtigkeit ernsthaft in Frage stellen und ausschließen würden, dass der Gefangene sich im Falle einer Entlassung aus der Haft im normalen Leben noch zurechtfinden könne.[711]

---

706 BVerfG 2. Senat 2. Kammer, aaO Ziff. 9 ff.

707 BVerfG 2. Senat 2. Kammer, aaO Ziff. 15.

708 BVerfG 2. Senat 2. Kammer, aaO Ziff. 16.

709 BVerfG 2. Senat 2. Kammer, aaO Ziff. 17.

710 BVerfG 2. Senat 2. Kammer, aaO Ziff. 19 f.

711 BVerfG 2. Senat 2. Kammer, aaO Ziff. 21.

Justizvollzugsanstalt und Strafvollstreckungskammer hätten § 65 Abs. 2 StVollzG dahingehend ausgelegt, dass diese Bestimmung nur eingreife, wenn der Strafvollzug im Anschluss an die Krankenhausbehandlung fortgesetzt werden solle. Ihrer Auffassung nach sei eine Haftentlassung in ein therapeutisches Milieu vom Behandlungsbegriff des § 65 Abs. 2 StVollzG nicht gedeckt. Diese Auslegung von § 65 Abs. 2 StVollzG vernachlässige *„das dem Strafvollzug gesetzte Resozialisierungsziel (§ 2 StVollzG) und dessen gesetzliche Konkretisierung in §§ 3 Abs. 2, 56 Abs. 1 Satz 1 und 58 StVollzG. Gerade darin“* werde eine grundsätzlich unrichtige Anschauung von der Bedeutung *„der Grundrechte der körperlichen Unversehrtheit und der Freiheit der Person (Art. 2 Abs. 2 Sätze 1 und 2, 104 GG) und auf eine menschenwürdige Behandlung (Art. 2 Abs. 1 i.V.m. Art. 1 Abs. 1 GG) erkennbar und wirksam, die Anlaß zu verfassungsgerichtlichem Eingreifen“* gebe.[712]

Mit dem Vollzugsziel, dem Ziel der Resozialisierung des Strafgefangenen (§ 2 StVollzG), und den Handlungspflichten der §§ 3 Abs. 2, 56 Abs. 1 Satz 1 und 58 StVollzG nehme der Gesetzgeber *„Anforderungen der Achtung und des Schutzes der Menschenwürde auf“*. Ihrer daraus folgenden Verpflichtung, den Gefangenen lebenstüchtig zu erhalten und schädlichen Auswirkungen des Freiheitsentzugs entgegenzuwirken, müsse die Justizvollzugsanstalt auch dann genügen, wenn der Gefangene eine vollzugsexterne Krankenhausbehandlung begehre, *„um eine im Vollzug nicht mögliche, zur Heilung seiner Erkrankung jedoch notwendige Behandlung zu erhalten“*.[713]

Im Falle des Beschwerdeführers verstärke sich diese Fürsorgepflicht *„noch dadurch, daß es von seiner Heilung oder jedenfalls von der Besserung seiner Erkrankung“* abhänge, *„ob ihm eine positive Sozialprognose im Sinne von § 57 Abs. 1 Nr. 2 StGB gestellt werden“* könne, *„wie sie nach § 57a Abs. 1 Nr. 3 StGB erforderlich“* sei, um die Vollstreckung des Rests einer lebenslangen Freiheitsstrafe auszusetzen. Gebiete die besondere Schwere der Schuld des Verurteilten die weitere Vollstreckung nicht mehr, stehe *„aber eine der langen Haft entsprungene Erkrankung einer positiven Sozialprognose entgegen“*, so verpflichteten die *„§§ 2, 3, 56, 58 StVollzG im Lichte der Grundrechte aus Art. 2 i.V.m. Art. 1 Abs. 1 GG die Vollzugsbehörden, dieser Erkrankung mit den Mitteln entgegenzuwirken, die fachmedizinisch indiziert sind“*.[714]

---

712 BVerfG 2. Senat 2. Kammer, aaO Ziff. 22.

713 BVerfG 2. Senat 2. Kammer, aaO Ziff. 23.

714 BVerfG 2. Senat 2. Kammer, aaO Ziff. 23 f.

Im Falle des Beschwerdeführers hätten alle fachlichen Stellungnahmen eine vollzugsexterne psychiatrische Langzeittherapie als das einzig Erfolgversprechende bezeichnet. Das werde bei seiner weiteren Behandlung maßgeblich zu berücksichtigen sein. Welche Grenzen einer Krankenbehandlung im Strafvollzug unter Kostengesichtspunkten zu ziehen seien, bedürfe keiner Erörterung. Erweise sich eine medizinische Maßnahme *„zur Wahrung elementarer Grundrechtsinteressen des Gefangenen als unabdingbar"*, so könne *„von einer Unverhältnismäßigkeit ihres Kostenaufwands – solange sie nur gewisse Erfolgaussichten bietet – nicht ausgegangen werden"*.[715]

1.3 Wesentlicher Inhalt, Einordnung und Würdigung der Entscheidung

In dieser Entscheidung befasst sich die 2. Kammer des Zweiten Senats mit der Entscheidung der Justizvollzugsanstalt darüber, ob ein kranker Gefangener in ein vollzugsexternes Krankenhaus verlegt wird (§ 65 Abs. 2 StVollzG). Die einschlägigen verfassungsrechtlichen Maßstäbe entnimmt sie den Senatsentscheidungen *Lebenslange Freiheitsstrafe* (Erstes Kapitel, II.1/Zweites Kapitel, II.2) sowie *Haftsurlaub* (Zweites Kapitel, II.3) und hält fest: Ein menschenwürdiger Vollzug der lebenslangen Freiheitsstrafe setzt voraus, dass der Verurteilte eine konkrete und grundsätzlich auch realisierbare Chance hat, die Freiheit wiederzuerlangen.[716] Die Justizvollzugsanstalt ist auch bei einem zu lebenslanger Freiheitsstrafe Verurteilten dazu verpflichtet, schädlichen Auswirkungen des Freiheitsentzugs entgegenzuwirken.[717] Diese Verpflichtung kommt insbesondere dann zum Tragen, wenn es darum geht, Persönlichkeitsveränderungen zu begegnen, die die Lebenstüchtigkeit in Frage stellen und ausschließen würden, dass der Gefangene sich im normalen Leben noch zurechtfinden kann.[718]

Ausgehend davon stellt die Kammer fest: Die Verpflichtungen der Justizvollzugsanstalt, schädlichen Folgen des Freiheitsentzugs entgegenzuwirken (§ 3 Abs. 2 StVollzG), für die körperliche und geistige Gesundheit des Gefangenen zu sorgen (§ 56 Abs. 1 Satz 1 StVollzG) und dem Gefangenen Krankenbehandlung zukommen zu lassen (§ 58 StVollzG), konkretisieren die sich aus der Menschenwürde (Art. 1 Abs. 1 GG) ableitende Aufgabe des Strafvollzugs, auf die Resozialisierung des Gefangenen hinzuwirken.[719] Bei einem zu lebenslanger

715 BVerfG 2. Senat 2. Kammer, aaO Ziff. 24.

716 S.o. **1.2**, S. 165. Vgl. oben Erstes Kapitel, **II.1**, S. 19.

717 S.o. **1.2**, S. 165. Vgl. oben Zweites Kapitel, **II.2**, S. 73 f.

718 S.o. **1.2**, S. 165. Vgl. oben Zweites Kapitel, **II.3**, S. 75.

719 S.o. **1.2**, S. 166.

Freiheitsstrafe Verurteilten, bei dem von der Heilung oder jedenfalls Besserung seiner Erkrankung abhängt, ob ihm eine positive Kriminalprognose gestellt werden kann, verstärken diese Verpflichtungen sich noch. Ist eine weitere Vollstreckung der Strafe nicht geboten, steht eine der langen Haft geschuldete Erkrankung des Verurteilten aber einer positiven Kriminalprognose entgegen, so ist die Justizvollzugsanstalt mit Blick auf seine Grundrechte aus Art. 2 iVm Art. 1 Abs. 1 GG dazu verpflichtet, seiner Erkrankung mit den medizinisch indizierten Mitteln entgegenzuwirken.[720] Sofern eine gewisse Erfolgsaussicht gegeben ist, kommt es auf die Höhe der Behandlungskosten nicht an.[721]

Diese Entscheidung macht deutlich, dass die Krankenbehandlung im Strafvollzug eine ganz ähnliche (Doppel-)Funktion hat wie Vollzugslockerungen: Wie diese soll die Krankenbehandlung im Strafvollzug schädlichen Auswirkungen des Freiheitsentzugs entgegenwirken[722] und dadurch dem Verurteilten nach der Entlassung die Wiedereingliederung in die Gesellschaft erleichtern. Wie Vollzugslockerungen soll sie bei lebenslanger Freiheitsstrafe darüber hinaus die Voraussetzungen dafür schaffen, dass der Verurteilte *überhaupt* entlassen werden kann.[723]

2. Strafunterbrechung

Die nächste Kammerentscheidung betreffend Krankheit im Strafvollzug ist ein stattgebender Beschluss aus dem Jahr 2010. Grundlage war die Verfassungsbeschwerde eines Strafgefangenen gegen die Versagung einer Strafunterbrechung.

2.1 Gegenstand des Verfahrens

Der Beschwerdeführer verbüßte eine Freiheitsstrafe von neun Jahren wegen gefährlicher Körperverletzung in zwei Fällen.[724] Er war schwer krebskrank und deshalb schon mehrfach auf der Krankenstation der Justizvollzugsanstalt, im Krankenhaus einer anderen Justizvollzugsanstalt sowie in vollzugsexternen Krankenhäusern behandelt worden.[725]

Im April 2008 beantragte der Beschwerdeführer eine Strafunterbrechung. Auf Grund seiner Erkrankung drohe durch die Strafvollstreckung eine nahe

720 S.o. **1.2**, S. 166.
721 S.o. **1.2**, S. 167.
722 S.o. **1.2**, S. 165.
723 S.o. **1.2**, S. 166. Vgl. oben Zweites Kapitel, **III.4.3**, S. 99.
724 BVerfG 2. Senat 3. Kammer, Beschl. v. 09.03.2010 – 2 BvR 3012/09 – juris, Ziff. 2.
725 BVerfG 2. Senat 3. Kammer, aaO Ziff. 4.

Lebensgefahr. Im Anstaltskrankenhaus könne seine Krankheit nicht behandelt werden. Die Anstaltsärztin befürwortete eine Strafunterbrechung für eine Operation oder eine mehrwöchige Bestrahlung in einer externen Klinik *„dringend"*. Die Staatsanwaltschaft lehnte eine Strafunterbrechung ab. Zwar sei der Beschwerdeführer schwer krank und seine Behandlung vollzugsintern nicht möglich. Es sei aber davon auszugehen, dass seinen gesundheitlichen Belangen dadurch Rechnung getragen werde, dass er bei Bedarf in vollzugsexternen Einrichtungen behandelt werde. Da weitere schwere Straftaten nicht mit hinreichender Sicherheit ausgeschlossen werden könnten, könne die Haft nicht unterbrochen werden.[726]

Weitere Anträge des Beschwerdeführers auf Strafunterbrechung im Februar[727] und im Juni 2009[728] blieben gleichfalls erfolglos.[729] Gegen die letzte Entscheidung der Staatsanwaltschaft erhob er Einwendungen.[730] Die Strafvollstreckungskammer[731] wies seine Einwendungen zurück.[732] Das Oberlandesgericht verwarf seine dagegen eingelegte sofortige Beschwerde.[733]

Mit seiner Verfassungsbeschwerde rügte der Beschwerdeführer eine Verletzung von Art. 1 Abs. 1 GG. Sein Recht, in Würde zu sterben, sei nicht berücksichtigt worden.[734]

2.2 Entscheidung der Kammer

Die 3. Kammer des Zweiten Senats hielt die Verfassungsbeschwerde für offensichtlich begründet. Die angegriffenen Entscheidungen verletzten den Beschwerdeführer in seinen Rechten aus Art. 2 Abs. 2 Satz 1 iVm Art. 1 Abs. 1 GG.[735] Das Gebot, den staatlichen Strafanspruch durchzusetzen, finde seine Grenzen im Grundrecht des Verurteilten auf Leben und körperliche Unversehrtheit (Art. 2 Abs. 2 Satz 1 GG).[736] Darüber hinaus verpflichte Art. 1 Abs. 1 GG die Vollstreckungsbehörde dazu, die Würde des Menschen zu achten und zu schützen. Der

726 BVerfG 2. Senat 3. Kammer, aaO Ziff. 5 f.

727 BVerfG 2. Senat 3. Kammer, aaO Ziff. 8.

728 BVerfG 2. Senat 3. Kammer, aaO Ziff. 11.

729 BVerfG 2. Senat 3. Kammer, aaO Ziff. 9, 13.

730 BVerfG 2. Senat 3. Kammer, aaO Ziff. 14.

731 Die Strafvollstreckungskammer entscheidet, wenn in den Fällen des § 455 StPO Einwendungen gegen die Entscheidung der Vollstreckungsbehörde erhoben werden, §§ 458 Abs. 2, 462, 462a Abs. 1 Satz 1 StPO.

732 BVerfG 2. Senat 3. Kammer, aaO Ziff. 15.

733 BVerfG 2. Senat 3. Kammer, aaO Ziff. 16, 18.

734 BVerfG 2. Senat 3. Kammer, aaO Ziff. 19.

735 BVerfG 2. Senat 3. Kammer, aaO Ziff. 21 f.

736 BVerfG 2. Senat 3. Kammer, aaO Ziff. 25.

Strafvollzug unterliege dem Gebot, schädlichen Auswirkungen auf die körperliche und geistige Verfassung des Gefangenen im Rahmen des Möglichen entgegenzuwirken und ihn lebenstüchtig zu erhalten. Mit der Würde des Menschen wäre unvereinbar, die Chance, die Freiheit wiederzuerlangen, auf einen durch Siechtum und Todesnähe gekennzeichneten Lebensrest zu reduzieren. Je nach den Umständen des Einzelfalls könne dem Interesse des Gefangenen an der Erhaltung seiner Lebenstüchtigkeit ein Gewicht zukommen, das das der Gründe für einen weiteren, ununterbrochenen Strafvollzug zu übertreffen vermag.[737]

Die §§ 56 ff StVollzG und 455 Abs. 4 StPO trügen dem „*Spannungsverhältnis zwischen der Pflicht des Staates zur Durchsetzung seines Strafanspruchs einerseits und dem Interesse des Verurteilten an der Wahrung seiner Gesundheit und Erhaltung seiner Lebenstüchtigkeit andererseits Rechnung*". Bei der Auslegung von § 455 Abs. 4 StPO habe die Vollstreckungsbehörde „*Bedeutung und Tragweite des Grundrechts des Strafgefangenen aus Art. 2 Abs. 2 Satz 1 in Verbindung mit Art. 1 Abs. 1 GG in Rechnung zu stellen. Diese*" könne „*im Einzelfall eine Strafunterbrechung auch über den Wortlaut von § 455 Abs. 4 StPO hinaus gebieten*".[738]

§ 455 StPO verbiete „*einen Vollzug, von dem eine nahe Lebensgefahr oder schwere Gesundheitsgefahr droht*". Allerdings müsse die Haft bei einer solchen Gefahr nicht zwangsläufig unterbrochen werden. Denn die Gefahr drohe dann nicht „*vom Vollzug*", wenn er Mittel zur Abhilfe zur Verfügung halte. Solche Mittel seien nicht nur die Untersuchung und Behandlung in Vollzugseinrichtungen, sondern auch die Untersuchung und Behandlung in einem vollzugsexternen Krankenhaus nach § 65 Abs. 2 StVollzG. Das gelte „*aber nur, soweit die Behandlung noch als adäquat angesehen werden kann*".[739]

In der Rechtsprechung werde in Fällen, in denen der Strafgefangene todkrank ist und nur noch eine sehr eingeschränkte Gefahr neuer Straftaten von ihm ausgeht, eine Strafunterbrechung nach § 455 Abs. 4 StPO auch dann in Betracht gezogen, wenn die Krankheit im Anstaltskrankenhaus oder in einer externen Klinik behandelt werden kann.[740] Erwogen werde eine analoge Anwendung von § 455 Abs. 4 StPO auch in Fällen, in denen ein schwer kranker Gefangener zwar haftfähig sei, aber nur außerhalb des Strafvollzugs erfolgreich behandelt werden könne.[741]

---

737 BVerfG 2. Senat 3. Kammer, aaO Ziff. 26.

738 BVerfG 2. Senat 3. Kammer, aaO Ziff. 27.

739 BVerfG 2. Senat 3. Kammer, aaO Ziff. 28.

740 BVerfG 2. Senat 3. Kammer, aaO Ziff. 29, mit Verweis auf Hanseatisches OLG, Beschl. v. 02.05.2006 – 1 Ws 59/06 – juris, Ziff. 2 f.

741 BVerfG 2. Senat 3. Kammer, aaO, mit Verweis auf OLG Stuttgart, Beschl. v. 27.02.1991 – 3 Ws 41/91.

Es sei unverzichtbare Voraussetzung eines rechtsstaatlichen Verfahrens, dass Entscheidungen, die den Entzug der persönlichen Freiheit betreffen, auf zureichender Sachaufklärung beruhen. Drängten sich Anhaltspunkte für eine Ausnahmesituation auf, die eine Strafunterbrechung über den Wortlaut von § 455 Abs. 4 StPO hinaus gebieten könnte, sei die Vollstreckungsbehörde von Verfassungs wegen gehalten, „*Einzelheiten insbesondere des Gesundheitszustands, der Lebenserwartung und der Gefährlichkeit des Verurteilten zu klären*". Gegebenenfalls habe sie insoweit weitere ärztliche Stellungnahmen oder ein Sachverständigengutachten einzuholen.[742]

In den Augen der 3. Kammer des Zweiten Senats wurden die angegriffenen Entscheidungen den verfassungsrechtlichen Anforderungen nicht gerecht.[743] Die Entscheidung der Staatsanwaltschaft lasse schon nicht erkennen, welche Strafunterbrechungsgründe des § 455 Abs. 4 Satz 1 StPO geprüft worden seien.[744] Sofern die Staatsanwaltschaft sich auf § 455 Abs. 4 Satz 1 Nr. 3 StPO beziehe, beinhalte ihre Entscheidung keine Ausführungen zu der Frage, „*ob die Behandlung im Anstaltskrankenhaus mit den ständigen Verlegungen in externe Kliniken ohne Unterbrechung der Haft insgesamt noch als adäquat angesehen werden*" könne. Sie gehe in keiner Weise auf die vom Beschwerdeführer vorgetragenen physischen und psychischen Belastungen durch die zahlreichen notfallmäßigen Verlegungen ein. Ihre äußerst knapp gehaltene Entscheidung lasse auch nicht erkennen, ob sie Bedeutung und Tragweite der Rechte des Beschwerdeführers aus Art. 2 Abs. 2 Satz 1 iVm Art. 1 Abs. 1 GG hinreichend berücksichtigt habe. Sie gehe weder auf seine Lebenserwartung noch auf seinen gegenwärtigen Gesundheitszustand ein. Ob er angesichts seiner Konstitution noch als gefährlich angesehen werden könne, werde nicht erörtert.[745]

Ob die Staatsanwaltschaft die Rechtsprechung, die im Hinblick auf Art. 2 Abs. 2 Satz 1 iVm Art. 1 Abs. 1 GG in besonderen Ausnahmefällen eine Strafunterbrechung über den Wortlaut von § 455 Abs. 4 StPO hinaus als geboten ansehe, berücksichtigt habe, ergebe sich aus ihrer Entscheidung nicht. Für eine dahingehende Sachaufklärung und entsprechende Ausführungen in ihrer Entscheidung habe jedoch „*Anlass bestanden, weil sich [...] Anhaltspunkte für eine etwaige Ausnahmesituation aufdrängten*". Der Beschwerdeführer habe darauf hingewiesen, dass er nur noch eine geringe Lebenserwartung habe und nicht

742 BVerfG 2. Senat 3. Kammer, aaO Ziff. 30.
743 BVerfG 2. Senat 3. Kammer, aaO Ziff. 32, 39.
744 BVerfG 2. Senat 3. Kammer, aaO Ziff. 33.
745 BVerfG 2. Senat 3. Kammer, aaO Ziff. 35 f.

mehr in der Lage sei, Gewalttaten wie die Anlasstat zu begehen. Sein *„dramatischer Gesundheitszustand“* sei unter anderem aus den Stellungnahmen der Anstaltsärztin ersichtlich gewesen. Trotz der sich aufdrängenden Möglichkeit einer Ausnahmesituation habe die Staatsanwaltschaft keine weiteren Sachaufklärungsmaßnahmen ergriffen und ihre Entscheidung nicht ergänzend begründet.[746]

2.3 Wesentlicher Inhalt, Einordnung und Würdigung der Entscheidung

Gegenstand dieser Entscheidung der 3. Kammer des Zweiten Senats ist die Entscheidung der Staatsanwaltschaft über eine Strafunterbrechung (§ 455 Abs. 4 StPO). Hinsichtlich der einschlägigen verfassungsrechtlichen Maßstäbe stellt die Kammer fest: Der staatliche Strafanspruch findet seine Grenze im Grundrecht des Gefangenen auf Leben und körperliche Unversehrtheit (Art. 2 Abs. 2 Satz 1 GG). Darüber hinaus verpflichtet Art. 1 Abs. 1 GG die Staatsanwaltschaft dazu, die Würde des Menschen zu achten und zu schützen. Der Strafvollzug muss schädlichen Auswirkungen auf die körperliche und geistige Verfassung des Gefangenen so weit wie möglich entgegenwirken und ihn lebenstüchtig erhalten.[747] Mit Blick auf die Würde des Menschen darf die Chance, die Freiheit wiederzuerlangen, nicht auf einen durch Siechtum und Todesnähe geprägten Lebensrest reduziert werden.[748] Abhängig von den Umständen des Einzelfalls kann dem Interesse des Gefangenen an der Erhaltung seiner Gesundheit und seiner Lebenstüchtigkeit ein Gewicht zukommen, das die Gründe für einen weiteren, ununterbrochenen Strafvollzug überwiegt.[749] Die Kammer greift also auf die Senatsentscheidungen *Lebenslange Freiheitsstrafe* (Zweites Kapitel, II.2), *Aussetzung einer lebenslangen Freiheitsstrafe I* (Erstes Kapitel, II.3) und *Hafturlaub* (Zweites Kapitel, II.3) zurück. Deren für die lebenslange Freiheitsstrafe entwickelte Grundsätze überträgt sie – konsequent – auf die Konstellation, dass ein zu zeitiger Freiheitsstrafe Verurteilter schwer krank ist.

Die §§ 56 ff StVollzG und 455 Abs. 4 StPO – so die weiteren Feststellungen der Kammer – tragen dem Spannungsverhältnis zwischen dem staatlichen Strafanspruch und dem Interesse des Gefangenen an der Erhaltung seiner Gesundheit und seiner Lebenstüchtigkeit Rechnung. Bei Auslegung und Anwendung von § 455 Abs. 4 StPO hat die Staatsanwaltschaft das Gewicht der Grundrechte des

---

746 BVerfG 2. Senat 3. Kammer, aaO Ziff. 36 ff. Vgl. BVerfG 2. Senat 3. Kammer v. 06.06.2011 – 2 BvR 1083/11 – juris.

747 S.o. **2.2**, S. 169 f. Vgl. oben Zweites Kapitel, **II.2**, S. 73 f.

748 S.o. **2.2**, S. 170. Vgl. oben Erstes Kapitel, **II.3**, S. 23 f.

749 S.o. **2.2**, S. 170. Vgl. oben Zweites Kapitel, **II.3**, S. 75.

Gefangenen aus Art. 2 Abs. 2 Satz 1 iVm Art. 1 Abs. 1 GG zu berücksichtigen.[750] § 455 Abs. 4 StPO verbietet einen Strafvollzug, von dem eine Lebensgefahr oder die Gefahr einer schweren Gesundheitsverletzung ausgeht.[751] Bei Anhaltspunkten für eine Situation, die – auch über den Wortlaut von § 455 Abs. 4 StPO hinaus – eine Strafunterbrechung verlangen könnte, muss die Staatsanwaltschaft den Gesundheitszustand, die Lebenserwartung und die Gefährlichkeit des Gefangenen umfassend aufklären. Soweit erforderlich, hat sie dafür ärztliche Stellungnahmen oder ein Sachverständigengutachten einzuholen.[752]

3. Strafaussetzung

Die nächste Kammerentscheidung betreffend Krankheit im Strafvollzug ist ein Nichtannahmebeschluss aus dem Jahr 2011. Grundlage war die Verfassungsbeschwerde eines zu lebenslanger Freiheitsstrafe Verurteilten gegen die Ablehnung der Aussetzung des Strafrests zur Bewährung.

3.1 Gegenstand des Verfahrens

Der Beschwerdeführer verbüßte eine lebenslange Freiheitsstrafe wegen Mordes.[753] Die unter dem Gesichtspunkt der besonderen Schwere der Schuld auf 18 Jahre festgesetzte Vollstreckungsdauer war im Oktober 2004 abgelaufen.[754] Im Jahr 2006 war die Aussetzung der Strafe ein erstes Mal abgelehnt worden, weil das im zu Grunde liegenden Verfahren eingeholte Sachverständigengutachten eine weitgehend unbehandelte dissoziale Persönlichkeitsstörung des Beschwerdeführers festgestellt hatte, was eine bedingte Entlassung unvertretbar erscheinen lasse.[755] In der Zeit darauf hatte der Beschwerdeführer – wie schon in der Vergangenheit – mehrfach Fluchtversuche unternommen. Deshalb war die Aussetzung der Strafe im Jahr 2007 ein zweites Mal abgelehnt worden.[756]

Im Dezember 2010 prognostizierte das Universitätsklinikum Hamburg-Eppendorf dem Beschwerdeführer auf Grund einer fortgeschrittenen Krebserkrankung angesichts eines guten Allgemeinzustands eine Lebenserwartung von noch bis zu 33 Monaten. Daraufhin beantragte der Beschwerdeführer erneut, die

750 S.o. **2.2**, S. 170.
751 S.o. **2.2**, S. 170.
752 S.o. **2.2**, S. 170 f.
753 BVerfG 2. Senat 3. Kammer, Beschl. v. 17.05.2011 – 2 BvR 942/11 – juris, Ziff. 1.
754 BVerfG 2. Senat 3. Kammer, aaO Ziff. 3.
755 BVerfG 2. Senat 3. Kammer, aaO Ziff. 4.
756 BVerfG 2. Senat 3. Kammer, aaO Ziff. 5.

Strafe zur Bewährung auszusetzen. Das lehnten die Strafvollstreckungsgerichte unter Verweis auf eine mäßige bis hohe Rückfallgefahr wiederum ab.[757]

Gegen die am 18. April 2011 ergangene Entscheidung des Oberlandesgerichts erhob der Beschwerdeführer Gegenvorstellung und Anhörungsrüge. Zur Begründung verwies er unter anderem auf ein Attest des Anstaltsarztes vom 20. April 2011, wonach ihm auf Grund der nunmehr zügig fortschreitenden Erkrankung nur noch einige Monate blieben. Das Oberlandesgericht wies die Gegenvorstellung als unzulässig und die Anhörungsrüge als unbegründet zurück.[758]

Mit seiner Verfassungsbeschwerde rügte der Beschwerdeführer eine Verletzung seiner Rechte aus Art. 1 Abs. 1 GG. Die Entscheidungen der Gerichte nähmen ihm die Möglichkeit, seine letzten Monate in Freiheit zu verbringen.[759]

3.2 Entscheidung der Kammer

Die 3. Kammer des Zweiten Senats nahm die Verfassungsbeschwerde nicht zur Entscheidung an.[760] Die angegriffenen Entscheidungen ließen eine Verkennung von Bedeutung und Tragweite der Rechte des Beschwerdeführers „*auf der Grundlage der den Gerichten im Zeitpunkt ihrer jeweiligen Entscheidung vorliegenden Kenntnisse, insbesondere auch über den Gesundheitszustand des Beschwerdeführers, nicht erkennen*“.[761] Das Gebot, den Strafanspruch des Staats durchzusetzen, finde seine Grenzen im Grundrecht des Verurteilten auf Leben und körperliche Unversehrtheit (Art. 2 Abs. 2 Satz 1 GG).[762] Darüber hinaus verpflichte Art. 1 Abs. 1 GG den Staat dazu, die Würde des Menschen zu achten und zu schützen. Der Strafvollzug müsse schädlichen Auswirkungen auf die körperliche und geistige Verfassung des Gefangenen entgegenwirken und ihn lebenstüchtig erhalten. Wegen der Würde des Menschen dürfe die Chance, die Freiheit wiederzuerlangen, nicht auf einen durch Siechtum und Todesnähe gekennzeichneten Lebensrest reduziert werden. Je nach den Umständen des Einzelfalls könne das Interesse des Gefangenen an der Erhaltung seiner Lebenstüchtigkeit die Gründe für einen weiteren, ununterbrochenen Strafvollzug überwiegen.[763]

---

757 BVerfG 2. Senat 3. Kammer, aaO Ziff. 7, 9.
758 BVerfG 2. Senat 3. Kammer, aaO Ziff. 11 f.
759 BVerfG 2. Senat 3. Kammer, aaO Ziff. 13 f.
760 BVerfG 2. Senat 3. Kammer, aaO Ziff. 16.
761 BVerfG 2. Senat 3. Kammer, aaO Ziff. 18.
762 BVerfG 2. Senat 3. Kammer, aaO Ziff. 20.
763 BVerfG 2. Senat 3. Kammer, aaO Ziff. 21.

Wie schon die Strafvollstreckungskammer habe auch das Oberlandesgericht die Möglichkeit in Betracht gezogen, dass eine bedingte Entlassung des Beschwerdeführers angesichts seiner nur noch begrenzten Lebenserwartung *„angezeigt erscheinen könnte"*. Das Oberlandesgericht habe außerdem auf die Möglichkeit einer Neubewertung im Falle einer Gesundheitsverschlechterung hingewiesen, die zwischenzeitlich offenbar auch eingetreten sei. Dass das Oberlandesgericht das *„erst zwei Tage nach Erlass der verfahrensabschließenden Entscheidung festgestellte Ausmaß der Gesundheitsverschlechterung nicht berücksichtigt"* habe, sei nicht zu beanstanden. Insoweit könne auch keine Verletzung des Gebots effektiver Sachverhaltsaufklärung festgestellt werden. Denn der Beschwerdeführer habe *„keine nachhaltigen Anhaltspunkte für eine notwendige weitere Aufklärung naheliegender und zwingend einer gerichtlichen Entscheidung zugrunde zu legender Umstände vorgebracht"*.[764]

3.3 Wesentlicher Inhalt, Einordnung und Würdigung der Entscheidung

In dieser Entscheidung befasst sich die 3. Kammer des Zweiten Senats mit der Entscheidung des Strafvollstreckungsgerichts über die Aussetzung einer lebenslangen Freiheitsstrafe zur Bewährung und stellt fest: Das Grundrecht des Gefangenen auf Leben und körperliche Unversehrtheit (Art. 2 Abs. 2 Satz 1 GG) setzt dem staatlichen Strafanspruch Grenzen. Darüber hinaus ist die Würde des Menschen (Art. 1 Abs. 1 GG) zu achten und zu schützen. Der Strafvollzug hat schädlichen Auswirkungen auf die körperliche und geistige Verfassung des Gefangenen entgegenzuwirken und ihn lebenstüchtig zu erhalten. Die Chance, die Freiheit wiederzuerlangen, darf nicht auf einen durch Siechtum und Todesnähe geprägten Lebensrest reduziert werden. Im Einzelfall kann das Interesse des Gefangenen an der Erhaltung seiner Gesundheit und seiner Lebenstüchtigkeit die Gründe für einen weiteren, ununterbrochenen Strafvollzug überwiegen.[765] Die Kammer geht also nicht von der Senats- und Kammerrechtsprechung in Bezug auf das Verfahren über die Aussetzung einer lebenslangen Freiheitsstrafe[766] aus, sondern greift auf die Grundsätze ihrer in einem ganz anderen Zusammenhang ergangenen Entscheidung *Strafunterbrechung* (2) zurück. Ob ihr Prüfungsmaßstab zu anderen Ergebnissen führt als die Anwendung der Grundsätze der einschlägigen Senats- und Kammerrechtsprechung, lässt sich nicht erkennen, weil

764 BVerfG 2. Senat 3. Kammer, aaO Ziff. 22 f.
765 S.o. **3.2**, S. 174. Vgl. oben **2.2**, S. 169 f.
766 S.o. Erstes Kapitel, **II**, S. 18 ff, und **III**, S. 36 ff.

sie mangels rechtzeitigen relevanten Vorbringens des Beschwerdeführers keine eingehende materielle Prüfung vornimmt.

III. Zusammenfassung

Hinsichtlich der Kammerrechtsprechung in Bezug auf Krankheit im Strafvollzug und Menschenwürde ist zusammenfassend Folgendes festzuhalten:

1. Grundsätze der einschlägigen Kammerrechtsprechung

Das Grundrecht des Strafgefangenen auf Leben und körperliche Unversehrtheit (Art. 2 Abs. 2 Satz 1 GG) setzt dem Strafanspruch des Staats Grenzen. Darüber hinaus verlangt die Menschenwürde (Art. 1 Abs. 1 GG), dass der Strafvollzug schädlichen Auswirkungen auf die körperliche und geistige Verfassung des Gefangenen so weit wie möglich entgegenwirkt und ihn lebenstüchtig erhält. Die Chance des Gefangenen, die Freiheit wiederzuerlangen, darf nicht auf einen durch Siechtum und Todesnähe geprägten Lebensrest reduziert werden. Abhängig von den Umständen des Einzelfalls kann das Interesse des Gefangenen an der Erhaltung seiner Gesundheit und seiner Lebenstüchtigkeit die Gründe für einen weiteren, ununterbrochenen Strafvollzug überwiegen.[767]

Die Verpflichtungen der Justizvollzugsanstalt, schädlichen Folgen des Freiheitsentzugs entgegenzuwirken, für die körperliche und geistige Gesundheit des Gefangenen zu sorgen und ihm Krankenbehandlung zukommen zu lassen (§§ 3 Abs. 2, 56 Abs. 1 Satz 1 und 58 StVollzG), konkretisieren die sich aus der Menschenwürde (Art. 1 Abs. 1 GG) ableitende Aufgabe des Strafvollzugs, auf die Resozialisierung des Gefangenen hinzuwirken. Diese Verpflichtungen verstärken sich noch, wenn bei einem zu lebenslanger Freiheitsstrafe Verurteilten von der Heilung oder jedenfalls Besserung seiner Erkrankung abhängt, ob ihm eine positive Kriminalprognose gestellt werden kann. Ist eine weitere Vollstreckung der Strafe nicht geboten, steht eine haftbedingte Erkrankung des Verurteilten aber einer positiven Kriminalprognose entgegen, so ist die Justizvollzugsanstalt mit Blick auf seine Grundrechte aus Art. 2 iVm Art. 1 Abs. 1 GG dazu verpflichtet, seiner Erkrankung mit den medizinisch indizierten Mitteln entgegenzuwirken.[768]

Die §§ 56 ff StVollzG und 455 Abs. 4 StPO tragen dem Spannungsverhältnis zwischen dem Strafanspruch des Staats und dem Interesse des Gefangenen

767 S.o. **II.2.3**, S. 172, und **II.3.3**, S. 175.
768 S.o. **II.1.3**, S. 167 f.

an der Erhaltung seiner Gesundheit und seiner Lebenstüchtigkeit Rechnung. Auslegung und Anwendung von § 455 Abs. 4 StPO müssen den Grundrechten des Gefangenen aus Art. 2 Abs. 2 Satz 1 iVm Art. 1 Abs. 1 GG gerecht werden. § 455 Abs. 4 StPO verbietet einen Strafvollzug, von dem eine Gefahr für das Leben oder eine schwerwiegende Gesundheitsgefährdung ausgeht. Bei Anhaltspunkten für eine Situation, die eine Strafunterbrechung verlangen könnte, ist der Sachverhalt in Bezug auf den Gesundheitszustand, die Lebenserwartung und die Gefährlichkeit des Gefangenen umfassend aufzuklären. Soweit erforderlich, sind dafür ärztliche Stellungnahmen oder ein Sachverständigengutachten einzuholen.[769]

2. Würdigung der einschlägigen Kammerrechtsprechung mit Blick auf die zu Grunde liegende Senatsrechtsprechung

In Bezug auf Krankheit im Strafvollzug fehlt es an spezieller Senatsrechtsprechung. Die einschlägigen verfassungsrechtlichen Maßstäbe entnimmt die Kammerrechtsprechung im Wesentlichen den Senatsentscheidungen *Lebenslange Freiheitsstrafe* (Erstes Kapitel, II.1/Zweites Kapitel, II.2)[770], *Hafturlaub* (Zweites Kapitel, II.3)[771] und *Aussetzung einer lebenslangen Freiheitsstrafe I* (Erstes Kapitel, II.3)[772]. Deren Grundsätze, die Erster und Zweiter Senat für die lebenslange Freiheitsstrafe entwickelt haben, überträgt die Kammerrechtsprechung konsequent auf die Konstellation, dass ein zu zeitiger Freiheitsstrafe Verurteilter schwer krank ist.[773]

Die Entscheidungen *Vollzugsexterne psychiatrische Behandlung* (II.1) und *Strafunterbrechung* (II.2) überzeugen zusammen betrachtet wie für sich genommen. Einen gewissen Fremdkörper stellt die Entscheidung *Strafaussetzung* (II.3) dar: In dieser Entscheidung geht die 3. Kammer des Zweiten Senats von den Grundsätzen ihrer Entscheidung *Strafunterbrechung* (II.2) aus, obwohl es um die Aussetzung einer lebenslangen Freiheitsstrafe geht,[774] also auf umfangreiche spezielle Senats- und Kammerrechtsprechung zurückgegriffen werden könnte.

Aus der einschlägigen Kammerrechtsprechung wird deutlich, dass die Krankenbehandlung im Strafvollzug nahezu dieselben Funktionen hat wie

769 S.o. **II.2.3**, S. 172 f.
770 S.o. **II.1.3**, S. 167, und **II.2.3**, S. 172.
771 S.o. **II.1.3**, S. 167, und **II.2.3**, S. 172.
772 S.o. **II.2.3**, S. 172.
773 S.o. **II.2.3**, S. 172.
774 S.o. **II.3.3**, S. 175.

Vollzugslockerungen: Auch die Krankenbehandlung im Strafvollzug soll schädlichen Auswirkungen des Freiheitsentzugs entgegenwirken und dadurch dem Verurteilten nach der Entlassung die Wiedereingliederung in die Gesellschaft erleichtern. Auch die Krankenbehandlung im Strafvollzug soll bei lebenslanger Freiheitsstrafe darüber hinaus die Voraussetzungen dafür schaffen, dass der Verurteilte *überhaupt* entlassen werden kann.[775]

775 S.o. **II.1.3**, S. 168.

Fazit

Der in den vorangegangenen Kapiteln behandelten Rechtsprechung der Kammern des BVerfG lässt sich eine Vielzahl von Grundsätzen für die Situationen und Fragen des Strafvollzugs entnehmen, in denen die Menschenwürde (Art. 1 Abs. 1 GG) des Gefangenen betroffen ist: für die Haftdauer bei lebenslanger Freiheitsstrafe, für die Gestaltung des Strafvollzugs, für den Haftraum, für die Überwachung der Gefangenenpost und für Krankheit im Strafvollzug.

Zum Teil kann die einschlägige Kammerrechtsprechung auf spezielle Senatsrechtsprechung zurückgreifen. So kann die Kammerrechtsprechung in Bezug auf die vollstreckungsrechtliche Gesamtwürdigung und die Festsetzung der gebotenen Vollstreckungsdauer die verfassungsrechtlichen Maßstäbe und Anforderungen des Urteils *Aussetzung einer lebenslangen Freiheitsstrafe I* (Erstes Kapitel, II.3) übernehmen.[776] Die Kammerrechtsprechung in Bezug auf die Briefüberwachung im Strafvollzug kann die einschlägigen verfassungsrechtlichen Maßstäbe und Anforderungen dem Beschluss *Briefüberwachung* (Viertes Kapitel, II.2) entnehmen.[777]

Zum Teil fehlt es an spezieller Senatsrechtsprechung. Die Kammerrechtsprechung in Bezug auf die Kriminalprognose entnimmt die einschlägigen verfassungsrechtlichen Maßstäbe und Anforderungen Senatsentscheidungen, die ähnliche Rechtsfragen betreffen: dem Urteil *Aussetzung einer lebenslangen Freiheitsstrafe I* (Erstes Kapitel, II.3), dem Beschluss *Vorläufige Unterbringung* (Erstes Kapitel, II.5) und dem Urteil *Aussetzung einer Unterbringung* (Erstes Kapitel, II.6).[778] Auch die Kammerrechtsprechung in Bezug auf Vollzugslockerungen und Verlegungen kann auf eine Senatsentscheidung zurückgreifen, in der es um ähnliche Rechtsfragen geht: auf den Beschluss *Hafturlaub* (Zweites Kapitel, II.3).[779]

Die Kammerrechtsprechung in Bezug auf den Vollzugsplan, den Haftraum und Krankheit im Strafvollzug entnimmt die einschlägigen verfassungsrechtlichen Maßstäbe und Anforderungen im Wesentlichen dem Urteil *Lebenslange Freiheitsstrafe* (Erstes Kapitel, II.1/Zweites Kapitel, II.2).[780] Dieses Urteil ist also

---

776 S.o. Erstes Kapitel, **IV.2**, S. 65.

777 S.o. Viertes Kapitel, **IV.2**, S. 160.

778 S.o. Erstes Kapitel, **IV.2**, S. 66 f.

779 S.o. Zweites Kapitel, **IV.2**, S. 121 ff.

780 S.o. Zweites Kapitel, **IV.2**, S. 121, Drittes Kapitel, **III.2**, S. 137, und Fünftes Kapitel, **III.2**, S. 177.

nicht nur der Ausgangspunkt des größten Teils der Senatsrechtsprechung, die der Kammerrechtsprechung in Bezug auf die Menschenwürde (Art. 1 Abs. 1 GG) im Strafvollzug zu Grunde liegt;[781] vielmehr kommt ihm auch oder gerade deswegen eine Auffangfunktion für alle Situationen und Fragen des Strafvollzugs zu, in denen eine Verletzung der Menschenwürde (Art. 1 Abs. 1 GG) in Rede steht und spezielle Senatsrechtsprechung fehlt.

Entgegen dem, was naheliegend erscheinen könnte, bedeutet die Verfügbarkeit spezieller Senatsrechtsprechung nicht, dass die entsprechende Kammerrechtsprechung zwangsläufig überzeugend und konsistent wäre. Erstaunlicherweise ist vielmehr das Gegenteil der Fall: Die Kammerrechtsprechung in Bezug auf die Briefüberwachung im Strafvollzug ist in sich widersprüchlich und widerspricht zum Teil auch dem zu Grunde liegenden Beschluss *Briefüberwachung* (Viertes Kapitel, II.2).[782] Die Kammerrechtsprechung in Bezug auf die vollstreckungsrechtliche Gesamtwürdigung und die Festsetzung der gebotenen Vollstreckungsdauer gelangt zum größeren Teil zu angreifbaren Ergebnissen.[783] Grund dieses Befunds ist nicht zuletzt, dass die in den zu Grunde liegenden Senatsentscheidungen *Aussetzung einer lebenslangen Freiheitsstrafe I* (Erstes Kapitel, II.3) und *Briefüberwachung* (Viertes Kapitel, II.2) angelegten Probleme[784] sich in der entsprechenden Kammerrechtsprechung fortsetzen.[785]

Die Kammerrechtsprechung, die nicht auf spezielle Senatsrechtsprechung zurückgreifen kann – insbesondere die Kammerrechtsprechung in Bezug auf die Kriminalprognose, den Vollzugsplan und den Haftraum – erweist sich im Vergleich als überzeugend und konsistent.[786]

In den vorangegangenen Kapiteln zeigt sich die Menschenwürde (Art. 1 Abs. 1 GG) in sehr unterschiedlichen Formen: Im Kapitel Haftdauer verlangt Art. 2 iVm Art. 1 Abs. 1 GG, dass die Entscheidung des Strafvollstreckungsgerichts über die Aussetzung einer lebenslangen Freiheitsstrafe der Würde des Menschen und seinem grundsätzlichen Freiheitsanspruch genügt.[787] Gegenstand des Kapitels Vollzugsgestaltung ist die Menschenwürde als Resozialisierungsinteresse des

781 S.o. Erstes Kapitel, **II.2**, S. 20 ff, **II.3**, S. 22 ff, **II.4**, S. 24 ff, und Zweites Kapitel, **II.3**, S. 74 ff, **II.4**, S. 76 f.

782 S.o. Viertes Kapitel, **IV.1**, S. 158 f, und **IV.2**, S. 161.

783 S.o. Erstes Kapitel, **IV.2**, S. 65 f.

784 S.o. Erstes Kapitel, **IV.2**, S. 67 f, und Viertes Kapitel, **IV.2**, S. 160 f.

785 S.o. Erstes Kapitel, **IV.2**, S. 67 f, und Viertes Kapitel, **IV.2**, S. 160 f.

786 S.o. Erstes Kapitel, **IV.2**, S. 66 f, Zweites Kapitel, **IV.2**, S. 121, und Drittes Kapitel, **III.2**, S. 137.

787 S.o. Erstes Kapitel, **IV.1.1**, S. 63, und **IV.1.2**, S. 64.

Strafgefangenen (Art. 2 Abs. 1 iVm Art. 1 Abs. 1 GG), das auf die Verhinderung schädlicher Auswirkungen des Freiheitsentzugs und die Schaffung von Bedingungen gerichtet ist, die seine Bewährung und seine Wiedereingliederung in die Gesellschaft fördern.[788] Im Kapitel Krankheit im Strafvollzug verlangt die Menschenwürde (Art. 1 Abs. 1 GG), dass der Strafvollzug schädlichen Auswirkungen auf die körperliche und geistige Verfassung des Gefangenen so weit wie möglich entgegenwirkt.[789] Anders als das Postulat der Unantastbarkeit der Menschenwürde erwarten lassen könnte, zeigt sich Art. 1 Abs. 1 GG in diesen drei Kapiteln nicht als etwas Absolutes. Die aus der Menschenwürde abgeleiteten Rechte und Interessen des Strafgefangenen sind hier vielmehr einer Abwägung gegen die Interessen der Allgemeinheit oder des Staats unterworfen.[790]

Im Kapitel Haftraum zeigt sich die Menschenwürde (Art. 1 Abs. 1 GG) als absolutes Verbot, eine bestimmte Haftraumgröße zu unterschreiten. Abgesehen davon ergibt sich auch hier nur im Wege einer Abwägung – einer Gesamtbetrachtung aller maßgebenden Umstände -, ob die Menschenwürde (Art. 1 Abs. 1 GG) verletzt ist.[791]

Gegenstand des Kapitels Briefüberwachung im Strafvollzug ist der Schutz der Kommunikation in der Privatsphäre (Art. 2 Abs. 1 iVm Art. 1 Abs. 1 GG) als absolutes Verbot, vertrauliche Gefangenenpost wegen Beleidigungen zu sanktionieren.[792] Unklar ist nur, ob die Privatsphäre dasselbe ist wie der unantastbare Bereich privater Lebensgestaltung,[793] ob sie also überhaupt am Schutz der Menschenwürde (Art. 1 Abs. 1 GG) teilnimmt.

---

788 S.o. Zweites Kapitel, **IV.1.1**, S. 117, und **IV.1.2**, S. 118.

789 S.o. Fünftes Kapitel, **III.1**, S. 176.

790 S.o. Erstes Kapitel, **IV.1.1**, S. 63 f, und **IV.1.2**, S. 64 f, Zweites Kapitel, **IV.1.2**, S. 119, und Fünftes Kapitel, **III.1**, S. 176 f.

791 S.o. Drittes Kapitel, **III.1**, S. 136 f.

792 S.o. Viertes Kapitel, **IV.1**, S. 158 f.

793 S.o. Viertes Kapitel, **IV.2**, S. 160.

Literaturverzeichnis

Groß, Karl-Heinz, § 57a, in: *Joecks, Wolfgang / Miebach, Klaus* (Hrsg.), Münchener Kommentar zum Strafgesetzbuch, Band 2: §§ 38–79b, 3. Auflage, München 2016.

Kinzig, Jörg, § 67d, in: *Schönke, Adolf / Schröder, Horst,* Strafgesetzbuch, Kommentar, 30. Auflage, München 2019.

Renzikowski, Joachim, § 177 nF, in: *Joecks, Wolfgang / Miebach, Klaus* (Hrsg.), Münchener Kommentar zum Strafgesetzbuch, Band 3: §§ 80–184j, 3. Auflage, München 2017.

www.ingramcontent.com/pod-product-compliance
Ingram Content Group UK Ltd.
Pitfield, Milton Keynes, MK11 3LW, UK
UKHW021939290926
8980IPUK00016B/1708

9 783631 797129